D1983458

GOTTESDIENST PRAXIS SERIE A

Arbeitshilfen für die Gottesdienste
zu den Sonn- und Feiertagen
des Kirchenjahres

Herausgegeben von Erhard Domay

Gütersloher Verlagshaus Gerd Mohn

GOTTESDIENST-PRAXIS

III. Perikopenreihe

Band 2: Lätare bis 4. Sonntag nach Trinitatis

Gütersloher Verlagshaus Gerd Mohn

Die Deutsche Bibliothek – CIP-Einheitsaufnahme

Gottesdienstpraxis / hrsg. von Erhard Domay und Horst Nitschke. –
Gütersloh : Gütersloher Verl.-Haus Mohn.
Teilw. hrsg. von Horst Nitschke
Ser. A, Arbeitshilfen für die Gottesdienste zu den Sonn-
und Feiertagen des Kirchenjahres.
Perikopenreihe 3.
NE: Domay, Erhard [Hrsg.]; Nitschke, Horst [Hrsg.]; 1. Abt.

Bd. 2: Lätare bis 4. Sonntag nach Trinitatis – 1993
ISBN 3-579-02878-2

ISBN 3-579-02878-2
© Gütersloher Verlagshaus Gerd Mohn, Gütersloh 1993

Das Werk einschließlich aller seiner Teile ist urheberrechtlich geschützt. Jede Verwertung außerhalb der engen Grenzen des Urheberrechtsgesetzes ist ohne Zustimmung des Verlages unzulässig und strafbar. Das gilt insbesondere für Vervielfältigungen, Übersetzungen, Mikroverfilmungen und die Einspeicherung und Verarbeitung in elektronischen Systemen.

Satz: Satz-Service-Berkemeier, Gütersloh
Druck und Bindung: Ebner Ulm
Umschlagentwurf: Franz Wöllzenmüller, Oberhaching
Umschlagbild: © Benedikt Werner Traut, 8677 Selbitz
Im Zeichen der Auferstehung, 1973
Aus dem Zyklus »Er wird bei ihnen wohnen«, Farbholzschnitt 90 x 93 cm

Gedruckt auf chlorfrei gebleichtem Werkdruckpapier.

Printed in Germany

Inhalt

Lätare
Johannes 6,55-65 (Günter Scholz) 7

Judika
1. Mose 22,1-19 (Hartmut Wenzel, Dieter Krabbe) 11

Palmsonntag
Markus 14,3-9 (Barbara Heller) 17

Gründonnerstag
Markus 14,17-26 (Klaus Eulenberger) 24

Karfreitag
Lukas 23,33-49 (Corinna Dahlgrün) 34

Eine weitere Passionspredigt
Einer für alle (Heinz-Dieter Knigge) 41

Ostersonntag
Matthäus 28,1-10 (Hildegard Heimbrock-Stratmann) 45

Ostermontag
Lukas 24,36-45 (Michael Popke) 52

Quasimodogeniti
Johannes 21,1-14 (Wolfgang Herrmann) 62

Miserikordias Domini
Hesekiel 34,1-16,31 (Dietrich Zeilinger) 67

Jubilate
Johannes 16,16(17-19)20-23a (Klaus Reblin) 75

Kantate
Matthäus 21,14-17(18-21) (Hildegard Kirsch-Schäfer) 80

Rogate
Lukas 11,5-13 (Helmut Liersch) 90

Christi Himmelfahrt
1. Könige 8,22-24,26-28 (Harald Schroeter) 97

Exaudi
Johannes 7,37-39 (Sabine Ost, Martin Ost) 105

Pfingstsonntag
Johannes 16,5-15 (Christian Schad) 111

Pfingstmontag
1. Mose 11,1-9 (Simone Kant, Hans-Jürgen Kant) 118

Eine weitere Pfingstpredigt
Wann sind Sie das letzte Mal produktiv gestört worden?
Apostelgeschichte 2,1–18 (Klaus Johanning) 124

Trinitatis
Jesaja 6,1-13 (Karl-Heinz Risto) 127

1. Sonntag nach Trinitatis
Johannes 5,39-47 (Michael Schwekendiek) 133

2. Sonntag nach Trinitatis
Matthäus 22,1-14 (Johannes Seiß) 138

3. Sonntag nach Trinitatis
Lukas 15,1-3,11b-32 (Matthias Lau) 145

4. Sonntag nach Trinitatis
1. Mose 50,15-21 (Wolfgang Lück) 152

Mitarbeiterinnen und Mitarbeiter 159

Lätare

Predigttext: Johannes 6,55–65

Günter Scholz

Theologisch-homiletische Skizze

Ein Text voller Zumutungen! Die erste Zumutung: Ich möchte in meinen Predigten Menschen in die Nachfolge Christi rufen, kann das aber aufgrund einer solch aggressiven Werbung, die Jesus hier betreibt, kaum mit gutem Gewissen: Das alte »Brot« war unzureichend; jetzt komme ich. Die zweite Zumutung: die drastisch naturalistische Ausmalung der Teilhabe an ihm. Die dritte Zumutung: Das Problem, um das es hier zu gehen scheint, wirkt auf uns nahezu lächerlich. Wer ist so naiv, Jesus im wortwörtlichen Sinn mißzuverstehen? Des Verses 63 hätten wir zu unserer Aufklärung nicht bedurft. Die Zeiten, in denen man sich um »ist« oder »bedeutet« stritt, sind vorbei.
Nun kann es aber auch sein, daß die Grenze des Zumutbaren bewußt berührt wird, um mich zur Auseinandersetzung herauszufordern. Ich kann das kaum Zumutbare ignorieren, ich kann mich ihm aber auch stellen. Gerade in letzterem liegt die Chance, neu zu begreifen, zu lernen, ja sogar zu einer ökumenischen Lerngemeinschaft zusammenzuwachsen.
Ich möchte den Hörer in die Auseinandersetzung mit dem kaum noch Zumutbaren hineinführen. Dann erst kann deutlich werden: Die Welt gibt uns vieles, letztlich aber den Tod; Christus geht es bei seiner Gabe nicht um eine Abqualifizierung dessen, was uns die Welt schenkt, sondern um das Angebot seiner selbst, insofern er damit eine Hoffnung in uns hineinsenkt, die über diese Welt hinaushofft (vgl. Joh 12,24).

Vorschläge zur Liturgie

Eingangsgebet

Tag für Tag trägst du die Welt und nährst sie,
und tiefer, als wir wagen, uns vorzustellen,
bist du überall zugegen, wohin wir gehen.
Wir danken dir für deine Gegenwart.
Wir glauben an ein Leben aus dir,
so wie wir leben vom Brot,
wie wir hungern und dürsten nach Frieden.
(Aus: Huub Oosterhuis, Ganz nah ist dein Wort, Verlag Herder, Wien 1972)

Schlußgebet

Herr, Worte können nicht fassen, was du uns bedeutest. Wir versuchen, es anderen weiterzusagen, und merken, wie es uns mißlingt. Sprich du zu uns

durch dein Wort und in den Zeichen von Brot und Wein. Hilf uns, dein Vermächtnis zu ehren. Wecke Hunger und Durst nach deinen Gaben in der Gemeinde. Du hast alle eingeladen, keiner soll fehlen. Laß bald den Tag kommen, an dem dich alle Christen gemeinsam ehren.
(nach Theo Sorg, Rogate, S. 45f.)

Schuldbekenntnis
Gott, du kommst zu uns in Wort und Sakrament. Du überwindest die Mauern, die zwischen uns und dir sind. Du überwindest die Gräben, die uns von anderen Menschen trennen. Vergib uns unsere Schuld und befreie uns zu einem neuen Anfang.

Gnadenzusage
Der Gott des Lebens, der seinen Sohn Jesus Christus für uns in den Tod gab, befreit uns von unserer Schuld. Darum verkündige ich euch die Vergebung eurer Sünden im Namen Gottes, des Vaters, des Sohnes und des Heiligen Geistes.

Zur Predigt

Möglicher Anfang
Liebe Gemeinde! Geschrieben vor ca. 60 Jahren, und noch immer ein Bestseller – der Roman »Im Westen nichts Neues« von Erich Maria Remarque. Ein Roman, der beschreibt, wie der erste Weltkrieg das Leben einer ganzen Generation zerstört hat – auch wenn viele den Granatsplittern entkommen waren. Recht drastisch tritt hier das Elend des Krieges vor Augen: Wie Menschen von Bomben zerfetzt werden, so daß wahrhaft nur noch Fetzen an der Wand von ihnen übrig bleiben; wie Pferde stürzen, weil sie sich in den Eingeweiden verfangen haben.
Ist eine solche Erzählweise noch zumutbar? Viele waren damals der Meinung: nein! Das sei eine Schmähung der Frontsoldaten. 1933 wurden Remarques Bücher verbrannt. Das war nicht mehr zumutbar zu lesen und zu hören. War es das wirklich nicht? Hätte man sich dem nicht doch aussetzen sollen, um neues Unheil zu verhüten?
»Das ist eine harte Rede«, sagten auch Jesu Jünger, »wer kann das anhören?« Das sagten sie, als Jesus ihnen offenbar sein Fleisch zu essen und sein Blut zu trinken anbot. Was war das für eine harte, kaum zumutbare Rede? Hören wir: (Es folgt die Lesung Joh 6,55–65)

Zum weiteren Verlauf
Auch für mich ist das eine Zumutung. Allerdings an anderer Stelle: Was mich stört und geradezu abstößt, ist die Art, wie Jesus über die Glaubenserfahrungen der Väter redet: Die haben vom Himmelsbrot gegessen und

sind *doch* gestorben; »wer aber von mir ißt, der wird in Ewigkeit leben«. Und das sagte er obendrein noch in der Synagoge zu Kapernaum. Wer kann das anhören?!

An dieser Stelle ist es zur Erhellung des Hintergrunds erforderlich darzustellen, worauf Jesus anspielt: Er greift weit zurück; in eine sagenumwobene Vorzeit des Volkes Israel. Damals hatten sich die Israeliten aus der ägyptischen Unterdrückung und Ausbeutung befreit, sie bewegten sich über die Sinai-Halbinsel und kamen in die Wüste Sin ... (weitererzählen und schließen mit:) ... Nahrung von Gott, Brot vom Himmel, Überlebensbrot, so haben es die Israeliten dankbar empfunden, was die Natur da jeden Morgen hervorbrachte, eine zuckrige Substanz, die von Schildläusen produziert wurde. Gott gibt, was zum Überleben nottut. Jesus erinnert daran: Eure Väter haben in der Wüste das Manna gegessen. Aber was er dann weiter sagt, klingt abstoßend. Und sie sind *doch* gestorben. Das klingt verächtlich. Verachtet er die lebenserhaltende Gabe Gottes?

Hier müßte der Versuch unternommen werden, Jesus in unsere Zeit hinein sprechen zu lassen: »Es geht euch gut, ihr habt alles, wovon Generationen vor euch nicht zu träumen gewagt hätten: Essen, Trinken, Kleidung, Wohnung, Freizeit, Frieden; und doch müßt ihr sterben.« *So* höre ich nun auch noch einen anderen Ton, einen Ton, der das scheinbar Verächtliche zurücktreten läßt. Langsam spüre ich sein Erbarmen: Es wird mir immer deutlicher. Ich sehe ihn am Kreuz, aber schon als den, der den Tod überwunden hat, dessen rechte Hand vom Kreuz gelöst und zu uns ausgestreckt ist, um uns mehr zu geben, als uns diese Welt geben kann. Denn diese Welt gibt trotz aller guten Gaben, für die wir dankbar sind, zugleich auch immer den Tod mit. Leben, das er uns schenken möchte, ist ein Leben, das den Tod zwar ernst nimmt, aber auch über ihn hinaushofft. Leben, das er uns schenken möchte, ist ein Leben, das zwar vom Tod umfangen ist, aber daran nicht verzweifelt. Leben, das er uns schenken möchte, ist ein Leben, das zwar dem Tod entgegengeht, aber darin nicht seinen Sinn verliert. Er möchte uns teilnehmen lassen am umfassenden Sein und Sinn. Denn gerade er zeigt uns ja durch seinen Tod am Kreuz, daß in der scheinbaren Sinnlosigkeit letztlich doch ein göttlicher Sinn steckt: ›Mein Fleisch für euch gegeben / mein Blut für euch vergossen‹. Und einer von uns steht unter dem Kreuz – und ergreift die ausgestreckte Hand – und kann nur dankbar bekennen: ›Dies ist das Brot, das vom Himmel kommt, damit der, der davon ißt, nicht stirbt.‹ Und er hört den am Kreuz sagen: ›Ja, ich *bin* das lebendige Brot, das vom Himmel gekommen ist.‹

Nun ist das, was Zumutung war, plötzlich kein Anstoß mehr, im Gegenteil: Angebot, Einladung. Grund: Ich habe mich der Zumutung gestellt. Rückblick auf den Anfang (Remarque): Hätten sich mehr Menschen jener Zumutung gestellt, es hätte Unheil verhütet werden können. Würden sich noch mehr Menschen der Zumutung Jesu aussetzen, es würde nicht nur Unheil verhütet, es würde Heil gewonnen werden; ganzheitliches Heil, höchstes Glück, tiefster Frieden; Leben, das an keiner Grenze endet, weder an der Grenze unseres Körpers noch an der Grenze der Zeit. Christus verspricht umfassendes Heil – wenn wir ihn in uns aufnehmen. Eine Zusage, die schon an vielen in Erfüllung gegangen ist (hier können Beispiele folgen, vgl. auch Kontexte).

Möglicher Schluß
»Wer dies Brot ißt, der wird in Ewigkeit leben.« Kein leeres Versprechen, wenn wir ihn in uns aufnehmen. Ihn in uns aufnehmen: macht uns das Beschwerden? Sich ihm zu Füßen setzen, still werden, seiner Rede zuhören, sich um seinen Tisch versammeln, sein Wort bedenken, das ist alles. Er ist das Überlebensbrot gestern, heute und in Ewigkeit.

Kontexte

So könnte es gewesen sein: Verfolgte Christen im alten Rom sind im Gefängnis und müssen fürchten, als Fackel angezündet oder den Löwen zum Fraß vorgeworfen zu werden. Sie sind verzweifelt und schreien Gott um Hilfe an. Petrus ist bei ihnen. Er erzählt ihnen die Geschichte von Jesus, wie auf sein Wort der dämonisch sich gebärdende Sturm auf dem See Genezareth sich legt und die aufgewühlten Jünger wieder ruhig werden. Es scheint, als sei Jesus auch mitten unter *ihnen* im Gefängnis. Sie werden ruhig.

Christi Wort vom Über-Lebensbrot ist kein leeres Versprechen! Nein, es ist auch durch Bonhoeffers Wort von den guten Mächten gedeckt, die ihm Zuversicht schenken, sogar in der Todeszelle.

Über Graf von Moltke, im Januar 1945 zum Tode verurteilt, berichtet der Mitgefangene und spätere Bischof Hanns Lilje: »Ohne die leiseste Selbsttäuschung über sein wahrscheinliches Ende lebte er in einer heiteren Klarheit der Seele, das leuchtende Beispiel einer ungebeugten Haltung aus Glauben.«

Jakob Löwen, Leiter einer Radiomissionsstation für Rußland, schreibt über die Christenverfolgungen, die es dort bis vor wenigen Jahren noch gab: »Oft denke ich an meine Mutter. Viele Male ist sie verhört worden. In unserer einzigen Stube bin ich einmal nachts aufgewacht und habe sie beten hören. Sie hat so geweint, daß ich dachte, sie ertrinkt in ihren Tränen. Doch unser Herr Jesus Christus gab ihr Kraft und Mut für jeden neuen Tag. Aus ihm können Christen immer neue Kraft schöpfen.«

Judika

Predigttext: 1. Mose 22,1–19

Hartmut Wenzel, Dieter Krabbe

Theologisch-homiletische Skizze

Um den Südwestzipfel der Altstadt Jerusalems herum erstreckt sich ein tiefes Tal mit seltsamen, alten Höhlen und Kammern, in den Sandstein hineingehauen. Dieses Tal trägt den Namen »Gehenna« oder »Ben Hinnom«, auf gut deutsch: »Höllental«. Dort vermutete man den Einstieg zur Unterwelt (vgl. Dante); ein mörderisches Tal war es. Hier wurden dem Moloch Kinderopfer gebracht. Noch die Propheten Israels mußten dagegen angehen, denn auch zur Zeit der Könige ging dieses Morden – im Namen Gottes! – weiter. Die ältesten Söhne und Töchter wurden aus Angst vor dem Moloch geschlachtet; denn der Moloch mußte – so glaubte man – besänftigt werden. Unheil konnte nur abgewendet, feindliche Mächte und Dämonen nur gebannt werden, wenn das Blut des erstgeborenen Kindes floß. Viele Altäre wurden dem Moloch geweiht (vgl.: 1. Kön 11,5+7; 2. Kön 16,3; 17,17; 21,6; 23,10; Jes 57,5; Jer 7,31; 32,35; Ez 23,37–39; Ps 107,37f.). Zum Teil wurden die Gebeine der Opfer als »Schutz« in die Grundmauern der Häuser eingefügt.

Der Moloch war ein Gott zum Fürchten, und alle Vorstellungen von einer Hölle haben mit ihm zu tun. Er gibt nichts, er verlangt nur; ihn kann man nicht anrufen, er muß gekauft werden. In der Geschichte mit Isaak, den sein Vater Abraham opfern will, begegnen wir diesem vatermörderischen Tun – aber es wird abgelöst durch ein Tieropfer. Und auch diese Opfer werden von den Propheten angeprangert: ein Herz, das umkehrt; ein Herz, das für Gott und den Nächsten schlägt, ist besser als jedes Tieropfer (vgl. Ps 51,19; Jes 1,11; Hos 6,6). Gott läßt sich nicht kaufen; er läßt sich auch nicht gnädig stimmen, er ist gnädig.

Von diesem Grundverständnis unseres Textes ausgehend, in dem wir mit der vorgelegten Exegese von Frank Crüsemann übereinstimmen, verfolgen wir mit unserer Predigt drei Intentionen:

1. Gott befreit uns von dem Wahn, wir müßten unsere Kinder und ihre Zukunft unseren selbstgesteckten und großen Zielen opfern.
2. Gott bleibt der für uns unbegreifliche Gott. Er ist nicht nur der »liebe Gott«, sondern kann Dinge tun, die wir nur schrecklich, nur grausam, nur ungerecht nennen können.
3. Gott opfert sich selbst im Leben und Sterben seines Sohnes. In der Auferstehung des einen Abrahamssohnes kommt an den Tag, daß alle seine Kinder zum Leben bestimmt sind.

Die Predigt kann unter das Leitwort gestellt werden: »Gott sieht weiter« (Morija – Gott sieht). Die für die Predigthörer schreckliche Geschichte, in der das unbegreifliche Handeln Gottes nicht verharmlost werden darf, will andererseits auf ungemein tröstliche Art Menschen ansprechen, die Wege geführt werden wie Abraham und Isaak.

Der an den Rollstuhl gefesselte Pfarrer Ulrich Bach (vgl. Bukowski, Predigt wahrnehmen) hat unsere Geschichte ausgelegt und gemeint, es sei für ihn sehr wichtig, daß sie in unseren Bibeln stehe. Glauben heißt für ihn: Gott aufs Wort gehorchen, auch wenn er verrückt zu spielen scheint. So hat es Abraham getan. Praktisch bedeutet das, daß Eltern ihr schwer behindertes Kind so annehmen, wie es ist. Gott mutet uns manchmal Unzumutbares zu.

Vorschläge zur Liturgie

Lieder
EKG 283, 294, 212, Aus dem Silberpfeil: Fürchte dich nicht ..., EKG 528

Lesungen
Röm 8,31–39; Jakobus 1,3–18

Eingangsspruch
Ps 25,15

Eingangsgebet
Herr, du Gott Abrahams, Isaaks und Jakobs, Vater Jesu Christi: Wir danken dir, daß du nicht müde wirst, uns zu suchen, daß du nicht aufhörst, uns deine Nähe zu schenken, daß du nicht nachläßt, uns an dich zu binden.
Wir sehen oft nicht weiter, aber du siehst uns. Wir werden oft Wege geführt, die wir nicht verstehen, die uns an den Abgrund führen und deren Ziel wir nicht kennen. Wir haben Angst, unser Glaube könnte trügen, und die Menschen, die dich lästern, könnten recht behalten. Wir zweifeln, ob du uns festhältst. Wir fürchten, daß wir fallen und zugrundegehen.
Herr, sieh uns an und laß uns mit unseren Gedanken nicht allein. Brich das Schweigen und komme du zu uns mit deinem Wort und deinem Geist. Schenke du uns neues Vertrauen, damit wir unsere Hoffnung auf dich setzen.
Erneuere deinen Bund mit uns, Herr, und gib, daß wir im Bund mit dir das Leben finden wie Abraham und Isaak. Das bitten wir in Jesu Namen. Amen.

Schlußgebet
Herr, unser Gott, wir danken dir, daß du uns auch dann nicht losläßt, wenn wir mit unserem Glauben am Ende sind. Wir danken dir, daß du mit uns gehst auf unserem Weg, auch wenn wir dich nicht verstehen. Du verstehst uns, du siehst uns immer neu an. Weil wir ein »Ansehen« bei dir haben, können wir auf dich hoffen. Deshalb bitten wir dich: Sprich du uns an mit deinem Wort, damit wir nicht fallen und uns in der Angst verlieren. Wir bitten dich für alle, die dunkle Wege gehen müssen, die am Ende ihrer Kraft sind und im Schmerz zu versinken drohen. Herr, halte du sie fest und erbarme dich. Laß nicht zu, daß wir sie billig vertrösten, sondern gib uns die Kraft, daß wir zu ihnen gehen. Bleibe du mit uns unterwegs und halte die

Hoffnung auf dein kommendes Reich in uns wach, in dem wir mit Abraham an deinem Tisch empfangen werden und schauen dürfen, was uns so schwer fällt zu glauben: daß du Treue hältst und nicht fahren läßt die Werke deiner Hände. Amen.

Vorschläge zur Predigt

Möglicher Predigtanfang
Liebe Gemeinde! Diese Geschichte ist schrecklich. Und sie verliert für mich ihren Schrecken auch nicht dadurch, daß sie so gut endet.
Hier werden zwei Menschen einen Weg geführt, der in die Irre zu gehen scheint; hier verläuft der *»Weg des Vertrauens«* offenbar ins Sinnlose.
Lassen Sie uns heute morgen diesen Weg Abrahams und Isaaks bedenken – aber im Blick auf den *unbegreiflichen Gott*. Lassen Sie uns nicht reden über einen glaubensstarken Abraham und einen opferbereiten Isaak, sondern darüber, was in der Geschichte von Gott gesagt wird. Und das könnte uns überraschen, unserem Glauben einen neuen Impuls geben …
(Hier sollte die Bedeutung des Gehenna-Tales aufgezeigt werden – s.o.)

Weitere Schritte
Aber darin liegt nun die schreckliche Dramatik: Was in dieser Geschichte einem alten Mann in seinem Ringen mit Gott deutlich wird, nämlich daß Gott das Opfer des Kindes nicht will – ist nicht überwunden – nirgendwo auf der Welt ist es überwunden. Väter und z.T. auch Mütter opfern weiter: Viele Opfer der Kriege waren und sind Kinder; sie tragen die Hauptlast der Kriege. Ihr Leben wird von Müttern und Vätern geopfert für den Moloch, der heute andere Namen trägt; aber seine Fratze ist unverkennbar. Und das Ergebnis ist das gleiche. Denken wir an die »Kinder der Steine« in Abrahams Land heute, an die jungen Soldaten im Golfkrieg. Was ist das für eine Welt, in der schon kleine Kinder an der Waffe ausgebildet werden, geopfert dem Moloch Krieg. »Es ist süß und ehrenvoll, für das Vaterland zu sterben«, hieß es auch bei uns. Bedeutend besser ist es, für das Vaterland zu leben.
Der Krieg gegen die Kinder reicht weit in die Familien und wird dort oft mit unvorstellbarer Grausamkeit geführt: Tausende von mißhandelten und geschlagenen Kindern jährlich in Deutschland, Millionen verhungernder Kinder in der Welt … Wie gesagt: Damals geschah das im Namen der Götter, heute auf säkularisierte Weise. Einer der modernen Altäre des Moloch trägt den Namen »Wohlstand«: Wenn Väter und Mütter nur ans Geldverdienen denken und sich keine Zeit nehmen für die Kinder, dann triumphiert der Moloch …
In unserer Geschichte greift der Himmel selbst ein, um ein Kind zu retten. Niemand mehr kann sich auf den Himmel, auf Gottes Wort, auf seinen

Willen berufen, wenn er Krieg mit oder gegen Kinder führt – ob in der großen Politik oder in der Familie. Wenn Kinder dem Moloch, egal wie er erscheint, dargebracht werden, laden wir Schuld auf uns.

1. Das ist das eine, liebe Gemeinde, was ich aus dieser Geschichte mitnehme: *Gott will Leben für jedes seiner Kinder.*

Doch das wissen wir erst nach dieser schrecklichen Geschichte von Abraham und Isaak. Es sieht am Anfang ja so aus, als hätte sich der Gott Abrahams die Maske des Moloch umgehängt.

Gehen wir einmal den Weg mit Abraham und Isaak zum Berge Morija, diesen dunklen Weg, auf dem Gott sich in Schweigen hüllt. Mußte er Abraham da nicht doch wie der Kinder fressende Moloch erscheinen? ...

Zuerst nimmt Gott ihm seine Vergangenheit – die Heimat, das Elternhaus, die Familie, seine Wurzeln; und jetzt die Zukunft – den einzigen Sohn, den Hoffnungsträger. Muß das sein? Treibt Gott hier nicht das grausame Spiel des Moloch? Verdient so etwas Schreckliches den Namen »Prüfung«?

Es scheint ein Weg in die Irre zu werden. Die Geschichte sagt, Gott habe Abraham »versucht«, aber der erfährt nichts davon! Was soll das für ein Gott sein, der Menschen auf so grausame Weise auf die Probe stellt?

Der Weg geht über drei Tage. Kein Wort von einem Kampf mit Gott, kein Wort des Zweifels, keine Wut. Nur eisiges Schweigen auf dem Weg.

Das Schweigen Abrahams und *das Schweigen Gottes* machen diese Geschichte für mich so schrecklich ...

Und dann ist plötzlich die Frage da: »Vater! Wo aber ist das Lamm zum Opfer?«

An dieser Stelle lassen Sie uns einen Augenblick stehenbleiben: Hier wird deutlich, daß *zwei* Menschen gebunden werden – Isaak wird gleich darauf gefesselt, im Vertrauen auf Gott; und Abraham wird gebunden, gefesselt in das Vertrauen auf Gott. Was immer jetzt geschieht – es geschieht *im Vertrauen* auf Gott. Im Erfurter Dom sah ich diese Szene in Holz geschnitzt: Abraham hält das Messer steil in den Himmel, unter ihm der Sohn, und Abraham blickt nach oben – direkt in die Augen Gottes! Das ist hier gemeint: *»Gott sieht«* – so nennt Abraham ja später diesen Ort: »Gott sieht«, was geschieht, und Abraham sieht in die Augen Gottes, und so kann das Vertrauen nicht verlöschen; so kann Abraham sehen, daß Gott nicht die Maske des Moloch trägt.

Und er antwortete: »Gott wird sich das Lamm zum Opfer selbst ersehen, mein Sohn.« – Er hätte auch sagen können: *»Gott sieht.* Gott sieht uns an, Isaak. Und Gott sieht weiter. Darum können wir beide ruhig sein, mein Sohn.«

Man könnte die Spannung dieser Geschichte kaum aushalten, wenn man nicht um das Ende wüßte, so gut ist sie erzählt. Man atmet richtig auf, als Gott dem Abraham in den Arm fällt. Und das, was als Sackgasse erschien, öffnet sich zu einem neuen Weg für Abraham und Isaak.

2. Das ist das andere, liebe Gemeinde, was ich aus dieser Geschichte höre: *Gott will Leben, und Gott sieht dabei weiter als wir. Er kann Wege eröffnen, wo wir nicht weiterwissen ...*
Die Stimme vom Himmel her ist oft ausgeblieben. Man mag gar nicht daran denken, wieviele Menschen im Krieg, in den Todeslagern zum Himmel aufgeschaut haben, ob nicht doch noch, im allerletzten Augenblick, der Engel erscheinen würde, um dem Todestreiben Einhalt zu gebieten ...
(Hier Beispiele suchen!)
Die Stimme vom Himmel her ist oft ausgeblieben. Es ist für mich ein Wunder, daß Menschen, die darunter zu zerbrechen drohen, an Gott und seiner Liebe trotzdem festhalten können – gegen allen Augenschein.
3. Das ist das dritte, liebe Gemeinde, was ich dieser Geschichte für mich entnehme: *Gott will Leben – aber er ist oft unbegreiflich in seinem Tun; er sieht weiter, als wir es in unserer Not könnten* (vgl. Jes 55,8ff.; Jer 29,11) ...

Möglicher Schluß
Was mich an unserer Geschichte trotz des Schrecklichen tröstet, liebe Gemeinde, ist, was Abraham auf dem Berg Morija erkennt:
»Gott sieht.« Das ist ein Bekenntnis in der Ohnmacht: »Weiß ich den Weg auch nicht, DU weißt ihn wohl ...« (EKG 528). – Gottes Weg geht seit Abraham an den Altären vorüber; das einzige, was wir ihm opfern sollen, ist unser Herz (vgl. Röm 12,2), das sind wir selber. Wer sich ihm opfert, empfängt damit Kraft für die Wege seines Lebens, mögen sie auch zum Berg Morija führen. –
Das Messer des Vaters aber, das uns alle bedroht, hat Gott ein für allemal über den Abrahamssohn Jesus gehalten. Er ist das einzige Menschenopfer, das Gott gelten läßt. Und darum geht auch unser Weg weiter als bis zum Berg Morija, weiter auch als bis nach Golgatha; unser »Weg des Vertrauens« führt in Gottes neues Land. –
Wir werden, liebe Gemeinde, an dieser Geschichte von Abraham und Isaak wohl nie auslernen.
Nicht über Gott, nicht über seinen Weg mit uns. – Ein anderes Mal laßt uns weiter darüber nachdenken. Für heute reicht es gewiß. Amen.

Kontexte
Gott ist also ganz sicher nicht eine Versicherung für äußere und innere Ruhe. Der »Kranz« gehört denen, die »ihn lieben«, haben wir auch bei Jakobus gelesen (1.12). Aber ihn richtig lieben, das können wir erst dort, wo er einmal wirklich und praktisch den ersten Platz in unserem Leben eingenommen hat, wo es uns nur um ihn ging. Ein kleines Stückchen weit müssen wir den Weg Abrahams mitgehen, wo es ihm nur noch um Gott ging, wo er lernen mußte zu glauben, daß Gott seinen guten Weg gehen würde mit oder ohne Abraham, daß Gott es gut machen werde, selbst wenn er, der Abraham, keinen Sohn und also überhaupt keine Nachkommen mehr haben sollte.
(Eduard Schweizer, Gott will zu Worte kommen, Predigten, Kaiser München 1978, S. 44f.)

Darum steht von Anfang an und schon mit dem ersten Wort unserer Geschichte fest, daß sie nicht »Isaaks Opferung« heißt, sondern »Abrahams Prüfung«. »Nach diesen Begebenheiten wollte Gott Abraham prüfen« – so fängt es an, und dabei bleibt es. Dieser so gefährdete Sohn Isaaks wird nicht geschlachtet werden. Abraham wird der Vater Isaaks bleiben, und unser Gott wird nicht Molochs Maske vor sein Gesicht binden, sondern auch in dieser Geschichte sein, der er ist: der Vater Abrahams, Isaaks und Jakobs. Dieser hier verschlingt nicht Menschen. Er prüft – aber nicht über unser Vermögen. Er führt tief in Gefahr – aber er weckt auch Bewährung. Dieser hier sieht nicht weg, sondern am Ende der Geschichte, in der er sich selbst tief mit gefährdet hat, steht er da als einer, der gefeiert werden muß mit den Worten »Gott sieht«: Da nannte Abraham die Stätte »Gottessicht«, daher man noch heutigentages sagt: auf dem Berge »Gottessicht«.
Gott sieht auch, wie dieser Sohn – auch er nicht blind, sondern sehend – fragt: »Wo ist das Lamm zum Opfer?« – Hier nun muß sich Gott das Herz zusammenkrampfen. Im Blick auf Isaak ist das der Tiefpunkt Gottes. Denn auf diese Frage muß er schweigen. Gott schweigt. Und um ihn herum schweigt es auch. Denn da ist keiner, auch nicht einer, der jetzt auftreten könnte, tröstend, helfend, mit ausgestrecktem Finger deutend, um zu rufen in dieses Schweigen hinein: Siehe, das ist Gottes Lamm, das der Welt Sünde trägt! Dieses Lamm fehlt hier. Darum ist es ein fremdes Wort, Wort aus unendlicher Ferne, unverständliches Wort, das Abraham jetzt sagt: »Gott wird sich das Lamm zum Opfer selbst ersehen, mein Sohn.« Diese Vertröstung auf Zukunft ist der Tiefpunkt Gottes in unserer Geschichte, ist das Leiden Gottes, sein Hineingerissen-Werden, ist seine Ohnmacht in diesem Augenblick.

Friedrich-Wilhelm Marquardt

(aus: H. Gollwitzer/Th. Järicke/F.-W. Marquardt, Unser Vater Abraham, Neukirchen 1967, S. 99–102.)

Palmsonntag

Predigttext: Markus 14,3–9

Barbara Heller

Theologisch-homiletische Skizze

»Wo das Evangelium gepredigt wird in aller Welt, da wird man auch das sagen zu ihrem Gedächtnis, was sie jetzt getan hat«, sagt Jesus.
»Was soll das?« fragen sie anderen.
Was soll das? Was hat sie getan?
Was erzählt dieser Predigttext?
Ein gutes Werk (Vers 6)? Eine »praktische« Leidensankündigung, wie es der Hinweis auf das Begräbnis nahelegt (Vers 8)?
Vergeudung (Vers 4) oder, wie es spätere Ausleger freundlicher ausdrücken und dabei doch auf derselben Linie bleiben, Beispiel der verschwenderischen Liebe einer Frau?
Ist es die Salbung des Messias (Mulack, 104ff.) durch eine unbekannte Frau?
Wie verhält sich die Bedeutungsschwere des abschließenden Verses zu der bei Markus fehlenden Erinnerung an den Namen der in dieser Weise geehrten Frau, wie zu der Ratlosigkeit, was diese Salbung nun eigentlich bedeutet? Es scheint, als habe sich letztlich das Unverständnis der kritischen Fragesteller durchgesetzt: »Was soll das?«
Und wieder – wie in der von Markus beschriebenen Szene – steht es an, die salbende Frau gegen diese Frage zu verteidigen und der Salbung eine Deutung zu geben. Dabei soll eine besondere Aufmerksamkeit auf die Beziehungsebene gelenkt werden. Die aggressive Frage: »Was soll das?« (wörtlich: »Was soll diese Vergeudung ...«) zeigt hier eine Störung an. Die Frager kritisieren die salbende Frau, sie handele ohne einen rechten Grund. Und sie kritisieren auch Jesus, der dieses unbegründete Handeln an sich zuläßt, sich zur Verfügung stellt.
Wie der Angriff auf die Frau Jesus in Distanz zu ihr bringen soll, so stellt das Abschlußlogion sie in seine Nähe. Eifersucht und Rivalität sind hier zu nennende Themen. Im Bezug auf die Salbung auch die Rivalität um »das rechte Verständnis« Jesu.
Auffällig ist der Vorgang, wie eine Frau aus dem Umfeld Jesu in Frage gestellt und angegriffen wird. Und wie sie schließlich trotz der positiven Beurteilung am Ende des Textes in dem, was sie tut, nicht mehr erkennbar und verstehbar ist. Auffällig ist dieser Vorgang als Beispiel für eine zunehmende Marginalisierung von Frauen in den frühen Gemeinden.

Vorschläge zur Liturgie

Lieder
EKG 336; EKG 66; EKG 254; EKG 200 (Magnificat); EKG 208

Psalm
22,20; 2-3.12.23-24a.25

Bittruf und Lobpreis
Wir sind ratlos,
wenn Leiden uns begegnet.
Wir schirmen uns ab,
lassen nichts an uns heran.
Wir meinen, davonzukommen.
Doch die Kraft fehlt,
das Leben zu lieben und zu bejahen.

Jesus steht uns vor Augen:
er gibt sich dem Leben vorbehaltlos hin.
Das kann uns ermutigen,
aus Leiden zu lernen
und das Leben zu lieben.

(nach: Agende I Ergänzungen. Kurhessen-Waldeck)

Eingangsgebet
Herr, wir fürchten so vieles – lebenslang: Menschen und Mächte, Unglück, Schmerz und Tod. Wir bitten dich: Laß uns erfahren, daß du größer bist als alles, was uns ängstigt; daß du es unbegreiflich gut mit uns meinst in Jesus Christus, unserem Herrn.
(Agende I Ergänzungen. Kurhessen-Waldeck)

Lesung
Philipper 2,5-11

Gebet
Du kommst im Namen des Herrn – gewaltlos.
Du lieferst dich Menschen aus und gibst dein Leben hin.
So vollendest du Gottes Willen.
Versöhnende Kraft geht von dir aus:
Wir brauchen nicht mehr auf Macht und Gewalt zu setzen,
denn du machst uns Hoffnung, daß Sanftmut und Liebe
die Welt bewahren werden.

Vor dir denken wir an Frauen und Männer,
die öffentliche Verantwortung tragen.
Laß sie den Versuchungen der Macht widerstehen
und für das Recht und das Wohl eines jeden eintreten.

Vor dir denken wir an alle,
die Menschenhänden ausgeliefert sind:

rassisch Verfolgte, politische Gefangene,
Menschen, die um ihres Glaubens willen mundtot gemacht werden.
Wehre dem Unrecht und der Gewalttat.

Vor dir denken wir an Not und Elend mitten unter uns:
- an die Menschen, die arbeitslos sind,
- an Menschen, die keinen Sinn mehr in ihrem Leben sehen,
- an alle, die vergessen und abgeschrieben sind.

Gib uns Augen, die sehen, und Ohren, die hören,
einen Mund, der zur rechten Zeit redet und schweigt,
und Hände, die helfen.

Jesus Christus,
du willst uns gewinnen und nicht beherrschen.
Befreie uns, deine Kirche, von Macht- und
Herrschaftsansprüchen. Laß uns dir folgen im Einstehen für andere,
in der Hingabe an die Welt
und so deinem Namen Ehre machen.

Vorschläge zur Predigt

Möglicher Predigtanfang

Was soll das?

»Was soll die Vergeudung dieses sündhaft teuren Nardenöls?« fragen einige ärgerlich nach dem seltsamen Auftritt der Frau. »Hätte man den Gegenwert des Salböls nicht wirklich sinvoller verwenden können? Der Jahresverdienst eines Arbeiters! Wer kann diese Verschwendung verantworten, während sich in der Stadt Arme und Bettler drängen?«
Für die Jünger Jesu dürfte das doch keine offene Frage sein, wofür es sich lohnt, Geld auszugeben: Fürsorge für die Armen oder persönlicher Luxus? Es ist ihnen auch keine Frage, wie ihre Empörung beweist. Viel problematischer ist es, daß für Jesus selbst die Antwort nicht so eindeutig zu sein scheint. Warum hat er sich nicht gegen die Salbung gewehrt und zu der Frau gesagt: »Gib es den Armen, die sind bedürftiger«? Er hat sie gewähren lassen, und nun erfüllt der Duft das Haus und schwebt im Raum zusammen mit der Frage: »Was soll das?«

Zum weiteren Verlauf

1. Die Salbung

Noch fremder als damals mag diese außergewöhnliche Salbung heute erscheinen. Salben, Rasierwasser und Parfüm gehören bei uns ins Badezimmer, in den Bereich der persönlichen Körperpflege. Gut, dann gibt es auch noch Kosmetikerinnen und Schönheitsfarmen und Werbung. Trotz-

dem gehören Fragen der Schönheits- und Körperpflege nicht so sehr in die Öffentlichkeit.
Von anderen gesalbt oder eingeölt zu werden, passiert den meisten von uns nicht mehr, wenn wir einmal dem Kleinkindalter entwachsen sind.
Das war im alten Orient anders. In einem Klima, das die Haut austrocknet und verbrennt, gehörten Salben und Öle zum täglichen Gebrauch von Frauen und Männern. Den Gästen wurde Wasser gereicht, um sich Hände und Füße zu waschen und als Zeichen besonderer Gastfreundschaft eben auch wohlriechendes Öl.
Auch Kranke wurden gesalbt, um Schmerzen zu lindern, Tote, um ihnen eine letzte Ehre zu erweisen.
Die katholische Kirche kennt bis heute die letzte Ölung als Sakrament an Sterbenden.
Auf dem Hintergrund dieser üblichen Salbungen bedeutet die Tat der unbekannten Frau zunächst einmal eine besondere Aufmerksamkeit Jesus gegenüber. Aber sie erregt Aufsehen vor allem wegen der Kostbarkeit des Öls.

2. Eifersucht

An dieser Kostbarkeit machen die Anwesenden auch ihren Ärger fest. Ihr Einwand klingt durchaus vernünftig. Und trotzdem kann einem der Gedanke kommen, daß ihr Unmut noch andere Ursachen hat. Das Auftreten der Frau hat sie zu Zuschauern einer sehr vertrauten Szene gemacht. Die Frau ist Jesus nahegetreten, und er hat es zugelassen. Die anderen sind ausgeschlossen in diesem Augenblick. Sie sind Jesus viel ferner als diese Frau. Sind sie vielleicht eifersüchtig auf die Frau? Oder auch eifersüchtig auf Jesus, der in diesen unverhofften Genuß kommt?
Jedenfalls sind sie unangenehm berührt und machen diesem Gefühl lautstark Luft. Jesus soll sich ihnen nicht entziehen! Was ist los mit ihm? Wenigstens nachträglich müßte er doch jetzt die Frau zurechtweisen für ihre Unüberlegtheit, ihre Übertreibung!
Wäre es nicht gerade im Sinne Jesu gewesen, wenn sie ihr Geld für eine großzügige Spende an die Armen verwendet hätte? Diese Argumentation bieten sie Jesus an. Noch könnte er sich von der Frau distanzieren.
Jesus läßt sich auf die Auseinandersetzung ein. Um Verschwendung an der Stelle von Almosen geht es. Das ist die Kritik. Das Urteil Jesu fällt anders aus: »Laßt sie in Frieden. Was betrübt ihr sie? Sie hat ein gutes Werk an mir getan.«
Jüdische Schriftgelehrte spitzen hier die Ohren. Für sie ist das »gute Werk« ein neues Stichwort in der Debatte. Sie kennen den Unterschied zwischen Almosen und sogenannten Liebeswerken. Almosen heißen die Geldspenden, die an Arme gegeben werden. Liebeswerke dagegen fordern neben dem finanziellen auch noch den persönlichen Einsatz. Da soll einer den

richtigen Zeitpunkt und den richtigen Ort erkennen und die Bedürftigkeit des Menschen, der gerade seine Hilfe braucht.
»Ein gutes Werk, ein Werk der Liebe hat sie an mir getan«, sagt Jesus. Mehr als das geforderte Almosen also, ein Liebeswerk an Jesus.

3. Passion
Die Frau hat erkannt, daß er etwas braucht, gerade jetzt und gerade an diesem Ort. In Bethanien, wenige Kilometer vor Jerusalem. Für die Jünger ist es ungewohnt, Jesus in der Rolle eines Bedürftigen zu sehen. Und auch für uns.
»Arme habt ihr allezeit bei euch und könnt Almosen geben, wenn ihr wollt. Mich aber habt ihr nicht allezeit.« Das ist es. Der Abschied, die Stunde seines Todes ist fast gekommen.
»Sie hat meinen Leib im voraus gesalbt für mein Begräbnis.« Ob die Jünger langsam verstehen? Dreimal hat Jesus zu ihnen von seinem Leiden gesprochen. Und dreimal sind sie nicht darauf eingegangen, haben ihn nicht hören wollen. Sie haben ihn allein gelassen in seiner Angst. Sie fürchten sich selber so sehr vor der Stunde des Abschieds, daß sie lieber Augen und Ohren vor seinen Worten verschließen. Und nun sagt er es noch einmal: »Mich habt ihr nicht allezeit.«
Was würden die Jünger wohl in dieser Stunde tun, was würden sie sagen, wenn sie seine Worte in ihr Bewußtsein dringen ließen? Vielleicht weinen, sich verkriechen? Vielleicht auch überlegen, wie sie ihm ihre Zuwendung noch einmal zeigen könnten.
Das hat die Frau getan. Vielleicht hat Jesus sie eines Tages angerührt, heilend, befreiend. Und nun rührt sie ihn zum Abschied an, will ihm etwas Gutes tun, ihm ihre Zuneigung erweisen. Vielleicht hat sie einen Segensspruch gemurmelt – wie Jesus, als er die Kinder in seine Arme schloß und sie segnete. Der Duft ihrer Zuwendung wird ihn bis ans Kreuz begleiten. Und Jesus erkennt das an: »Sie hat getan, was sie konnte.«

4. Der Messias
Vor den Augen der Betrachter hat sich hier noch etwas vollzogen. Sie haben gesehen, wie eine Frau ein gutes Werk an Jesus tat und sie haben miterlebt, wie der Messias gesalbt wurde.
Petrus hatte es mit Worten zum Ausdruck gebracht: »Du bist der Messias, der Christus.« Und diese unbekannte Frau hat ihn gesalbt, das Öl über seinen Kopf gegossen wie Samuel einst über den ersten König Israels. Dieser König der Juden wird nicht auf einen Thron steigen, sondern ans Kreuz geschlagen werden. »Sie hat meinen Leib im voraus gesalbt für mein Begräbnis.« Jesus hat ihr Christusbekenntnis bestätigt, hat ihr zuerkannt, daß sie als einzige die Bedeutung der Stunde erkannt hat.
Eine Frau, deren Namen wir nicht kennen. Nur was sie an diesem Tag getan hat, ist uns überliefert. Und auch die Kritik, sie habe unüberlegt und

falsch gehandelt. Von ihren eigenen Überlegungen wissen wir nichts. Jesus hat sich ihr anvertraut und die Salbung für sinnvoll und gut erklärt.

5. Die Rolle der Frauen
Es ist die Domäne der Frauen geblieben, Menschen ins Leben hineinzuhelfen und sie auch bis ans Ende ihres Lebens zu begleiten: Hebammen, Mütter, Töchter, Altenpflegerinnen und Gemeindeschwestern. Oft sind sie die letzten, die bleiben. Die Trost spenden, wenn Worte noch nicht oder nicht mehr ankommen. Und immer noch wird das, was sie tun, nicht besonders gewürdigt. Es wird als selbstverständliche Tätigkeit im familiären Bereich in Anspruch genommen oder im öffentlichen Bereich schlecht bezahlt.
Es geht nicht nur um Lob oder Anerkennung, sondern um die grundsätzliche Einschätzung, was wichtig und wesentlich ist und notwendig angesichts einer bestimmten Situation.

Möglicher Schluß
Jesus hat betont, daß die Frau in dem, was sie tat, das Gebot der Stunde erkannt hatte. Sie salbt den zum Messias, den sie und andere als Messias erkannt hatten. Und daneben erkannte sie die Einsamkeit und Bedürftigkeit dieses Mannes. Sie hat das Leiden Jesu nicht verhindern können. Aber sie war da und Jesus vertraute ihr.
»Wo immer das Evangelium gepredigt wird in der ganzen Welt, wird auch gesagt werden, was sie getan hat zu ihrem Gedächtnis.« Es ist sicher nicht immer so geschehen. Wie gesagt, wir wissen nicht einmal mehr ihren Namen. Aber wenn das geschieht, dann kann auch eine Seite Jesu sichtbar werden, die uns eher unvertraut ist. Wir sehen einen Mann, der Freunde und Freundinnen braucht. Einen Mann, der bereit und auch in der Lage ist, sich einem anderen Menschen anzuvertrauen, sich etwas Gutes tun und sich trösten zu lassen. Und der auch und gerade darin ein Beispiel gibt für die, die ihm nachfolgen.
Das soll verkündigt werden zu ihrem und zu seinem Gedächtnis.

Kontexte
Zum Thema Rivalität und Eifersucht:

WAS SOLL DAS
sein pyjama liegt in meinem bett
sein kamm in meiner bürste steckt
was soll das
seine schuhe stehn in reih und glied
ein anblick, den man gerne sieht
was soll das
sein after-shave klebt in der luft
warum hat er nicht gleich meins benutzt
was soll das

du sagst, er wohnt ab jetzt bei dir
und zeigst nur stumm auf die ausgangstür
was soll das
du kochst gerade sein leibgericht
meine faust will unbedingt in sein gesicht
und darf nicht
von verlegenheit überhaupt keine spur
er ist 'ne wahre frohnatur
er grinst nur
womit hab ich das verdient,
daß der mich so blöde angrient
warum hast du mich nicht wenigstens gewarnt
zu einer betrogenen nacht
hätt ich vielleicht nichts gesagt
hätt mich zwar schockiert,
wahrscheinlich hätt ich's noch kapiert
aber du hast ja gleich auf liebe gemacht
(Herbert Grönemeyer)

»Weil eine Salbung durch eine unbekannte Frau auch zur messianischen Königsweihe keine Beziehung aufweist, sind wir für die Deutung ganz auf das folgende Gespräch angewiesen.«
(J. Gnilka, EKK II/2, S. 224)

»Wie die Propheten die Könige Israels auf der Stirn gesalbt haben, so salbt diese Frau Jesus. Sie benennt ihn öffentlich in einer prophetischen Zeichenhandlung. Sie hat dafür viel Geld ausgegeben und wird von den Jüngern deswegen auf scheinheilige Weise getadelt.«
(E. Schüssler-Fiorenza, Zu ihrem Gedächtnis, © Chr. Kaiser Verlag, München)

Gründonnerstag

Predigttext: Markus 14,17–26

Klaus Eulenberger

Theologisch-homiletische Skizze

Handelt es sich um eine Passahmahlzeit oder um eine der täglichen Mahlgemeinschaften Jesu und seiner Jünger (nur eben: die letzte)? Gibt es eine Beziehung zwischen den Deuteworten und dem Seder-Ritual? Gab es ursprünglich nur *eines* (nämlich: »Dies ist mein Leib«), und hat sich mit der Hinzufügung des Kelchwortes vielleicht der Charakter der ganzen Szene gegenüber ihrer »Uraufführung« erheblich verändert? Steckt ein »Sühneritus« darin, oder geht es »in erster Linie um die Gemeinschaft mit Jesus« (vgl. die Exegese)? Ist auf diese Gemeinschaft (mit der Ankündigung eines eschatologischen Freudenmahles) auch in Vers 25 angespielt, oder zielt dieser Hinweis auf Jesus allein? Warum und in welcher Absicht ist die Ankündigung des Verrats in die Abendmahlsszene hineinkomponiert?
Je nachdem, welcher dieser Fragen man sich in einem Gottesdienst am Gründonnerstag annimmt, wird die Predigt ihr Gesicht bekommen, wenn es denn am Abend vor dem Karfreitag eine ordentliche Predigt geben soll. (Andere Möglichkeiten der Gestaltung des Gottesdienstes legen sich gerade an diesem Tag nahe: vgl. etwa die im Band »Passion« – Gottesdienst-Praxis Serie B, 1991, besonders S. 32ff. – vorgestellten Entwürfe!) Unter dem Eindruck der gerade (in der Ausgabe Nr. 25 vom 15. Juni 1992) veröffentlichten Emnid-SPIEGEL-Umfrage über den Glauben der Deutschen in den alten und in den neuen Bundesländern relativiert sich die Wichtigkeit solcher Entscheidungen allerdings ganz beträchtlich, jedenfalls für mein Empfinden. Ein Priester sei nichts ohne eine Gemeinde, hat Desmond Tutu schon vor Jahren gemahnt: Ohne sie könne er nicht einmal das Abendmahl feiern. Das fiel mir wieder ein, als ich las, daß »sechs Millionen Deutschen in diesem Vierteljahrhundert ihr Glaube abhanden gekommen« sei, nämlich gegenüber der letzten SPIEGEL-Umfrage zum selben Thema 1967. Es ist relativ belanglos, ob ich den Gottesdienst am Gründonnerstag als »Beichte und Abendmahl« ausschreibe oder ob ich ihn als vorweggenommenes eschatologisches Freudenmahl entwerfe, wenn außer mir nur noch der Kantor erscheint. Und die Dynamik der Freiheit, die man in dieser Geschichte aufspüren kann, der erinnerten ebenso wie der verheißenen Befreiung, bleibt ja folgenlos, wenn sich kaum jemand noch für diese Geschichte interessiert.
Die kirchliche Abendmahlsfeier hat – im Unterschied zum jüdischen Sedermahl, das ja *in den Häusern* begangen wird – keinen Sitz im Leben der Familie. Wer nicht *im Gottesdienst* an ihr teilnimmt, kommt für gewöhnlich an keiner Stelle mit ihr in Berührung. Welches Motiv aus dem Komplex Abendmahl auch immer gewählt wird: Vergebung oder Gemeinschaft, Exodus oder Gedächtnis – es kann sich nicht mehr zur Geltung bringen, wenn »niemand« mehr zum Abendmahl kommt. Und diese Tendenz scheint eindeutig, trotz der an besonderen Orten beobachteten Abendmahls-»Renaissance«. Kann man sie beeinflussen? »Viele Bücher und Aufsätze werden geschrieben«, so der SPIEGEL, »um die Gründe für diese schleichende Entchristianisierung zu erforschen. Einig sind sich die meisten Autoren, daß diese Entwicklung schlicht einem Trend der Zeit entspricht – und deshalb nicht aufzuhalten ist.«

Ein deprimierender Befund. Hängt er *auch* zusammen mit der »hohen«, abweisenden Sprache, die sich – liturgisch wie dogmatisch – in Hinsicht auf das Abendmahl ausgebildet hat? Mit einer Sprache, die weniger einladend als distanzierend, weniger befreiend als einschüchternd wirkt? (Die Formulierungen der »Erneuerten Agende« ändern an diesem Befund gar nichts, sondern verstärken ihn nur.) »Wahrhaft würdig und recht, billig und heilsam ist's«: Wer vermag durch solche Wortwände hindurch auf den Geschmack des Brotes zu kommen, mit dem der sich gibt, der in jener Nacht verraten wird? Sind nicht Theologen und Kirchenobere mit ihren endlosen Disputationen um die »rechte« Abendmahlslehre schon ganz unter sich gewesen, lange bevor so augenscheinlich wurde, wie wenig ihre Kategorien für den Glauben und das Leben der Menschen bedeuten? Das Brot ist sandig und hart; niemand hat Lust darauf. Und *wenn* es einmal so angeboten wird, daß es die Essenden zu fröhlichen, ja vielleicht begeisterten Leuten macht, dann verfällt das strenger theologischer Kritik, die eine »falsche Sucht nach einem Gemeinschaftserlebnis« diagnostiziert, »das mit Hilfe des Abendmahls arrangiert wird« (so Martin Kruse 1979).
Vielleicht sucht niemand das Brot des Lebens mehr an dieser Stelle. Solange das nicht ausgemacht ist, schlage ich vor, den Gottesdienst am Abend des Gründonnerstag mit den wenigen, die dazu kommen, so zu gestalten, daß Christus, »das Brot«, nicht eingeschweißt, sondern angeboten wird: »Nehmt«. Wenn, auf welche Weise auch immer, der Verratene als Quelle des Lebens zugänglich wird, dann kann der Versuch nicht gänzlich mißglückt sein. Selbst wenn nicht alle Differenzierungen der Dogmatiker eingehalten werden sollten.

Vorschläge zur Liturgie

Alles ist möglich: die *Lesung* aus Johannes 13 (1–15) ebenso wie eine Brot-Geschichte, alte und neue Lieder zum Abendmahl, die Einsetzungsworte in der klassischen oder in einer für diesen Anlaß angefertigten Fassung, vielleicht einige Stücke aus der Passach-Haggada, Teile aus dem »Hallel«, der als »Lobgesang« in Markus 14,26 erscheint: Psalm 113–118.
Wolfgang Borcherts Kurzgeschichte »Das Brot« kann ich mir ebenso gut vorgelesen denken wie etwa die kleine Erzählung »Brot in deiner Hand« von H.A. Mertens (siehe unter »Kontexte«). Aus den *Liedern* des EKG hebe ich hervor: 156,2 (»All ander Speis und Trank ist ganz vergebens«) und 165 (»Im Frieden dein«); unter den zahlreichen neuen Liedern, die sich anbieten, ums Abendmahl herum gesungen zu werden, gefallen mir besonders die beiden folgenden:

Bewahre uns, Gott

2. Bewahre uns, Gott, behüte uns, Gott,
sei mit uns in allem Leiden.
Voll Wärme und Licht im Angesicht,
sei nahe in schweren Zeiten.
3. Bewahre uns, Gott, behüte uns, Gott,
sei mit uns vor allem Bösen.
Sei Wille und Kraft, die Frieden schafft,
sei in uns, uns zu erlösen.
4. Bewahre uns, Gott, behüte uns, Gott,
sei mit uns durch deinen Segen.
Dein Heiliger Geist, der Leben verheißt,
sei um uns auf unseren Wegen.

(Text: Eugen Eckert. Melodie: Anders Ruuth. Rechte: Gruppe HABAKUK, Frankfurt a.M. aus LP/MC »Wasserspiegel«)

Gepriesen der Mensch

2. Gepriesen der Mensch, der ehrlich und klar sich selbst in den Blick nimmt: Geschenk und Gefahr. Gepriesen der Mensch, der Frieden versteht und hoffend den Weg der Gerechtigkeit geht.
3. Gepriesen der Mensch, der Licht in die Nacht und Hoffnung und Heil uns von Gott her gebracht. Gepriesen der Mensch, der strahlt wie ein Stern, erhellt von der Sonne, von Christus, dem Herrn.

(Text: Henk Jongerius. Melodie: Henk Strategier. Rechte: Goi & Sticht, Hilversum. Übertragung: Diethard Zils. Rechte (Ü) im tvd-Verlag Düsseldorf)

Ausgewählte Sätze aus den Psalmen 113–118 können zu einem gemeinsam gesprochenen *Gebet* werden; ein mögliches *Schlußgebet* notiere ich unten.

Vorschläge für den Verlauf des Gottesdienstes

Statt einer Predigt stelle ich mir *eine Art »offener Rede«* vor: Mit den anderen Teilnehmern des Gottesdienstes zusammen sitze ich an einem langen, weiß gedeckten Tisch (besser vielleicht: an mehreren Tischen, die aneinandergestellt etwa einen Viertelkreis bilden); ich bleibe dort sitzen, wenn ich die Gedanken entwickle, die ich hier skizziere. »Offen« ist diese Rede nicht nur insofern, als sie nicht schriftlich ausgeführt ist, sondern auch, weil es möglich sein soll, daß die anderen am Tisch Sitzenden hin und wieder einen Gedanken »anhalten« und von sich aus weiterentwickeln. Wenn daraus ein allgemeines Gespräch wird: umso besser.
Ich beginne mit einem Hinweis auf den großen Abstand zwischen uns und jener Geschichte, die an »diesem« Abend vor langer Zeit geschehen ist: Wir kennen die Worte; aber können wir uns vorstellen, was am letzten Abend, den Jesus im Kreis der Jünger verbracht hat, vorgegangen ist, was er getan und gesagt hat, was ihnen seine Zeichen und seine Worte bedeutet haben? Ich lese eine Anekdote, die W. Schnurre in seinem Buch »Der Schattenfotograf« zitiert (S. 72), allerdings mit der Bemerkung, sie widerlege, was sie nachweisen möchte:

»Wenn der Baal-schem etwas Schwieriges zum Nutzen der Geschöpfe zu erledigen hatte, ging er an eine bestimmte Stelle im Wald, machte ein Feuer und sprach, in mystische Meditationen versunken, Gebete; und alles geschah, wie er es sich vorgenommen hatte. Wenn, eine Generation später, der Maggid von Meseritz etwas Ähnliches vorhatte, ging er an jene Stelle im Wald und sagte: ›Das Feuer können wir nicht mehr machen, aber die Gebete können wir sprechen.‹ Und alles geschah, wie er es sich vorgenommen hatte. Wieder eine Generation später wollte auch der Rabbi Mosche Leib aus Sasow etwas ähnlich Wundersames vollbringen. Auch er ging in den Wald und er sagte: ›Wir können kein Feuer mehr machen, und wir kennen auch die geheimen Meditationen nicht mehr, die die Gebete belebten, aber wir kennen den Ort im Wald, wo das hingehört; das muß genügen.‹ Und es genügte. Als abermals eine Generation später der Rabbi Israel von Rischin eine solche Tat zu vollbringen hatte, setzte er sich in seinem Schloß auf seinen goldenen Stuhl und sagte: ›Wir können kein Feuer mehr machen, wir können keine Gebete mehr sprechen, wir kennen auch den Ort nicht mehr, wo man es tun müßte; aber wir können die Geschichte davon erzählen.‹ Und seine Erzählung hatte dieselbe Wirkung wie die Taten der anderen.«

Wir haben nur die Geschichte, das muß genügen. Vesuchen wir, mit ihrer Hilfe jenes Feuer zu entzünden, das wir von uns aus nicht mehr entfachen können!
Jemand aus dem Kreis der Teilnehmer liest: Markus 14,17–26.

Überlegungen zur Geschichte vom Abendmahl

1. Der unvermeidbare Verrat

Während Jesus und die zwölf Jünger zu Tisch liegen und essen, kommt sein Hinweis auf den bevorstehenden Verrat. Er stört, ja zerstört die Intimität der Szene: »Einer unter euch, der mit mir ißt, wird mich verraten!« Wir reagieren spontan (und immer wieder, wenn wir an diese Stelle geraten) mit Entrüstung. Aber die Geschichte bringt hier ein Verhalten ins Spiel, das offenbar in sie hineingehört und nicht aus ihr fortgedacht werden kann: den Verrat an dem, der geliebt wird. Das griechische Wort für »übergeben, weitergeben« ist dasselbe wie für »verraten«. (Am deutlichsten wird dieser Zusammenhang in 1. Korinther 11,23, wo das Wort in seinen beiden Bedeutungen in einem Satz erscheint: »... ich habe von dem Herrn empfangen, was ich auch ›weitergegeben‹ habe: Der Herr Jesus, in der Nacht, da er ›verraten‹ ward, nahm er das Brot ...«.)

Augenscheinlich »muß« der Verrat stattfinden, damit die Sache (Jesu) weitergehen kann. Etwas abgelöst von der konkreten Beziehung zwischen Judas und Jesus in dieser Episode möchte ich »Verrat« beschreiben als die Überlieferung der Wahrheit in die Hände der Menschen. Wenn die »reine« Wahrheit, die Wahrheit des Gedankens oder der Idee, unter die Leute kommt, wo sie sozusagen »Mensch wird«, dann wird sie unweigerlich verformt, entstellt manchmal bis zur Unkenntlichkeit. Aber nur in dieser Form ist sie lebendige, nämlich: *gelebte* Wahrheit. Sobald wir versuchen, in der Wahrheit zu leben, wird die »reine« Wahrheit korrumpiert durch unsere Schwäche, unsere vitalen Bedürfnisse, unsere Neigung, uns und andere zu belügen. Es ist aber nicht unmöglich, daß Aspekte der Wahrheit erhalten bleiben – gebrochen, diffus und mehrdeutig, aber mit dem unschätzbaren Vorteil, nicht abstrakter Gedanke geblieben zu sein. Wir werden – wie die Jünger, die sich *alle* für des Verrats fähig hielten: »Bin ich's?« – Jesus verraten, sobald wir versuchen, ihn weiterzugeben (zu »tradieren«), indem wir ihm ähnlich werden. Viel schlimmer, als dieses Risiko einzugehen, wäre es, die Gestalt des »Gottessohnes« rein halten zu wollen, indem man sie entrückt und unberührbar macht. Zwar wird Judas in dieser Geschichte gewissermaßen verflucht: »Es wäre für diesen Menschen besser, wenn er nie geboren wäre.« Aber viel spricht dafür, daß dies nicht die Worte Jesu sind, sondern die Erklärung von Menschen (Christen der zweiten Generation), die es *sich* nicht verzeihen konnten, Jesus »verraten« zu haben. (Vgl. dazu: Wolfgang Teichert, Jeder ist Judas. Der unvermeidliche Verrat, Stuttgart 1990.)

2. Das ist mein Leib

»Die älteste Abendmahlsüberlieferung kannte nur ein einziges Jesuswort: ›Dies ist mein Leib‹ ... ›mein Leib‹« aber bedeutete »nichts anderes als ›ich‹« (E. Haenchen, Der Weg Jesu, Berlin 1966, 482). Wenn man dieser

Annahme folgt, dann hat Jesus seinen Jüngern das gebrochene Brot gegeben und gesagt: Nehmt, das bin ich. (Oder, noch knapper: »Dies: ich.«) Was kann er gemeint haben?
– Ich »gehe hin« (Vers 21), wie dieses Brot dahingeht; ihr »habt« mich nicht anders, als ihr das Brot »habt«, das ihr essen werdet. Ich bin, was das Brot für euch ist: das elementar Lebensnotwendige. Erinnert euch: Seit ich bei euch bin und ihr bei mir seid, habt ihr keinen Mangel gehabt. Denkt an das, was ihr mit mir gelernt habt: Wer sein Leben zu erhalten sucht, der wird es verlieren; und wer es verliert, der wird es gewinnen.
– Wenn ihr euer Brot brecht und teilt untereinander und mit denen, die (noch) weniger haben als ihr, dann bin ich mitten unter euch.
Die Fokussierung auf das gebrochene Brot löst in mir noch eine andere Assoziation aus, die nicht aufs »Damals«, sondern ins »Heute« zielt: Das Brot bleibt, innerhalb des verwirrenden Marktes der kulinarischen Köstlichkeiten, der von seinen Verehrern ein hohes Maß an Hingabe verlangt (es sind z.Zt. in Deutschland allein ca. 400 Brotsorten im Angebot), »die« Nahrung schlechthin. So trivial die Existenz des Gourmets schließlich wird, so verlockend erscheint mir die Aussicht, daß man, unendlich überdrüssig des Waren- und Freizeitmarktes der Ersten Welt, zurück»greifen« kann auf jenes »Brot«, das den verratenen Christus repräsentiert. Die Verfeinerung des Geschmacks ist bei ihm wohl nicht zu lernen, wohl aber (was an exemplarischen Geschichten darzustellen wäre) der Sinn für das, was Menschen brauchen, um Menschen zu werden. Wenn aber nur wenige das Brot des Lebens an dieser Stelle suchen, weil es vielen in den Kirchen sandig und hart geworden zu sein scheint – was dann? Dann ist dies vielleicht die Zeit, vom Brot nicht zu *reden* (und schon gar nicht im sakramentalen Sinn), sondern Brot des Lebens zu *sein* und es so »unter die Leute« zu bringen. – Bestimmt tut es gut, ein Zeichen mit auf diesen Weg zu bekommen: ein kleines selbstgebackenes Brot für jeden, der jetzt an diesem Tisch sitzt?

3. »Am Tisch des Herrn sitzen immer nur solche, die es nicht verdienen« (Ernst Käsemann)

Wir teilen nun das Brot, das Christus »ist«: als Menschen, die ihn verraten, indem sie ihn weitergeben, und ihn weitergeben, indem sie ihn verraten. Und als solche, die bei ihm lernen, worin das Brot des Lebens besteht, die es anderen anbieten und es vielleicht sogar *sein* können für sie. Wir vergegenwärtigen die Abendmahls-Szene, indem sie jetzt unter uns stattfindet, und erinnern uns: Judas ist dabei wie alle anderen Jünger, die es immerhin für möglich halten, daß *sie* zu Verrätern werden könnten, und niemand wird ausgeschlossen.
Ich wünschte mir, daß die folgenden Texte nicht von einem (auch nicht von mir), sondern von mehreren Teilnehmern gesprochen würden – auch (und gerade!) die »Einsetzungsworte«.

»Jesus hat sich mit denen, die ihn begleitet hatten, um einen Tisch versammelt und Brot und Wein mit ihnen geteilt. Ich erinnere euch daran. Es war kein Friede damals. Auch für ihn nicht.

- Es war in der Nacht, in der einer seiner Freunde ihn verriet.
- Es war in der Nacht, in der sie ihn gefangennahmen und ihn aller seiner Möglichkeiten beraubten.
- Es war in der Nacht, bevor sie ihn kreuzigten; so wollten sie das Leben, das er unter die Menschen gebracht hatte, endgültig auslöschen.
- Es war in der Nacht, in der er verlassen wurde und niemand ihn mehr begleiten wollte.

Ich erinnere euch daran.

In dieser Nacht kam er noch einmal zusammen mit denen, die zu ihm gehörten.
Wir gehören auch zu ihm, wie nah oder fern wir ihm jetzt auch sind, wie treu, wie stark auch immer.
Er lädt uns ein, das Mahl des Friedens mit ihm zu teilen und ihm zu begegnen in Brot und Wein.
So sind wir zusammen in seinem Geist.

Laßt uns beten.

Jesus Christus, unser Herr und Bruder,
so wie aus vielen kleinen Körnern ein Brotlaib wird
und aus vielen reifen Trauben ein kräftiger Wein,
um Hunger und Durst zu stillen,
so verwandle, was wir als Einzelne sind, zu einem großen Ganzen, das deinen Geist atmet.
Stärke uns mit deiner belebenden Gegenwart, wenn wir an deinen Tisch kommen,
und begegne uns immer wieder,
bis du *ganz* bei uns sein wirst und Gott alles in allem ist.
Deinen Tod verkündigen wir und deine Auferstehung preisen wir,
bis du kommst in Herrlichkeit. Amen.«
(nach Formulierungen von Anne Reichmann)

Der *»Sanctus«-Kanon* aus Taizé könnte nun folgen:

Gesang aus Taizé. Musik: Jacques Berthier.
Rechte: Les presses de Taizé. Deutsche Rechte: Christophorus-Verlag, Freiburg i.B.

Einsetzungsworte
»Und als sie aßen, nahm Jesus das Brot, dankte und brach's und gab's ihnen und sprach: Nehmt; das ist mein Leib.
Und er nahm den Kelch, dankte und gab ihnen den; und sie tranken alle daraus.« (Mk 14,22f.).

Agnus Dei (EKG 136)

Vaterunser

Einladung, Brot und Wein miteinander zu teilen

Nach dem Abendmahl:
Ausgewählte Sätze aus dem Hallel (s.o.) als gemeinsames Gebet. Oder etwa dieses *Gebet*:

Christus, wir sind Gäste an deinem Tisch, wir haben es nicht verdient,
aber du läßt es zu, du willst es so, wir sind eingeladen.
Wir sind hungrig nach dir, durstig nach Leben und Mut und Hingabe.
Du bist wie das Brot, das wir nicht horten können.
Wir haben dich wie das Brot, das uns kräftigt, wenn wir es essen,
das dahingeht, indem es uns nützt, das verdirbt, wenn wir es aufbewahren wollen.
Du lebst in uns, wir leben von dir, Christus.
Du bist das Brot, das uns nicht ausgeht, weil es uns wieder und wieder gegeben wird.
Und wir geben dich weiter, indem wir aufs Spiel setzen, was wir haben,
riskieren, was wir sind, und uns verlieren in dich.
Du wirst unter uns sein, wenn wir teilen, was wir haben,
unser Brot und unsere Zeit, unsere Wünsche an das Leben, unsere Todesangst.
Wenn du uns sättigst mit dir, werden wir keinen Hunger leiden.
Wir werden nichts haben, und es wird uns an nichts fehlen.
Komm, Christus, Brot des Lebens. Amen.

Kontexte

Liebe
Eine Kirchenmaus hatte Oblaten geschmaust, sich am Abendmahlwein bezecht und torkelte nun, einen Choral pfeifend, die Altarstufen herab. »Ich werde sie töten!« knirschte der Engel ergrimmt. »Was für eine Logik!« sagte der Herr; »so viele stehen nüchtern vom Abendmahl auf, ohne daß wir es ihnen verübeln; und hier, wo endlich mal eins das Mahl verändert verläßt, da regst du dich auf?«
(aus: Wolfdietrich Schnurre, Der Spatz in der Hand, München/Wien 1973, S. 207)

Geschichte: Brot in deiner Hand

An der Jakobstraße in Paris liegt ein Bäckerladen; da kaufen viele hundert Menschen ihr Brot. Der Besitzer ist ein guter Bäcker. Aber nicht nur deshalb kaufen die Leute des Viertels dort gern ihr Brot. Noch mehr zieht sie der alte Bäcker an: der Vater des jungen Bäckers. Meistens ist nämlich der alte Bäcker im Laden und verkauft Brot.

Dieser alte Bäcker ist ein spaßiger Kerl. Manche sagen: Er hat einen Tick. Aber nur manche, die meisten sagen: Er ist weise, er ist menschenfreundlich. Einige sagen sogar: Er ist ein Prophet. Aber als ihm das erzählt wurde, knurrte er vor sich hin: »Dummes Zeug ...«

Der alte Bäcker weiß, daß man Brot nicht nur zum Sattessen brauchen kann, und gerade das gefällt den Leuten. Manche erfahren das zum erstenmal beim Bäcker an der Jakobstraße – zum Beispiel der Autobusfahrer Gérard, der einmal zufällig in den Brotladen an der Jakobstraße kam.

»Sie sehen bedrückt aus«, sagte der alte Bäcker zum Busfahrer. »Ich habe Angst um meine kleine Tochter«, antwortete der Busfahrer Gérard. »Sie ist gestern aus dem Fenster gefallen, vom 2. Stock!« »Wie alt?« fragte der alte Bäcker.

»Vier Jahre«, antwortete Gérard.

Da nahm der alte Bäcker ein Stück vom Brot, das auf dem Ladentisch lag, brach zwei Bissen ab und gab das eine Stück dem Busfahrer. »Essen Sie mit mir«, sagte der alte Bäcker zu Gérard, »ich will an Sie und ihre kleine Tochter denken.«

Der Busfahrer Gérard hatte so etwas noch nie erlebt, aber er verstand sofort, was der alte Bäcker meinte, als er ihm das Brot in die Hand gab. Und sie aßen beide ihr Brotstück und schwiegen und dachten an das Kind im Krankenhaus.

Zuerst war der Busfahrer Gérard mit dem alten Bäcker allein. Dann kam eine Frau herein. Sie hatte auf dem nahen Markt zwei Tüten Milch geholt und wollte nun eben noch ein Brot kaufen. Bevor sie ihren Wunsch sagen konnte, gab ihr der alte Bäcker ein kleines Stück Weißbrot in die Hand und sagte: »Kommen Sie, essen Sie mit uns: Die Tochter dieses Herrn liegt schwer verletzt im Krankenhaus – sie ist aus dem Fenster gestürzt. Vier Jahre ist das Kind. Der Vater soll wissen, daß wir ihn nicht allein lassen.« Und die Frau nahm das Stückchen Brot und aß mit den beiden.

So war das oft in dem Brotladen, in dem der alte Bäcker die Kunden bediente. Aber es passierte auch anderes, über das sich die Leute noch mehr wunderten. Da gab es z.B. einmal die Geschichte mit Gaston: An einem Morgen wurde die Ladentür aufgerissen und ein großer Kerl stürzte herein. Er lief vor jemandem fort, das sah man sofort. Und da kam ihm der offene Bäckerladen gerade recht. Er stürzte also herein, schlug die Tür hastig hinter sich zu und schob von innen den Riegel vor. »Was tun Sie denn da?« fragte der alte Bäcker. »Die Kunden wollen doch zu mir herein, um Brot zu kaufen. Machen Sie die Tür sofort wieder auf!« Der junge Mann war ganz außer Atem. Und da erschien vor dem Laden auch schon ein Mann, wie ein Schwergewichtsboxer, in der Hand eine Eisenstange. Als er im Laden den jungen Kerl sah, wollte er auch hinein. Aber die Tür war verriegelt.

»Er will mich erschlagen!« keuchte der junge Mann.

»Wer? – Der?« fragte der Bäcker.

»Ja mein Vater!« schrie der Junge und zitterte am ganzen Leibe. »Er will mich erschlagen. Er ist jähzornig. Er ist auf neunzig!«

»Na, das laß mich nur machen«, sagte der alte Bäcker. Und er ging zur Tür, schob den Riegel zurück und rief dem schweren Mann zu: »Guten Morgen, Gaston! Am frühen Morgen regst du dich schon so auf? Das ist ungesund. So kannst du nicht lange leben. Komm herein, Gaston. Aber benimm dich. Laß den Jungen in Ruh'. In meinem Laden wird kein Mensch umgebracht.«

Der Mann mit der Eisenstange trat ein. Seinen Sohn schaute er gar nicht an. Er war viel zu erregt, um dem Bäcker antworten zu können. Er wischte sich mit der Hand über die feuchte Stirn und schloß die Augen ... Da hörte er den Bäcker sagen: »Komm, Gaston, iß ein Stück Brot; das beruhigt. Und iß es zusammen mit deinem Sohn. Das versöhnt. Ich will auch ein Stück Brot essen, um euch bei der Versöhnung zu helfen.«

Da gab er jedem ein Stück Weißbrot.

Und Gaston nahm das Brot, auch sein Sohn nahm das Brot. Und als sie alle drei aßen, sahen sie einander an. Und der alte Bäcker lächelte den beiden zu.

Als sie aber das Brot gegessen hatten, sagte Gaston: »Komm Junge, wir müssen an die Arbeit.«

(aus: H.A. Mertens, Brot in deiner Hand, Pfeiffer Verlag, München 1975[3] S. 5-8)

Karfreitag

Predigttext: Lukas 23,33–49

Corinna Dahlgrün

Theologisch-homiletische Skizze

1. Die Auslegung von W. Stegemann (s. Exegesenband) ist mir nachvollziehbar, doch ich möchte manches anders akzentuieren; seiner hermeneutischen Konsequenz folge ich nicht. Von besonderem Interesse sind für mich die Schwerpunkte der lukanischen Neufassung: (a) die verschiedenen Lästerungen und demgegenüber das Verhalten Jesu, daraus folgend das Bekenntnis des Hauptmanns zu Jesus als Gerechtem und die Reuebekundungen des Volkes; (b) das Gespräch mit dem Schächer; (c) das Sterbegebet Jesu. (a) Gegenüber den Verspottungen durch Synhedristen und Soldaten, durch den einen Verbrecher und durch die Kreuzesinschrift erweist sich Jesus – mit dem Gebet um Vergebung, dem Paradieseszuspruch an den Schächer und dem gottergebenen Sterben – als der Gerechte, der leidet, doch sogar in seinem Leiden rettend wirkt. (Das Motiv wird von Lukas durch die Erwähnung der Kreuzigung zwischen den beiden Verbrechern gleich eingangs herausgestellt.) Indem er sich in seinem Sterben als leidender Gerechter erweist, ermöglicht er dem Schächer, dem Hauptmann und dem Volk die Erkenntnis der eigenen Sünde und deren Annehmen, ebenso die Erkenntnis seiner Gerechtigkeit, damit die Umkehr. Die Vorzeichen seines Todes weisen auf dessen Tragweite hin – für die Welt (Finsternis) und für Israel (Zerreißen des Vorhanges). Damit erfährt das Sterben Jesu keine Sühnedeutung, aber doch eine christologische Zentrierung. (b) In diesem Rahmen ist das Gespräch (Vers 42f.) zu sehen, wichtig ist mir hier die Eröffnung einer anschaulichen Hoffnung in der Korrektur der Parusieerwartung (»wenn du mit deiner Königsherrschaft kommst« – zeitlicher Aspekt) durch die unmittelbare Erfüllung der Bitte (»noch heute mit mir im Paradies« – räumlicher Aspekt). (c) Die Sterbeworte Jesu schließlich zitieren statt Psalm 22,2 ein Abendgebet, Psalm 31,6, und zeigen – wohl auch von Lukas als eine Art ars moriendi gedacht – »wie man christlich sterben soll« (Luther in einer Predigt zur Stelle, s. auch Apostelgeschichte 7,59).

2. Wohl die meisten Karfreitagsgemeinden dürften eine uneinheitliche Erwartungshaltung an die Predigt aufweisen. »Traditionsgeleitete Gemeindefrömmigkeit« sucht den Zuspruch der Sündenvergebung durch Christi Sühnetod, die dieser Text so nicht bietet, »humanisierende Religiosität« erhofft Aussagen zu Tod und Leben, zu unserem je eigenen Leiden und Sterben, zur Hoffnung angesichts des Todes (vgl. R. Roessler, Predigtstudien III/2 [1968/69] 35f.), die sich aus der Schächerepisode leicht gewinnen ließen. Ich möchte beide Erwartungen zu berücksichtigen versuchen, um der unguten Alternative einer nur dogmatischen oder nur seelsorgerlichen Predigt zu entgehen. Der Gottesdienst soll insgesamt die Themen der Perikope – Schuld, Vergebung, Gemeinschaft mit dem Gekreuzigten, Sterben, Verheißung des Lebens in Gott – aufnehmen.

3. Ich möchte auch am Karfreitag Evangelium predigen. In Jesus ist das Gottesreich angebrochen, in ihm ist die Heilszeit gegenwärtig. Er lebt seine Botschaft der Erlösung und Befreiung, und er stirbt in der Konsequenz dieses Lebens als Gerechter mit der Bitte um Vergebung für die, die schuldig sind an seinem Sterben. Darum bedeutet

Gemeinschaft mit ihm auch in seinem und in unserem Leiden und Sterben und diesem zum Trotz das Heil. Er bietet uns diese Gemeinschaft an. Ob wir sie annehmen können, hängt davon ab, ob wir uns selbst annehmen, mit aller Schuld, aller Angst, aller Schwäche und Bedürftigkeit, ob wir wissen, was wir sind und tun und uns dazu bekennen. Wenn wir sie annehmen, sterben wir nicht allein, sondern wir sterben in dieser Gemeinschaft und in sie hinein und gelangen darin zu einem Leben jenseits des Todes.

Vorschläge zur Liturgie

Die Themen des Gottesdienstes (s. oben) müssen nicht sämtlich und nicht ausschließlich in der Predigt abgehandelt werden, die Liturgie kann entlastend wirken. Ihr Weg beginnt in »der Tiefe«, und die Spannung, die aus dem Bedenken der Schuld und des Todes entsteht, ist am Karfreitag sicher nicht abzumildern. Andererseits ist auch dieser Tag nicht ohne Verheißung. Das Sündenbekenntnis der Gemeinde sollte, um nicht ›Gesetzes‹-Charakter zu haben, auf den Zuspruch der Predigt folgen und in die Mahlgemeinschaft münden. Als Sendungswort nach dem Abendmahl könnte ich mir Johannes 11,25 als passend zum Spannungsbogen des Gottesdienstes vorstellen.

Introituspsalm und Lesungen
Psalm 130 in einer Übertragung von H. Oosterhuis (Um Recht und Frieden, 55):
Aus den Tiefen rufe ich dich, / du, Herr, hör meine Stimme. / Öffne deine Ohren, du, und lausche / meiner Stimme, die um Gnade fleht. / Würdest du die Sünden zählen, / ach, wer könnte da bestehen? / Doch bei dir ist Vergebung, / so willst du gekannt sein. / Ich warte auf Ihn und hoffe, / es harrt meine Seele auf Ihn. / Ich halte mich an sein Wort. / Meine Seele schaut aus nach Ihm, / so wie der Wächter voll Erwartung / ausschaut nach dem Morgen, / nach dem Morgenlicht. / Israel, harre aus in Ihm, / denn bei Ihm ist Gnade – / Kraft, um zu befreien, / ist bei Ihm, viel Kraft. / Er wird dich befreien, / Israel, / aus der Macht der Ungerechtigkeit.

Als *Epistel*: II. Korinther 5,17–21 in der Übersetzung Luthers; als *Evangelium* den Predigttext in der Übersetzung der Zürcher Bibel.

Kollektengebet
Ewiger, lebendiger Gott, / in Jesus Christus hast Du am Kreuz Schmerz und Tod erlitten, / Du bist in das menschliche Elend und in das Sterben hineingegangen, um uns das Leben zu schenken. / Wir bitten Dich: Hilf uns, auf Deine Nähe zu vertrauen und die Gemeinschaft mit Dir anzunehmen, / jetzt in unserem Leben und in der Stunde unseres Todes. / Durch Jesus Christus, der mit Dir und dem Heiligen Geist lebt und regiert von Ewigkeit zu Ewigkeit.

Sündenbekenntnis
Denkbar ist ein Sprechen im Wechsel von Liturg/Liturgin und Gemeinde; dann wäre die Zeile »(L) Wir bitten Dich: (G) Nimm uns an und mach uns frei« jeweils zu wiederholen:

Wir kommen zu Dir, Gott, mit unserer Schuld.
Wir bitten Dich: Nimm uns an, und mach uns frei.
Wir sind schuldig geworden durch unsere Angst, die uns lähmt und uns hindert, einzutreten für Gerechtigkeit, Frieden und Bewahrung der Schöpfung. / Wir sind schuldig geworden durch unsere Bequemlichkeit, die uns die Augen schließen läßt vor der Not anderer Menschen. / Wir sind schuldig geworden durch unsere Hoffnungslosigkeit, die uns hart werden läßt und uns hindert, großzügig zu sein und in allen Dingen liebevoll. / Wir sind schuldig geworden durch unsere Gleichgültigkeit, die uns kalt bleiben läßt gegenüber dem Leiden der Menschen, solange es nicht uns selbst betrifft. / [...] / Wir bekennen Dir in der Stille unsere Schuld. / Wir sind schuldig geworden, Gott, in unserem Tun und in unserem Lassen, in unserem Denken und Reden, gegen andere und gegen uns selbst. Wir kommen zu Dir mit der Bitte um Deine Hilfe und Vergebung.

Zuspruch (L): Der gnädige Gott nimmt euch an mit eurer Schuld und spricht euch frei. Ist jemand in Christus, so ist er eine neue Kreatur. Das Alte ist vergangen, siehe, es ist alles neu geworden.

Fürbittengebet
Lasset uns in Frieden den Herrn anrufen: / um seinen Frieden, / daß wir Frieden finden für unser Leben / und Frieden schaffen unter den Menschen; / um seine Gerechtigkeit, / daß sein Wille unter den Völkern geschieht / und sein Name durch unser Leben verherrlicht wird; / um seine Barmherzigkeit, / daß wir Gnade finden für unser Leben / und Erbarmen lernen mit uns und den anderen. / Lasset uns zum Herrn rufen: / Herr, erbarme dich. / Für alle Menschen, / die heute sterben müssen, / durch Krankheit, durch Unfall, / durch Hunger, durch Krieg oder Verfolgung, / daß ihre Schmerzen erträglich bleiben / und ihre Verzweiflung begrenzt, / für die, die wissen, / daß sie nicht mehr lange zu leben haben, / für die, die um einen Menschen trauern müssen, / für uns alle, die wir Angst haben vor dem Ende, / daß wir den Tod als einen Teil unseres Lebens begreifen / und unser Sterben als einen Schritt zu Gott. / Lasset uns zum Herrn rufen ... / Für alle Menschen, / die im Kampf gegen den Tod stehen, / für die Ärztinnen und Ärzte, Pfleger und Schwestern, / für die Therapeutinnen und Seelsorger, / daß sie trotz aller notwendigen Routine menschlich bleiben, / für die Forscher und Wissenschaftlerinnen, / daß ihre Erfindungen mehr nützen als schaden, / für die Politikerinnen und Politiker, / daß ihre Arbeit dem Hunger wehrt, / der Verständigung dient, / den Frieden befördert. / Lasset uns zum Herrn rufen ... / Dich, Herr, den Grund unseres Lebens, / loben

wir. / Dir, Herr, dem Ziel unseres Sterbens, / sagen wir Dank. / Denn Dir allein gebührt / der Ruhm und die Ehre und die Anbetung / dem Vater und dem Sohn und dem Heiligen Geist, / jetzt und in der Stunde unseres Todes / und von Ewigkeit zu Ewigkeit.
(M. Josuttis, Die permanente Passion. Predigten zur Wirkungsgeschichte Jesu, München 1982, 178f. mit geringfügigen Änderungen)

Dankgebet
Gott, wir danken Dir für Brot und Wein, / die Zeichen Deiner Nähe und der Hoffnung für uns, / mit denen Du uns stärkst für unser Leben. / Wir bitten Dich: / Sei bei uns mit Deiner Liebe und Kraft / in allen Stunden unseres Lebens und auch in unserem Sterben.

Lieder
An verschiedenen Stellen der Liturgie Strophen aus EKG 63 (O Haupt voll Blut und Wunden): 1.2; 3.4; 5.6; 9.10; dazu EKG 57,7 (Ehre sei dir, Christe) oder Strophen aus EKG 64 (O Welt, sieh hier dein Leben).

Vorschläge zur Predigt

Möglicher Predigtanfang: Am Kreuz
Da sind zwei Männer im Gespräch. Sie reden über große Themen, sie sind sehr ernst und ganz konzentriert. Sie vergessen, was um sie herum vorgeht. Es hängt aber auch viel ab von ihrem Gespräch. Es geht um alles oder nichts, um Hoffnung oder Verzweiflung.
Ein besonderes Gespräch, sicher, aber doch eines, das ich mir in verschiedenen Situationen vorstellen könnte. Auf einem Spaziergang vielleicht, oder in einem Amtszimmer, aber auch in dem Besucherraum eines Gefängnisses, oder an einem Krankenbett.
Doch mit *diesem* Gespräch hat es noch eine ganz andere Bewandnis. Beide Männer leiden furchtbare Schmerzen. Sie können nur mühsam sprechen, denn sie ersticken langsam. Beide Männer hängen am Kreuz. Der eine ist ein Schwerverbrecher. Er wollte die Welt ändern mit aller Gewalt, und um sein Ziel zu erreichen, hat er Menschen getötet. Er stirbt nun diesen langsamen, quälenden und erniedrigenden Tod zur Strafe für sein Tun. Er stirbt, weil er das Leben nicht achtete.
Und der andere? Auch er wollte die Welt ändern, er wollte, daß sie Gottes Reich werde, in dem alle Menschen leben dürfen. Und weil das Gottesreich angefangen hat, hat er Kranke geheilt, Blinde sehend gemacht und Lahme gehend. Er hat dabei nichts Böses getan, niemandem Schaden zugefügt, er war liebevoll, aufrichtig und ganz lebendig. Er ist Gott sehr nah, auch jetzt noch, ein Mensch, wie Gott ihn gemeint hat, ein Gerechter.
Beide Männer hängen am Kreuz. Sie sterben den gleichen Tod. Aber der Verbrecher sieht den Unterschied.

Zum weiteren Verlauf: drei Schritte

1. »Vater, vergib ihnen«

Beschreibung des Geschehens der Kreuzigung zwischen den Verbrechern und Jesu Gebet – er ist in aller Armut reich, weil er verzeihen kann. Sein Beten befreit ihn, er kann loslassen, auf Rache verzichten, weil er »in der Liebe« ist, im Gottesreich. Der Spott der Menschen – auch der eine Verbrecher flieht vor der Wahrheit seines Lebens in den Spott und damit in den Tod. Jesu Schweigen – es hilft dem anderen Verbrecher, die Wahrheit zu sehen, die in der verspottenden Kreuzesinschrift liegt: Der Gekreuzigte *ist* König, der mit seiner Königsherrschaft wiederkommen wird. Der Mann sieht mehr in Jesus als nur einen unschuldig Hingerichteten. Er spürt etwas von dem, was später zum Bekenntnis der Kirche wird: Gott selbst stirbt in diesem Menschen am Kreuz. Der Mann ist nicht allein in seinem Sterben. Und weil er das spürt und sieht, wird noch etwas anderes möglich: Er kann sich seine Schuld eingestehen, wie immer sie aussieht ... (Beschreibung offen, so daß die Hörenden sich selbst eintragen können – individuelle / strukturelle Sünde, Machtgier / Angst ... [s. Sündenbekenntnis]; dies kann explizit geschehen oder auch auf der Ebene der Erzählung bleibend – die Identifikationsmöglichkeiten sind stark genug.) Er kann sich seine Schuld eingestehen. Er kann sich annehmen, sich selbst mit seiner Schuld und die Strafe, die über ihn verhängt ist (Vers 41a), sein Leben, so wie es war, und seinen Tod.

2. »Gedenke meiner«

Der Mann bleibt mit seiner Einsicht nicht bei sich selbst, das ließe ihn im Leiden stehenbleiben und würde in Verzweiflung führen (Folgen der stummen Schuldeinsicht, Isolation, desperatio, Schweigen ist der Sieg des Todes ...). Doch weil er sich annimmt, kann er um Hilfe bitten. Er wendet sich an den Menschen, der neben ihm am Kreuz hängt, hilflos wie er, und doch nicht hilflos ... ›Gedenke meiner‹ – das heißt doch auch: Ich habe Angst. Vergiß mich nicht. Laß mich nicht allein. Weil er sich annimmt, kann er die Nähe zulassen zu dem, der da mit ihm stirbt. Weil er sich annimmt, kann er sich eine Hoffnung zusprechen lassen, die niemand sich selbst sagen kann. Und darum lebt er in seinem Sterben.

3. »Mit mir im Paradies«

Jesus verspricht ihm mehr, als er erbeten hatte: noch heute, Paradies als Bild für das sofortige Aufgehobensein, für Geborgenheit ohne Aufschub. Es ist keine Vertröstung (für die Mentalität des ›In-den-Griff-Bekommens‹ ist Religion eine gefährliche Illusion, die hindert, sich die Realität gefügig zu machen ...), es ist eine Verheißung, die denen gilt, die wirklich ihre Realität erkennen ... ›Mit mir im Paradies‹. Jesus stirbt mit dem Menschen, der da neben ihm hängt. Er stirbt mit, mit ihm, mit uns. Und er verspricht, daß wir das Leben mit ihm wiederfinden werden. Der Tod bleibt eine Grenze. Aber er ist nicht das Ende, keine Grenze zum Nichts.

Möglicher Schluß: »Vater, in deine Hände«
Der Tod bleibt eine Grenze. Er ist nichts Idyllisches, für keinen von uns. Die Hoffnung auf das Paradies beendet nicht das Leiden. Sie nimmt nicht den Schmerz des Krebses, nicht die Qual der Folter, nicht das Elend des Hungers. Dennoch ist die Hoffnung auf das Paradies eine Kraft gegen den Tod. Wenn Jesus seinen Geist, wenn er sich selbst in die Hände Gottes befiehlt, dann stirbt er, und der Verbrecher mit ihm, in diese Hoffnung hinein. Dann heißt Sterben: sich Fallenlassen in Gottes Hände. Der Tod bleibt eine Grenze. Er ist die Grenze zu Gott.

Alternativen
Statt einer gewissen Beschränkung durch die Konzentration auf das Schächergespräch erschiene mir eine Homilie als gute Predigtmöglichkeit. Ebenso vorstellbar ist aber auch ein Predigtaufbau anhand einer anderen Gliederung des Textes: Statt einer Dreiteilung (die Kreuzesworte als tragendes Fundament für die zentrale Szene des Schächergespräches) kann eine Vierteilung vorgenommen werden in a) Kreuzigung, Jesu Fürbitte, das Teilen der Kleider; b) dreimalige Verspottung; c) Finsternis, Zerreißen des Vorhanges, Jesu Sterbegebet; d) Reaktionen des Schächers, des Hauptmannes, des Volkes. Schließlich könnte auch eine Erzählperspektive gewählt werden, die für Predigende wie Hörende eine Identifikation ermöglicht (das Volk, die Bekannten – also die Jüngerinnen und Jünger, die Spötter, der Verbrecher, der Hauptmann).

Kontexte
Der Beschließer im Kloster des Heiligen Franziskus weist drei Räuber, die um Essen bitten, mit harten Worten ab: »Ihr seid nicht wert, daß die Erde euch trägt. Und da ihr weder die Menschen noch Gott, euren Schöpfer, fürchtet, so gehet den Weg, den euch eure Sünden führen ...«. Franziskus, dem er das berichtet, tadelt ihn heftig und sendet ihn mit Brot und Wein, für den eigenen Lebensunterhalt gerade erbettelt, den Räubern nach – er möge sich vor ihnen seiner Schuld anklagen und sie bitten, Gott zu fürchten und ihn nicht mehr zu kränken. Der Beschließer erreicht die Räuber und tut, wie ihm geheißen. Die Räuber erkennen ihre Schuld: »Welch furchtbare Höllenstrafen harren unser, weil wir unsere Nächsten nicht nur beraubt, geschlagen und gepeinigt, sondern auch getötet haben ... Wie anders dieser fromme Bruder, der mit nur wenigen herben, aber sehr gerechten Worten uns unsere Bosheit verwiesen hat, und jetzt zu uns kommt und demütig seine Schuld bekennt ...«. Sie beschließen, Franziskus zu fragen, ob sie zu Gottes Barmherzigkeit einen Weg finden können trotz ihrer Taten. »Da nahm sie Sankt Franziskus liebevoll und gütig bei sich auf und ermutigte sie durch viele Beispiele; er gemahnte sie an Gottes Barmherzigkeit und versprach, Gottes Gnade für sie zu erwirken, die nach den Worten der Schrift unbegrenzt ist ... Durch solche Worte und ähnliche Lehren ermutigt, entsagten die drei Räuber dem Dämon und seinen Werken, und Sankt Franziskus nahm sie in den Orden auf, und sie begannen, aufrichtig Buße zu tun. Und zwei von ihnen lebten nur noch kurze Zeit nach ihrer Bekehrung und gingen dann in das Paradies ein.«
(Aus den Fioretti [26], in: Franz von Assisi, Die Werke, Zürich 1979, 134–137)

»Vielleicht dachte der eine, daß mit Jesu Tod seine Revolution zu Ende wäre, und der andere verstand vielleicht, daß sie mit seinem Tod gerade erst anfing und daß sie immer größer werden würde. – Er spricht von einem zukünftigen Reich, und Christus sagt ihm, es wäre schon da. ›Heute‹, sagt er. An diesem gleichen Nachmittag. Und er nimmt ihn in dieses Reich der Liebe zwischen den Menschen auf. Auch wenn es nach dem Tode ist. ... – So muß man also mit Liebe in den Tod gehen, voller Liebe.«
(E. Cardenal, Das Evangelium der Bauern von Solentiname, Peter Hammer Verlag Wuppertal, 1981)

»Jeschua han-Nasri zwang die verklebten Lider auseinander und blickte hinab. Seine Augen, früher klar, waren jetzt trüb. ›Nasri‹ sagte der Henker. Han-Nasri bewegte die geschwollenen Lippen und antwortete mit heiserer Schlächterstimme: ›Was willst du? Warum bist du zu mir gekommen?‹ – ›Trink!‹ sagte der Henker, und der wassergetränkte Schwamm auf der Speerspitze näherte sich Jeschuas Lippen. In dessen Augen blinkte Freude, er brachte die Lippen an den Schwamm und saugte gierig die Feuchtigkeit ein. Vom Nebenkreuz drang die Stimme des Dismas: ›Ungerecht! Ich bin genauso ein Schächer wie er!‹ ... Eine Staubwolke zog über den Gipfel, und es wurde rasch dunkel. Als der Staub verflogen war, schrie der Zenturio: ›Maul halten am zweiten Kreuz!‹ Dismas verstummte. Jeschua riß die Lippen los, er wollte, daß seine Stimme freundlich und überzeugend klang, doch es gelang ihm nicht, sie klang heiser, als er den Henker bat: ›Gib ihm zu trinken.‹«
(M. Bulgakow, Der Meister und Margarita, © Verlag Volk und Welt / Kultur und Fortschritt 1968)

Eine weitere Passionspredigt

Einer für alle

Heinz-Dieter Knigge

Jemand erzählte von einem Besuch in einem der vielen Elendsviertel in Bolivien. In einer ärmlichen Hütte wohnt eine Frau mit ihren fünf Kindern. Zu der kärglichen Mahlzeit stellt die Mutter aber nur vier Schüsseln auf den Tisch. Der Besucher wundert sich und fragt: »Warum sind da nur vier Schüsseln? Es sind doch fünf Kinder hier!« Die Mutter antwortet: »Der Reis reicht nur für vier Kinder. Deshalb habe ich auch nur vier Schüsseln hingestellt.« Dann weist sie auf das kleine abgemagerte Kind, das still auf einer Matratze in der Ecke liegt: »Das da muß sowieso sterben.«

Zuerst dachte ich: Was ist das für eine hartherzige Mutter, die ein krankes Kind einfach sterben läßt, obwohl doch gerade dieses Kind die besondere Fürsorge und Pflege der Mutter nötig gehabt hätte? Aber dann veränderten sich meine Gedanken: Was ist das für eine Welt, fragte ich mich nun, in der ein Kind sterben muß, damit die vier Geschwister überleben können? Und ich dachte an uns. Und ich stellte mir die Wut der Mutter vor, die sich wohl einstellen müßte, wenn sie ihr Leben mit unserem Leben vergleichen würde. Aber vielleicht war sie schon zu abgestumpft, nahm es als unausweichliches Schicksal hin, daß eins ihrer Kinder sterben mußte, weil der Reis eben nur für vier Kinder reichte. Vielleicht nahm sie das hin, dumpf und ohne nachzudenken – so wie es uns oft als unvermeidbar erscheint, daß in unserer Welt täglich Tausende von Kindern sterben ... Jedenfalls, diese Geschichte fiel mir ein, als ich über unseren Predigttext nachdachte, aus dem 11. Kapitel des Johannesevangeliums, Verse 47–53 ...

Liebe Gemeinde – das ist die Situation, mit der Johannes die Schilderung seiner Leidens- und Sterbensgeschichte Jesu beginnt: Eine Kirchenleitung ist ratlos. Der Hoherat der Juden fragt: »Was sollen wir tun?«

Jesus ist der Grund für die Ratlosigkeit der obersten Religionsbehörde von damals. Er redet anders von Gott, als man es gewohnt war – nicht in einem festgefügten System von Werten und Normen. Er hat eine Ehebrecherin vor der verdienten Strafe der Steinigung bewahrt und »nur« an ihr Gewissen appelliert: »Sündige in Zukunft nicht mehr.« Er hat einen Toten auferweckt, den Lazarus, der schon stinkend in seinem Grabe lag. Er hat von sich gesagt: »Ich bin die Auferstehung und das Leben. Wer an mich glaubt, der wird leben, ob er gleich stürbe.« Sollte das Menschen, fromme Menschen zumal, nicht ratlos machen – und Kirchenleitungen schon gar? Wer darf so etwas behaupten von sich? Wer darf von Feindesliebe reden – und mit ihr auch noch ernst machen in seinem Verhalten zu anderen Menschen?

Wer darf vom Frieden reden und einen anderen Frieden meinen als den, der mit immer tödlicheren Waffen gesichert werden muß – neulich habe ich eine makabre Statistik gelesen, die mich ähnlich betroffen gemacht hat wie die Geschichte von den vier Schalen Reis: »Einen feindlichen Soldaten kampfunfähig zu machen, kostete zu Cäsars Zeiten etwa 3,– DM, zur Zeit Napoleons 12.000,– DM, im zweiten Weltkrieg 89.000,– DM und im Vietnamkrieg 340.000 Dollar = 1.360.000 DM.« Als am vergangenen Mittwoch Probealarm war, und die Sirenen heulten, rief einer aus unserer Gemeinde an und sagte: Laßt doch eure Kirchenglocken anläuten gegen die Sirenen, setzt den Tönen von Krieg, Tod und Vernichtung doch die Töne vom Frieden Jesu, von Liebe und Leben entgegen! Wir haben das natürlich nicht gemacht. Wir haben gesagt: Das müssen wir erst im Kirchenvorstand beraten und abstimmen. Und überhaupt – wer aus der Gemeinde könnte das verstehen, wenn plötzlich nicht nur Sirenen heulen, sondern auch unsere Kirchenglocken läuten ... Nicht nur Kirchenleitungen macht dieser Jesus offenbar ratlos, ich vermute – uns alle würde er ratlos machen, wenn wir ihn wirklich im Originalton hörten, sein: »Ich bin die Auferstehung und das Leben. Wer an mich glaubt, der wird leben, ob er gleich stürbe ...«

Aber – was sollte die Kirchenleitung in Jerusalem damals auch tun? Da sind die berühmten Sachzwänge. Der Entscheidungsspielraum ist eingeschränkt. Da war die Abhängigkeit der Jerusalemer Behörde von der Großmacht Rom. Da ist unsere Abhängigkeit von der Großmacht USA. Da ist die Angst unserer Kirchenleitungen vor den Kirchenaustritten: Die Finanzlage der Kirche ist bedrohlich. – Was soll daraus werden, wenn sich die Jesusbewegung ausbreitet? Die Römer könnten sich bedroht fühlen durch diese revolutionären Leute. Sie könnten ihre Soldaten marschieren lassen – und dann gäbe es Tote. Und dann wäre der letzte kleine Rest von Freiheit und Selbständigkeit verloren, der den Juden noch geblieben war. Das konnte man doch nicht zulassen. Da mußte doch etwas getan werden. Aber was?

Ich finde es erschütternd an dem Bericht des Johannes, daß die Frage, ob Jesus vielleicht recht haben könnte mit dem, was er sagte und tat, überhaupt nicht vorkommt in den Erwägungen der Weisen im Hohenrat von damals. Es geht um die Aufrechterhaltung der brüchigen Balance von Freiheit und Abhängigkeit. Es geht um das politische Kalkül, darum, die Großmacht Rom, von der man abhängig ist, nicht zu verärgern und zu reizen. So geht es auch heute zu. Ich will gar nicht von unseren politischen Abhängigkeiten reden. Ich denke daran, wie oft jeder von uns sich überlegt: Was werden die anderen sagen, wenn mein Name unter diesem oder jenem Aufruf steht, wenn ich dies oder jenes tue? Ich finde, das müßte sich jeder selbst überlegen, wie oft er der Orientierung an dem anderen, an dem, was im Augenblick klug, zweckmäßig und geboten zu sein scheint, den Vorrang gibt vor der Orientierung an Jesus und seiner Sache, an seinem: »Ich bin die Auferstehung und das Leben. Wer an mich glaubt, wird leben, auch wenn er stirbt.«

Das Jerusalem des Hohenrats ist überall. Was soll aus Jesus werden, wenn man sein Leben und seine Botschaft einzwängt in unsere vermeintlichen Sachzwänge, in das Kalkül der politischen Klugheit unserer Lebensweisheit? Wenn man nicht danach fragt: Hat Jesus recht – sondern Angst hat vor den möglichen Folgen? Das ist doch klar! Dann ist Jesus ein toter Mann. Dann muß man ihn opfern auf dem Altar taktischer Klugheit. Kaiphas sieht es deutlich: Es ist besser, einer stirbt für das ganze Volk, als das ganze Volk verdirbt. Ist das nicht logisch? Würden wir nicht genauso entscheiden, wenn es hart auf hart kommt? Das ist es doch, was unsere Ärzte lernen sollen für den Fall eines Atomkrieges: Nicht denen zu helfen, die Hilfe am meisten nötig haben, weil sie am schwersten betroffen sind, sondern denen, bei denen Hilfe die meisten Erfolgschancen hat. Triage nennt man das: keine Zeit verlieren bei hoffnungslosen Fällen, wenig Zeit anwenden für die, die nur noch ein paar Wochen überleben, Zeit haben für die, denen eine echte Chance bleibt – die anderen: abschreiben. Es ist traurig, aber wahr: Der Reis reicht eben nur für vier Kinder. Das fünfte stirbt sowieso. Das ist traurig, aber leider nicht zu ändern: Sachzwänge. Das ist unsere Welt …

Ich bin froh, daß uns unser Predigttext mit dieser traurigen Wahrheit nicht allein läßt. Die kalt rechnende und nüchtern abwägende Vernunft eines Kaiphas und seiner unzähligen Vorläufer und Nachfolger weiß keinen anderen Rat, als einen Menschen zu opfern, um die römische Schutzmacht nicht zu verärgern. Aber nun stellt Johannes dieses machtpolitische Kalkül, dem Jesus zum Opfer fällt, vor einen ganz anderen Hintergrund. Er sagt: Kaiphas war nur blindes Werkzeug des Willens Gottes. Er wußte nicht, was er tat. In der Tat starb Jesus für das Volk. Aber anders, als es sich Kaiphas dachte. Denn Gott wollte, daß dieser Tod des einen zur Befreiung und Rettung für die vielen würde, zum Hoffnungszeichen, zum Zeichen der Sammlung für die Kinder Gottes, die verstreut sind überall über die Welt.

Kaiphas – ein blinder Gaul, wie Luther einmal sagte, der, ohne es zu wissen, von jemanden anderem geführt wird – von Gott. Ich muß wieder an das Glaubensbekenntnis von Dietrich Bonhoeffer denken, das wir manchmal in unseren Gottesdiensten hören: »Ich glaube«, sagt Bonhoeffer in der bedrängenden Unrechtsituation des 3. Reiches (Krieg, KZ, Judenverfolgung, tausendfacher Mord) – »ich glaube«, sagt er da, »daß Gott aus allem, auch aus dem Bösesten, Gutes entstehen lassen kann und will.«

Das sind gefährliche Aussagen. Sie könnten zur Verharmlosung des Bösen in unserer Welt führen: Alles halb so wild; wenn Gott der ist, der aus Bösem Gutes macht: warum regen wir uns dann noch auf über die vier Schalen Reis und über das abgeschriebene Kind? Warum singen wir dann noch: »O Haupt voll Blut und Wunden«? Warum sollten dann Kirchenglocken gegen Sirenen anläuten? Sollte Gott etwa aus der atomaren Katastrophe nicht auch Gutes entstehen lassen können und wollen? – Das sind versucherische Fragen, die mich an die Stimme der Schlange aus der Paradiesgeschichte erinnern: »Sollte Gott etwa ...« Das wäre ein Mißbrauch unseres Glaubens an Gott, an seinen Plan, den er mit jedem einzelnen von uns hat und sicher auch mit unserer Welt. Das hieße Schindluder treiben mit der Allmacht Gottes! Auch Johannes kann das, was er über den Tod Jesu sagt, erst aus der Rückschau erkennen. Nur dann, im nachhinein, können wir die Aussage wagen, die wir schon aus der Geschichtsbetrachtung des Alten Testaments kennen: »Die Menschen gedachten, es böse zu machen. Aber Gott machte es gut.« Und auch bei Bonhoeffer steht der Satz nicht allein: »Ich glaube, daß Gott aus allem, auch aus dem Bösesten, Gutes entstehen lassen kann und will.« Er setzt sofort jene andere Aussage hinzu: »Dafür braucht er Menschen, die sich alle Dinge zum Besten dienen lassen.«

Wozu dient uns Jesu Tod? Das Todeszeichen des Kreuzes hat Gott für uns zu einem Lebenszeichen gemacht, damit wir die Welt nicht so hinnehmen, wie sie ist; damit wir uns nicht abfinden mit dem Vordergrund des Schreckens, sondern auch hinter dem Kind, das von seiner Mutter abgeschrieben ist, den Gott sehen, der das Leben will; damit wir nicht stehenbleiben bei unserer Schuld und bei unserem Versagen, sondern auf den sehen, der uns trotzdem liebt, damit wir herausgehen aus unserer Zerstreuung und Vereinzelung und zueinander finden, damit wir der kalt rechnenden Vernunft und dem nüchtern abwägenden Sachverstand etwas von der Liebe Gottes entgegensetzen, die unsere Welt und uns alle trägt und hält. Dann, wenn das geschähe, könnte das unnötige, das vermeidbare Sterben aufhören. Es kann geschehen. – Vielleicht sollten wir wirklich beim nächsten Probealarm unsere Kirchenglocken gegen die Sirenen anläuten lassen – als Stimme dessen, der den Frieden der Feindesliebe predigt, der dem Tod Leben entgegensetzt, der von sich zu sagen wagt: »Ich bin die Auferstehung und das Leben. Wer an mich glaubt, wird leben, auch wenn er stirbt.«

Ostersonntag

Predigttext: Matthäus 28,1–10

Hildegard Heimbrock-Stratmann

Theologisch-homiletische Skizze

Die ersten Zeugen der Auferstehung Christi sind Frauen – die gleichen Frauen, die nicht wie die Jünger »ihn alle verließen und flohen«, sondern aushielten am Ort des Todes des Jesus aus Nazareth. Sie haben ausgehalten in der Sterbestunde; und sie sind es auch, die sich auf den Weg machen zum Grab, die die Begegnung mit dem Ort von Tod und Trauer nicht scheuen, sondern suchen. Weil sie ausgehalten haben, weil sie die Konfrontation mit dem Ende ihrer Hoffnungen nicht vermeiden, sondern suchen, weil sie ihre Trauerarbeit angehen – darum sind sie fähig, die Auferstehung, den Auferstandenen zu entdecken. Ohne Karfreitag kein Ostern! Wer empfindsam bleibt für die Gräber unseres Lebens, für eigenes und fremdes Leid, für unzählige Passionsgeschichten und Kreuzigungen – wer dafür sensibel bleibt, wird mit offenem Ohr und offenem Herz die Botschaft des Ostermorgens »Fürchte dich nicht!« aufnehmen können.
Zum mit Recht oft beschworenen und besungenen »Leben vor dem Tod« gehört auch die Auseinandersetzung mit Trauer und Abschied. So möchte ich in meiner Predigt meine HörerInnen an Trauersituationen, an Wege zum Grab erinnern, die sie selbst gegangen sind. Ich will aufzeigen, wie aus einem Trauer-Weg ein Lebens-Weg werden kann – ein Weg, auf dem Leben neu begegnet und selbst neu werden kann.

Vorschläge zur Liturgie

Eingangslied: EKG 82,1–5

Eingangsvotum
Wir sind hier zusammengekommen im Namen des Vaters ...
Unsere Hilfe und unser Anfang ... Wir grüßen uns mit dem alten Ostergruß: »Der Herr ist auferstanden, er ist wahrhaftig auferstanden!« Seine Auferstehung gibt uns die Hoffnung, daß einmal geschehen wird, was die Offenbarung uns verheißt: Gott wird abwischen alle Tränen von unseren Augen, und der Tod wird nicht mehr sein, noch Leid noch Geschrei noch Schmerz werden mehr sein, denn das Erste ist vergangen, und alles wird neu werden. Kommt, laßt uns anbeten!

Ehre sei dem Vater ...

Schuldbekenntnis
Gott, wie oft sind wir schon zu Gräbern gegangen, wie oft haben wir schon an Gräbern gestanden – an den Gräbern derer, die wir liebten, an den Gräbern unserer Wünsche und Hoffnungen, unserer Träume. Wie schwer ist uns dieser Gang geworden, dieser Gang, auf dem wir langsam, ganz langsam und allmählich begreifen, erkennen, annehmen mußten, daß da ein Abschied war, ein Ende. Wie mühsam, wie hart ist diese Arbeit – loslassen, hergeben – und sich wieder neu auf den Weg machen. Gott, wir haben die Todes-Wege unseres Lebens nur zu deutlich vor Augen. Für die Wege des lebendigen Lebens sind wir oft wie blind. Du, Gott, willst das Leben und nicht den Tod. Du willst den Aufbruch und nicht die Resignation. Du willst das Neue und nicht das Alte. Du hast Gedanken des Friedens, der Zukunft und der Hoffnung über uns – über alles Leid hinaus. Deshalb dürfen wir dich bitten: Herr, erbarme dich!
Herre, Gott, erbarme dich ...

Gnadenspruch
Jesus Christus spricht: »Euer Herz erschrecke nicht. Ich bin der Weg und die Wahrheit und das Leben. Niemand kommt zum Vater denn durch mich.«

Lesung: Römer 8,31–39

Lied vor der Predigt: EKG 87,1,4,5

Lied nach der Predigt
Zu Ostern in Jerusalem

2. Zu Pfingsten in Jerusalem da ist etwas geschehn.
Die Jünger reden ohne Angst und jeder kanns verstehn.
Hört, hört ... und jeder kann's verstehn.

3. Zu jeder Zeit in jedem Land kann plötzlich was geschehn.
Die Menschen hören was Gott will und können sich verstehn.
Hört, hört ... und können sich verstehn.

Text: Armin Juhre. Musik: Karl Wolfgang Wiesenthal, 1968. Alle Rechte bei den Autoren.
Aus: Menschens Kinderlieder; hg. von der Beratungsstelle für Gestaltung von Gottesdiensten, Frankfurt/Main.

Fürbittengebet

Gott, wir bitten dich für alle, die auch in diesen Tagen zu den Gräbern gehen und dem Tod begegnen – gib ihnen Mut, sich ihrer Trauer zu stellen, damit wieder Freude in ihnen wachsen kann.

Gott, wir bitten dich für alle, die ihr Heil im Verdrängen und Vergessen suchen, die sich mit Tabletten und Alkohol betäuben, um nur nicht daran denken zu müssen. Schenk ihnen Kraft zur Konfrontation und zeige ihnen, daß im Erinnern der Keim zu neuem Leben liegt.

Gott, wir bitten dich für alle, die einen wachen Blick für die Todeswege in ihrem Leben haben, aber allem Neuen, Hervorbrechenden wie blind gegenüberstehen. Öffne ihnen die Augen, daß sie sehen.

Zwischen den einzelnen Bitten singt die Gemeinde als Responsorium »Geh mit uns auf unserm Weg«:

Refrain:
Geh' mit uns auf unserm Weg.
Geh' mit uns auf unserm Weg.

2. Wenn allen uns die Sicht genommen:
Mußte das gescheh'n?
Wenn Hoffnung, Mut und Kraft geronnen:
Wie soll's weitergeh'n?

3. Wenn Nacht auf uns hereingebrochen:
Brich mit uns das Brot.
Ist das letzte Wort gesprochen:
bis zum Abendrot.

4. Reiß uns mit
Schritt für Schritt,
Wer dich erkennt
ganz neu entbrennt.

Text: Norbert Weidinger. Musik: Ludger Edelkötter. Aus: Musikcassette (IMP 1019) »Geh mit uns«
Alle Rechte beim IMPULSE-Musikverlag, Natorp 2, 4406 Drensteinfurt.

Vorschläge zur Predigt

Möglicher Anfang

Am späten Vormittag war die Beerdigung gewesen. Wie ein böser Traum war alles an ihr vorbeigezogen. Nur mühsam hatte sie versucht, so etwas wie Haltung zu bewahren. Die vielen Menschen in Schwarz gekleidet, das Geläut der Glocken, die sie so oft gemeinsam zum Gottesdienst gerufen hatten, der vertraute Kirchenraum, diesmal so fremd – alles wie hinter einem Schleier. Kaum, daß sie die Worte des Pfarrers wahrgenommen hatte. Dann der Weg zum Grab, dieser endlos scheinende Weg. Das leise, aber so schreckliche Motorengeräusch, als der Sarg heruntergelassen wurde, das Prasseln der Erde auf den Sarg – auf den Sarg, in dem der lag, den sie liebte. Dann die vielen Hände, die gedrückt werden wollten , das Gemurmel, verlegen, hilflos oft: »Herzliches Beileid!«

Nun – am Nachmittag – wollte sie noch einmal auf den Friedhof gehen, um das Grab zu besuchen. In Ruhe jetzt. Nur der kleine Enkel an ihrer Hand begleitete sie. Jetzt brauchte sie sich nicht mehr zusammenzunehmen. Jetzt konnte sie ganz ihren Gedanken nachgehen. Jetzt war endlich Zeit, zu sich zu kommen, zu fassen, zu begreifen, was da geschehen war – oder es doch wenigstens zu versuchen. Erinnerungen strömten auf sie ein. Da lag es, das Grab – voller Kränze, die schon bald verwelken würden. Und darunter, in der Erde – es fiel ihr unsagbar schwer, diesen Gedanken auszuhalten.

Der erste Gang zum geschlossenen Grab – erinnern Sie sich noch daran? Wie war das damals, als Sie zum ersten Mal an das Grab von Vater oder Mutter, Mann oder Frau oder eines anderen Menschen gingen, der Ihnen etwas bedeutet hat, den Sie lieb hatten? Wissen Sie noch, wie Ihnen damals zumute war? Wie mühsam und beschwerlich Ihnen jeder Schritt wurde? Und wie es in Ihrem Herzen aussah? Erinnern Sie sich noch an jenen ersten Weg zum geschlossenen Grab?

Zum weiteren Verlauf

Im Anschluß an den Predigtanfang möchte ich die in den Hörerinnen und Hörern geweckten Assoziationen und Erinnerungen an eigene Trauer-Wege auf die Person Maria Magdalenas und der »anderen« Maria projizieren. Ostern beginnt hier bei Matthäus mit einem Versuch der Trauerarbeit, mit dem Bemühen, sich der Realität zu stellen und sie auszuhalten und zu verarbeiten. Wer zum geschlossenen Grab geht, der weicht dem Erlebten nicht aus, der versucht, das Geschehene wahrzunehmen und zu verarbeiten. »Nur wer die Begegnung mit diesem Ort des Todes nicht scheut, wer zurückkehrt zum Grab und sich dem Schmerz, der Trauer, den Tränen aussetzt, nur der wird die Erfahrung von Ostern, daß das Leben neu wird, erleben dürfen. Es geht nicht das Eine ohne das Andere. Gerade dort, am Ort unserer Trauer, gerade dort, wo alles ganz dunkel zu sein scheint, gerade dort scheint das helle Licht des Ostermorgens.«

Es erscheint mir wichtig, hier noch einmal an den totalen Zusammenbruch aller Hoffnungen, aller Wünsche und Sehnsüchte zu erinnern, die mit dem Kreuzestod Jesu endgültig dahin zu sein schienen. Nur auf dem Hintergrund dieses Zusammenbruchs, der hier nicht drastisch genug beschrieben werden kann, ist das Überwältigende des Ostereignisses in seiner ganzen Tragweite zu verstehen. »Es ist ein Trauerweg, den diese beiden Frauen hier gehen. Mit Jesus war so viel von ihnen gestorben. Und gerade dieser Trauer-Weg wird ihnen zum Lebens-Weg. Was geschieht, das sprengt alle Realitätserfahrung. Das geschlossene Grab ist offen, leer. Der Stein ist von der Türe weggewälzt. Die von den Mächtigen bestellten Türhüter sind wie tot und der tote Christus lebt. Ein Engel erscheint vom Himmel und sendet die Frauen von ihrem Trauerweg fort zu einem Lebensweg – zu dem Weg der Verkündigung der frohen Botschaft, der bis heute kein Ende gefunden hat. Mitten im Tode, mitten in Trauer und Verzweiflung Leben neu – in einer bisher ungeahnten Dimension.«
An dieser Stelle möchte ich auf den Zusammenhang zwischen Bewegung und Erkenntnis in dieser Ostergeschichte aufmerksam machen. »Gehen und Sehen – Sehen und Gehen« sind ihre Angelpunkte. Die Frauen gehen zum Grab, sie suchen die Begegnung mit der Realität des Todes. Weil sie gehen, sehen sie. Auf Befehl des Engels gehen sie weiter, um die Jünger aufzusuchen – sie gehen und sehen den auferstandenen Jesus! Auch die Jünger sollen nach Galiläa gehen, um zu sehen. Gehen und Sehen hängt hier eng zusammen. Ostern wird es für die, die sich aufmachen, die auf dem Weg sind, die in Bewegung geraten. Unterwegs begegnet der Auferstandene hier den beiden Frauen, dort den Emmausjüngern. Nicht im Tempel, nicht in der Synagoge, nicht am Ort seines Todes oder seines Begräbnisses – unterwegs begegnet der auferstandene Christus. Wer ihm begegnen will, muß sich aufmachen.
Ohne Bewegung, ohne Aufbruch gibt es keine Erfahrung von Ostern, kein Erleben des lebendigen Lebens, kein Durchbrechen der tödlichen Hoffnungslosigkeit. Auf dem Wege wird es Ostern.

Möglicher Predigtschluß

Am späten Vormittag war die Beerdigung gewesen. Alles war wie ein schlimmer Traum an ihr vorübergezogen. Nun stand sie hier allein mit dem Kind. Erinnerungen strömten auf sie ein. Wie würde sie weiterleben können jetzt, ohne ihn? Die Ahnung, daß noch ein langer Trauerweg vor ihr lag, erfüllte sie mit Schmerz. Nur zögernd nahm sie Abschied von diesem Grab, drehte sich um und ging zurück, über den Friedhof. Da riß sich der Kleine los von ihrer Hand und hüpft ein paar Schritte ausgelassen den Weg entlang. »Er hat wohl nichts begriffen«, dachte sie. Aber da hörte sie, wie der Kleine anfing zu singen, ein Lied, das er im Kindergottesdienst gelernt hatte: »Zu Ostern in Jerusalem, da ist etwas geschehn, das ist noch heute wunderbar, nicht jeder kann's verstehn!« Sie lächelte unter Tränen. Auch ihr Trauerweg würde einmal wieder ein Weg des Lebens werden.

Kontexte

Leben angesichts des Todes muß abschiedlich gelebt werden; wir müssen immer bereit sein, Abschied zu nehmen, uns zu verändern, und immer auch bereit sein, unsere Geschichte als Geschichte von unendlich vielen Veränderungen in uns aufleuchten zu lassen, als die Ausfaltung unserer Identität. (Verena Kast)

Wenn Trauerwege zu ihrem Ziel kommen, dann eröffnen sich neue Wege. Dann eröffnet sich eine neue Lebensperspektive: Der Herr ist wahrhaftig auferstanden. Und solche Lebenserfahrung behalten die eben noch Trauernden nicht für sich: Nun haben sie ihren Weg gefunden, hin zu den anderen Menschen – um ihnen vom Leben zu erzählen, das Jesus eröffnet hat. ... Abschiednehmen – und das Leben entdecken, das ist ein langer Weg. ... Wenn wir abschiedlich leben, dann erübrigt es sich, festzuhalten aus Angst, uns würde alles aus den Händen gleiten. Wenn wir selbst beginnen, abschiedlich zu leben, dann eröffnet sich uns ein neuer Horizont: Die Erfahrung, daß Jesus auf allen Wegen neben uns geht. – ... im Loslassen entsteht neue Kraft. (Michael Schibilsky)

wir gehen zum Grab
wir gehen tagtäglich
wir gehen, unsere Toten zu beweinen

die toten Schwestern und Brüder
die toten Pflanzen und Tiere
die toten Träume und Ziele

wir gehen, unsere Toten zu beweinen
und stehen, stehen zu Tode erschrocken

die Tränen versiegen
das Grab ist auf
das Grab ist leer

wir stehen, schauen, hören –
›Fürchtet Euch nicht‹

das Grab ist leer
das Grab ist auf
die Hoffnung erwacht

und steht, steht zum Fürchten schwach
wir aber gehen, unser Leben zu beginnen

mit neuen Träumen und Zielen
mit allen Pflanzen und Tieren
mit anderen Schwestern und Brüdern

wir gehen, unser Leben zu beginnen
wir gehen tagtäglich
wir gehen aus dem Tod ins Leben

(Vera-Sabine Winkler)

Ostermontag

Predigttext: Lukas 24,36–45

Michael Popke

Theologisch-homiletische Skizze

Der Ostermontag steht im Windschatten von Karfreitag und Ostersonntag. Zu erwarten sind Teile der Kerngemeinde oder auch kirchlich Distanzierte. Wegen der zu erwartenden kleinen Besucherschar entscheiden sich viele Gemeinden für einen Tauf- oder Familiengottesdienst. Wie viele auch kommen mögen, ich habe an diesem Tag das Bedürfnis, den Menschen etwas vom Leben vor oder nach dem Tod zu erzählen. Der Text bietet jedoch dafür kaum einen Anhaltspunkt. Die Verse 36–43 schildern etwas von der Leiblichkeit des Auferstandenen, die Verse 44–45 (–49) liefern den lehrhaften Schriftbeweis aus dem Alten Testament. Weshalb der Text verkürzt worden ist und mit Vers 45 endet, ist mir nicht einleuchtend. Wichtig scheint mir der Hinweis auf die Bußpredigt zur Vergebung der Sünden (Vers 47) ebenso wie der auf die Zeugenschaft (Vers 48). Das Ziel der Perikope liegt für mich in der Zeugenschaft; warum hätte sie sonst aufgezeichnet werden sollen?

Es erhebt sich nun die Frage, ob der vorliegende Text tatsächlich etwas über die leibliche Auferstehung aussagen will oder nicht vielmehr zum Ausdruck bringt, daß der lebendige Christus identisch ist mit dem am Kreuz gestorbenen Jesus. Hierbei lohnt sich ein Vergleich zum Verständnis der Auferstehung bei Paulus in 1. Korinther 15. Lukas ist nicht an einem Beweis der Auferstehung interessiert, sondern an der Beziehung zu Jesus. Nach dem Frust, den die Jünger mit Jesus durch seine Kreuzigung erlebt haben, wirbt er nun um wiedererkennendes Vertrauen.

Mit der Darstellung der leiblichen Auferstehung will Lukas sich möglicherweise vom Hellenismus abgrenzen, der lediglich ein Weiterleben der Seele postuliert. Verstärkt wird diese Ansicht auch durch den Hinweis auf das Essen (Verse 41.42), wodurch weniger etwas von der Leiblichkeit, sondern vor allem etwas von der Lebendigkeit zum Ausdruck gebracht werden soll.

Wichtig scheint Lukas in diesem Zusammenhang die Mahlgemeinschaft mit dem Auferstandenen zu sein. Sich an ihn zu erinnern, seine Geschichte und Geschichten wachzuhalten, dies ist ein Teil des Auferstehungsgeschehens. Untermauert wird dieses Geschehen durch den Hinweis auf die Schrift (Vers 44f.). Was im Gesetz, in den Psalmen und bei den Propheten angekündigt wurde, das ist jetzt erfüllt. Jesus hat sich mit Sündern an einen Tisch gesetzt, Besessene befreit, Kranke geheilt und Unterdrückte aufgerichtet. »Mit der Erfahrung der Auferstehung ist«, so Ernst Lange, »diese Lebenspraxis ins Recht gesetzt.«

Die Verhältnisse in der Welt haben sich seit der Ostererscheinung des Auferstandenen kaum verändert. Dennoch gibt es seitdem eine Bewegung gegen Leid und Tod. Lukas möchte mit seinem Beitrag die Freunde Jesu aus ihrer Enttäuschung und Hoffnungslosigkeit herausholen und die von Zweifeln geprägten Diskussionen um die Frage »Lebt Jesus?« beenden. Er möchte mit ihm signalisieren, daß Gottes Geschichte mit unserer Welt weitergeht und daß Gott immer wieder unsere Diskussionen unterbricht und damit Aufbruch und Umbruch bewirkt. Lukas stellt mit seiner Geschichte den Aposteln die Frage, die auch uns heute stellt, wenn wir sie lesen

und hören: »Wollt ihr euch in euren Positionen, Urteilen, Einschätzungen, Verhaltensweisen ... unterbrechen lassen, seid ihr bereit zu einem neuen Aufbruch, wollt ihr überhaupt, daß Jesus in euch aufersteht und lebt?« Damit sind wir wieder bei der Frage nach der Beziehung zu diesem Jesus.
So ergeht an mich die Frage als Funktionär der Kirche und an die, die sich zur Gemeinde halten und regelmäßig in den Gottesdienst gehen: Wie halten wir es mit Jesus? Pflegen wir nur eine Tradition und halten uns an Ritualen fest oder erhalten wir durch gemeinsames Lesen und Hören der Geschichte und Geschichten Jesu tatsächlich Impulse für unser Leben und Zusammenleben?
Lebendigkeit – Beziehungen – Erzählen von Geschichten – aus der Geschichte für die Zukunft lernen – dies sind Stichworte, die in der Predigt be- und verarbeitet werden sollten.

Vorschläge zur Liturgie

Begüßung
Ich begrüße Sie ganz herzlich zu unserem Gottesdienst am 2. Osterfeiertag. Ein Feiertag soll sich unterscheiden vom Alltag. Viele Menschen nutzen ihn zu einem Tag in der Familie, zu einem ausgedehnten Frühstück oder zu einem Ausflug mit Freunden. Sie, liebe Gemeinde, haben sich entschieden, heute morgen in den Gottesdienst zu kommen. Die Vorbereitung auf ein Fest bringt viel Hektik und Streß mit sich und einige von Ihnen – insbesondere die Frauen – haben vielleicht gestern lange Zeit in der Küche verbracht. So ist es nur verständlich, daß Sie sich heute morgen ein wenig Ruhe gönnen möchten. Vielleicht fragen Sie sich auch: »Warum der ganze Aufstand? Warum feiern wir eigentlich Ostern?« Wir wollen uns in diesem Gottesdienst einfach einmal Zeit nehmen darüber nachzudenken, was es mit dem Fest der Auferstehung Jesu auf sich hat, welche Beziehung wir zu diesem Jesus haben und in wieweit er unser Leben auch im Alltag begleitet und bestimmt.
Wir beginnen den Gottesdienst im Namen Gottes des Vaters, der uns seinen Beistand in unserem Leben zugesagt hat, im Namen des Sohnes, der uns zum Leben ermutigt hat und im Namen des Heiligen Geistes, der uns in Bewegung setzt, der uns ermutigt auf Menschen zuzugehen und der uns befähigt, unser Leben mit anderen zu gestalten.

Kyrie
Winter, Kälte, Eis und Tod gibt es nicht nur in der Natur. Auch wir Menschen können anderen gegenüber kalt, eisig, hart und starr sein.
Herr, erbarme dich.
Manchmal versuchen wir, andere kaltzustellen, sie eisig zu behandeln, ihnen das notwendige Licht und den Lebensmut zu nehmen.
Christus, erbarme dich.

Lieblosigkeit, Neid, Haß, Streit, Ungerechtigkeit und Unfreiheit machen unser Leben oft kalt und frostig, unfruchtbar und tot.
Herr, erbarme dich.
Zwischen den Gebetsteilen: »Mein Gott, das muß anders werden« B 81 (aus: ›Mein Liederbuch für heute und morgen‹, tvd-Verlag, Düsseldorf)

Liedvorschläge
Aus: ›Mein Liederbuch für heute und morgen‹: »Wir haben Gottes Spuren festgestellt« B 80, »Halleluja« B 20, »Andere Lieder wollen wir singen« B 38, »Die Sache Jesu braucht Begeisterte« B 39, »Liebe ist nicht nur ein Wort« B 51, »Emmauslied« B 119, »Das könnte den Herrn der Welt« B 25.

Er ist erstanden

2. Er war begraben drei Tage lang,
ihm sei auf ewig Lob, Preis und Dank,
doch die Gewalt des Tods ist zerstört,
selig ist, wer zu Jesus gehört.

Refrain:
Laßt uns lobsingen vor unserem Gott,
der uns erlöst vom ewigen Tod.
Sünd ist vergeben, Halleluja.
Jesus bringt Leben, Halleluja.

3. Der Engel sagte: »Fürchtet euch nicht!
Ihr suchet Jesus, er ist hier nicht.
Sehet die Stätte, wo er einst lag.
Er ist erstanden, wie er gesagt.«
Refrain

4. »Geht und verkündigt, daß Jesus lebt.
Er lebt in allem, was lebt und webt.
Was Gott geboten, ist nun vollbracht.
Christus hat's Leben wiedergebracht.«
Refrain

Text u. Melodie: Tanzania. Textübertragung: Ulrich Leupold
Quelle: »LAUDAMUS«, Gesangbuch des Lutherischen Weltbundes. Rechte bei: Lutherischer Weltbund, Genf

Lesungen
Offenbarung 21,1–7
Psalm 108 (*im Wechsel mit der Gemeinde*)

Glaubensbekenntnis
Ich glaube an Gott, der Liebe ist, den Schöpfer des Himmels und der Erde.
Ich glaube an Jesus, sein menschgewordenes Wort, den Messias der Bedrängten und Unterdrückten, der das Reich Gottes verkündet hat und gekreuzigt wurde deswegen, ausgeliefert wie wir der Vernichtung des Todes, aber am dritten Tag auferstanden, um weiterzuwirken für unsere Befreiung, bis daß Gott alles in allem sein wird.
Ich glaube an den Heiligen Geist, der uns zu Mitstreitern des Auferstandenen macht, zu Brüdern und Schwestern derer, die für Gerechtigkeit kämpfen und leiden. Ich glaube an die Gemeinschaft der weltweiten Kirche, an die Vergebung der Sünden, an den Frieden auf Erden, für den zu arbeiten Sinn hat und an eine Erfüllung des Lebens über unser Leben hinaus.

Fürbittengebet
Unser Gott, wir bitten dich für uns und alle, deren Liebe zu sterben droht. Die Liebe zu den Eltern, zu den Kindern, die Liebe im Umgang mit Nachbarn, zu Andersdenkenden, zu den Völkern.
Unser Gott, wir bitten für die Schwerkranken und die Sterbenden, daß sie in ihrer Situation nicht vor Angst vergehen, für alle, die mit ihnen zu tun haben, die Angehörigen, Ärzte, Schwestern, Pfleger, daß sie ihnen eine wirkliche Hilfe sein können.
Unser Gott, wir bitten dich, unser eigenes Sterben im Vertrauen auf deine Gegenwart annehmen zu können. Unsere Angst ist groß. Darum sind wir oft so lieblos, versuchen Konflikte mit Gewalt zu lösen. Halte du uns fest, auch wenn wir haltlos leben, wenn wir versagen, wenn wir nicht mehr weiterwissen. Amen.

Vorschläge zur Predigt

Möglicher Predigtanfang

Kein Mensch kann ohne Hoffnung leben. Wer für sich und sein Leben keine Hoffnung mehr hat, der ist tot. Vielleicht sind es ja manchmal die kleinen, aber existentiell bedeutsamen Hoffnungen im Alltag, die uns am Leben erhalten. Der Kranke hofft auf Genesung, der Arbeitslose auf eine Stelle, der Arbeitende auf einen erholsamen Urlaub, der alte Mensch auf ein wenig Zuneigung, der Strafgefangene auf eine neue Chance, der Schüler auf einen erfolgreichen Schulabschluß und der Fremde auf Akzeptanz. Wir hoffen darauf, daß es keinen Streit, Haß und Krieg mehr geben wird. Träume von einer Zeit, in der es dies nicht mehr geben wird, finden wir im Alten und Neuen Testament.

Immer wieder machen wir jedoch die Erfahrung, daß wir an Grenzen stoßen , wo unsere Hoffnungen uns keinen neuen Weg mehr zeigen. Worauf hoffen wir? Auf unsere eigenen Fähigkeiten, unsere Intelligenz, unser Geld? Hoffen wir auf die Hilfe eines Freundes, einer Freundin, eines Kollegen, eines Lehrers, eines Juristen, eines Politikers oder gar eines Pfarrers?

Ostern geht es um eine größere Hoffnung. Ostern geht es nicht um den Glauben an die Auferstehung, sondern um den Glauben an den auferstandenen Christus, der mein Leben trägt und ihm Sinn gibt, auch in Situationen, in denen ich nicht weiterkomme oder gescheitert bin. Die Evangelien erzählen von Jesus wie er mit seinen Jüngern umherzog, predigte, Wunder wirkte und Streitgespräche führte. Nicht alle Menschen haben sich über ihn geärgert. Viele waren begeistert von ihm und haben große Hoffnungen in ihn gesetzt. Vielleicht ist er ja ein neuer Lehrer des Gesetzes oder ein neuer Prophet oder gar der Befreier Israels vom römischen Joch, dachten sie. Jesus: eine beeindruckende Persönlichkeit, ein Hoffnungsträger. Seine Predigt und Auslegung des Gesetzes hatte etwas Neues in die Menschheitsgeschichte eingebracht. Seine Ethik von der Nächstenliebe hat über zwei Jahrtausende immer wieder Menschen angesteckt. Gleichwohl wurden die Freunde Jesu damals von ihrem Hoffnungsträger tief enttäuscht. Es kam alles anders als sie es sich erträumt hatten: Durch seinen Tod hat er sie im Stich gelassen. Völlig frustriert trafen sie sich nach dem Tod Jesu in Jerusalem. Und als sie gerade zusammen waren, kamen zwei aus dem Freundeskreis zu ihnen und erzählten, was ihnen auf dem Weg nach Emmaus alles begegnet war.

»Und als sie noch davon erzählten, trat er selbst in ihre Mitte.«

Eine solche Situation ist mir wohl vertraut. Meine Mutter hat mir oft Geschichten von ihrer Mutter erzählt. Sie war eine gute Geschichtenerzählerin; und während sie erzählte, stand mir plötzlich meine Großmutter lebendig vor Augen. Ich sah sie vor mir mit ihrer Nickelbrille, ihrem Haarknoten und ihren von Arbeit zerfurchten Händen. Erzählen belebt die Vergangen-

heit und macht sie zur Gegenwart. Ich denke, Sie alle werden sich in eine solche Situation hineinversetzen können.
Es ist deshalb kein Wunder, daß Jesus plötzlich ganz lebendig unter den Freunden war, während sie von ihm erzählten. Entscheidend ist ja die Beziehung, die wir zu einem Menschen haben. Die Geschichten, die wir in der Bibel finden, sind weitgehend Beziehungsgeschichten. Auch das Ostergeschehen selbst ist eine Beziehungsgeschichte. Das Nach- und Weitererzählen der Geschichte und Geschichten Jesu mit seinen Mitmenschen bewirkt, daß Jesus mit denen, die sie erzählen und die sie hören, in Beziehung tritt und damit lebendig wird. Das Osterereignis ist kein einmaliger Vorgang, sondern es geschieht immer dort, wo Menschen sich an Jesus erinnern, von ihm erzählen, auf ihn vertrauen und schließlich an ihn glauben. Vielleicht hilft uns dies, den Auferstandenen, den Lebenden zu er-leben. Seit dem Tod Jesu wird immer wieder die Frage diskutiert: Lebt Jesus wirklich? Vielleicht sollten wir weniger diskutieren oder uns auf oft unverständliche, vielleicht theologisch richtige Formeln zurückziehen, sondern uns viel mehr von dem erzählen, wie und wo wir den Lebenden erleben. Vielleicht würde es dann häufiger heißen: Und während sie davon erzählten, trat er selbst in ihre Mitte – ganz lebendig!

Weiterer Verlauf
Hier könnten Geschichten aus der Gemeinde oder von Personen, die vielleicht schon in Vergessenheit geraten sind, erzählt werden. Sich zu erinnern, Vergangenes für die Gegenwart lebendig werden zu lassen, ist für die Gestaltung der Zukunft elementar.
Ostern – ein Gedenktag: Die Geschichte Jesu – die Geschichte der Christenheit – wie wird es weitergehen, an wem oder woran werden wir uns in Zukunft orientieren?
Wenn wir erlebte Geschichte oder Geschichten erzählen, blicken wir zurück, machen sie lebendig und haben damit die Chance, uns mit ihr und ihnen auseinanderzusetzen und sie aufzuarbeiten. Erlebnisse, Begegnungen, persönliche Erfahrungen mit Menschen aus älterer oder jüngster Vergangenheit können erzählt und in Beziehung gesetzt werden zur Ethik Jesu. Vielleicht sind es Nachbarn, die man nicht leiden kann, vielleicht Parteigenossen oder auch Freunde, die einen bespitzelt haben, vielleicht sind es Fremde, von denen wir uns bedroht fühlen, vielleicht sind es straffällig Gewordene, vor denen wir Angst haben. Vielleicht können zur Vorbereitung des Gottesdienstes einige Beispiele gesammelt werden. Dort, wo wir festgefahren sind, unsere Meinung haben und unsere Urteile gefällt sind, ist es wichtig, sich in Offenheit und Vertrauen mit der Geschichte zu beschäftigen, Maßstäbe zu finden und Wege zu beschreiten, die uns und anderen Menschen Hoffnung geben – auch im Alltag unseres Lebens.

Predigtschluß

Obwohl die Geschichte und die Geschichten Jesu seit fast 2000 Jahren erzählt werden, gibt es Menschen, die einsam, traurig, verbittert, allein und ohne Hoffnung sind, die sich streiten und zanken, sich verletzen und beleidigen, die intolerant, gewalttätig, ungerecht und lieblos sind. Wer bringt Frieden, Freude, Liebe, Wärme und Hoffnung in ihr Leben? Wer nimmt den Eispanzer von ihren Herzen? Wer hat soviel Kraft und Wärme, um andere aufzutauen, um andere auferstehen zu lassen zu einem neuen Leben? Ich denke, das kann jeder, der daran glaubt, daß die Sache Jesu mit seinem Tod nicht zu Ende war und ist, der daran glaubt, daß die Geschichte und Geschichten Jesu uns neues Leben ermöglichen. Wenn wir die Geschichte und Geschichten Jesu weitererzählen, wenn wir uns gegenseitig erzählen, wie und wo wir den Lebenden erlebt haben, dann werden wir eine Kraft verspüren, die uns neu miteinander und füreinander leben läßt. Ich möchte Ihnen am Schluß des Gottesdienstes einen Blütenzweig mitgeben. Blüten sind nach dem kahlen Winter ein Hoffnungsschimmer, ein Zeichen für einen neuen Anfang. Sie sind ein Symbol dafür, daß Jesus uns neu machen, verändern, aufwecken und zum Blühen bringen will. Er will uns zu einem Zeichen der Hoffnung machen für diese Welt. Jesus möchte in uns lebendig sein, uns zu liebenden Menschen machen, in deren Nähe das Eis schmilzt und Menschen aufblühen können. Jesus selbst will in uns die treibende Kraft sein, die uns zum Knospen und Blühen bringt. Wo Menschen aus der Kraft Jesu leben, wo sie lieben und handeln wie er, da ist das Reich Gottes, da ist das Leben ein blühender Garten, da beginnt eine neue Zukunft auf Eden. Ist das nicht wie im Märchen, ist das nicht eine Illusion? Vielleicht. Aber wir können es ja einmal versuchen, ein wenig Liebe, Wärme und Freude für unser Leben zuzulassen und damit auszustrahlen auf Menschen, die dies in besonderer Weise nötig haben. Dazu müssen wir aufstehen, uns aus unserer Bequemlichkeit erheben, in Bewegung geraten und Jesus in uns auferstehen lassen.

Kontexte

Das steht in meiner Gewalt

Es hängt von mir ab,
ob dieser Christus auferstehen kann
oder nicht.
Auch wenn er sich noch so anstrengt,
er kommt nicht aus dem Grab,
wenn ich es nicht will.

Könnte es nicht sein,
daß er mir als Toter
sehr viel besser in den Kram paßt,
als Mundtoter zumal?

Wenn ich es nicht will,
dann kommt der nicht raus
aus dem Grab,
dann bleibt der mundtot und …
mausetot,
und es ist wahr,
so paßt er mir besser in den Kram,
besser als einer,
der sich in meinem Leben erhebt,
aufsteht und
aufersteht.

(Michael Zielonka: Unkonventionelle Meditationen; Verlag Styria, Graz 1982, S. 77)

Gott,
Ostern,
das heißt: Auferstehung von den Toten
des Jesus von Nazareth, deines Sohnes.
Für uns alle heißt Ostern:
aufwachen, hellwach werden,
die Welt mit anderen Augen sehen,
anders leben,
anders mit Menschen umgehen.
Ostern heißt: aufstehen
und von den »Toten« weg zum Leben gehen,
zu mehr Gerechtigkeit und Freiheit, zu mehr Liebe.

Ostern,
das heißt: Es kommt die Zeit –
du hast sie angekündigt, Gott –
da sind die Mauern kaputt und platt die Zellen,
niedergerissen und eingeebnet.
Es werden keine Mauern mehr gebaut,
niemand braucht einen Raum zur »Beruhigung«.
Gefängnisse sind überflüssig – ja, widersinnig.

Ostern,
Auferstehung,
das ist wie Entlassung ins Leben,
eine Entlassung, die hier schon beginnt
und hier nie zu Ende geht,
der Schritt in die Freiheit, der nie aufhören darf.

Auferstehung,
Gott,
das ist der große Sieg des Lebens über den Tod,
der Liebe über die Raffgier,
der Zärtlichkeit über die Gewalt.

Auferstehung heißt:
einmal ist es soweit – schon jetzt soll es beginnen:
keiner ist mehr arbeitslos,
keiner wird mehr ausgesperrt,
keiner mehr eingesperrt,
keiner wird mehr ausgebeutet und unterdrückt,
weil der Triumphzug der Profitgier endgültig
im Eimer ist.

Auferstehung,
das heißt: Meine tödiche Langeweile
ist ein für allemal vorbei,
die geldgierigen Spielautomaten liegen in
tausend Scherben,
und alle Videohändler mit ihren perversen Brutalitäten
brennen lichterloh.
Keine Industrie kann mehr auf konsumgeile Idioten bauen,
weil der neue Mensch in uns geboren ist.
Eine neue Welt bricht an.
Der Stein wird weggewälzt,
der Stein, der mein Leben verschlossen hielt,
der Stein, der mich erdrückt hat, ist weg.

(aus: »Gott im Gefängnis«, Wolfgang Burgstaller/Hermann Josef Immekus; Rainer Padligur Verlag 1988)

Das Unerwartete

»Das hatte ich nicht erwartet!« –
die Freundlichkeit,
mit der Menschen mir begegneten.

»Das hatte ich nicht erwartet!« –
daß alles so kompliziert würde.

»Das hatte ich nicht erwartet!« –
diese Diagnose des Arztes.

»Das hatte ich nicht erwartet!« –
diesen Ausgang der Sache.

»Das hatte ich nicht erwartet!« –
der steinige Weg ist immer noch
nicht zu Ende.

Können wir nicht auch im Unerwarteten
das Leben erwarten?

Das Unerwartete:
die Zuwendung Gottes
auf dem Weg zum Leben.

(Hans-Georg Haberecht: Konturen Evangelische Verlagsanstalt GmbH, Berlin 1981)

Als die Nachricht durchsickerte,
nicht, als sei sie vom Buschfunk getrommelt,
auch nicht wie die Schlagzeilen einer Zeitung,
sondern wie ein Feuer, das am Boden entlangspringt
und bald den ganzen Wald in Brand steckt,
einen Sturm entfacht,
so etwa,
da verschlossen sie zunächst noch fester die Türen.

Er lebt!
Diese Nachricht war gar nicht überzeugend,
eher gespenstisch,
sie verwirrte,
machte vorsichtig, unsicher und gar ohnmächtig.
Er lebt!
Das ist wider den gesunden Menschenverstand,
und die Konsequenzen sind nicht überschaubar.

Aber dann,
als er mitten durch ihre verschlossenen Türen trat
und mit seinem Wort vom Frieden
die Riegel vor ihren Herzen beiseite schob,
da glaubten sie.

(Gedanken für ein paar Minuten, Evangelische Verlagsanstalt GmbH, Berlin 1982)

Quasimodogeniti

Predigttext: Johannes 21,1–14

Wolfgang Herrmann

Theologisch-homiletische Skizze

»Wie neu geborene Kinder« – der schöne Name des Sonntags gibt einen Hinweis, wie der Predigttext zu lesen ist: behutsam, aufmerksam, zärtlich und voll Freude. Noch vor kurzer Zeit haben wir ganz andere Geschichten gehört: Passion und Karfreitag; Abschied, Verrat und Tod. Und vom Wunder des wiedergewonnenen Lebens, Ostern! Doch weder wandern wir auf ewig durchs finstere Tal der Passion, noch können wir den Rest des Lebens auf österlichen Gipfeln verbringen. Es warten Arbeit und Alltag, die Mühen der Ebene ...

Die Fischer vom See Genezareth sind also in die Heimat zurückgekehrt und nehmen ihre Alltagsarbeit wieder auf. Ganz normal – und eben doch nicht ganz. Wissen sie es schon, daß ihr Leben eine unwiderrufliche Wende erfahren hat, daß sie Menschenfischer sind? Aber weiß das neugeborene Kind schon etwas vom Leben, für das es bestimmt ist? Schritt für Schritt wird es hineinwachsen.

Viele Ausleger neigen dazu, die Jünger enttäuscht, frustriert, ausgebrannt auftreten zu lassen. Das halte ich für zu grobschlächtiges Psychologisieren. Sie sammeln sich in Galiläa, eine Atempause; als wäre es nicht vernünftig, für das tägliche Brot zu sorgen. Noch gibt es keine »Urgemeinde«. Und brauchen sie keine Zeit, die unglaublichen Ereignisse der letzten drei Jahre zu verarbeiten? Es sind doch ganz normale Menschen! Hatte nicht ihr Meister davon gesprochen, daß das Gottesreich einem Samenkorn gleicht? Auch sie waren Saatgut, »quasimodogeniti«.

Was immer es mit der vieldiskutierten Tatsache auf sich haben mag, daß unser Text ein »PS«, einen Nachtrag zum Evangelium bildet – er ist zusammen mit seiner Fortsetzung sozusagen der Keim einer im übrigen ungeschriebenen Apostelgeschichte des Johannes. Der Weg der Apostel in die Welt beginnt von dort aus, wo einst ihr Weg mit Jesus anfing. In Galiläa hatte er sie »gesehen«, haben sie ihn »gefunden«, wie z.B. die Berufungsgeschichte des Nathanael erzählt (Joh 1,43ff.), der einer jener Sieben ist, die nun wieder fischen gegangen sind.

Rudolf Bultmann hatte in seinem Kommentar ein »merkwürdiges Durcheinander von Motiven« beobachtet. Das ist die Stärke dieses Text-Gewebes, das nicht zerrissen werden sollte. Ich möchte gern die Transparenz, das Schwebende und Zarte, das Vielschichtige und Leuchtende dieser hintergründigen Geschichte wahren und weitergeben. Allein schon das Licht, das aus dem Text herausleuchtet und etwas von einer traumhaften, surrealistischen Stimmung entstehen läßt! Nachts sind sie zum Fischen ausgezogen; »der Weg ins Licht beginnt im Morgengrauen, und Klarheit kommt, nachdem die Nebel sich gehoben haben«. (Christian Zippert/Jürgen Frank, Predigtstudien III,2, 1987, S. 31)

Eine deutend-nacherzählende Predigt kann es natürlich nicht »machen«, daß der unerkannte Auferstandene am Ufer steht und schon (statt eines Abend-Mahls) das Frühstück bereitet hat, Stärkung für den Weg. Aber sie kann den Raum für diese Begegnung öffnen helfen und das Geheimnis, das »Ostern« heißt, sorgsam wahren. »Ostern«, das ist nichts Fertiges, das fängt klein an, irgendwo im Alltag, und wächst und reift und fängt an zu leuchten. Für das, was »Ostern« meint, fehlen uns die Worte; die Worte, die die Überlieferung bereithält, sind auch nur Annäherungen und Versuche. Wir können aber Geschichten erzählen oder nacherzählen, die ahnen und spüren lassen, wie auch unsere vordergründige, scheinbar eindimensionale Wirklichkeit transparent wird für die Begegnung mit dem, der »alle Tage bis ans Ende der Welt« am Ufer steht und uns erwartet.

Vorschläge für die Liturgie

Lieder
EKG 349; 81; »Osterlied« (Bernhard von Issendorff in: Arbeitsbuch Gottesdienst, Gütersloh 1990, S. 243), »Herrlicher Morgen« (Wolfgang Herrmann, ebd. S. 244).

Lesung
In jedem Fall Johannes 20,19–29! Aller guten Dinge sind drei (die Erscheinungen vor den Jüngern nach Johannes); und die Predigt bezieht sich auf den Zusammenhang der Jüngererscheinungen. Nebenbei: Das sind nur die Männergeschichten; eine andere ist die Geschichte der Maria Magdalena!

Kyrie
Es gibt Menschen, / die glauben und sagen: / Das neue Leben hat angefangen. – / Und es gibt andere, / die sagen: / Ich glaube nur an das, / was ich sehe; / und was ich sehe, / das spricht alles dagegen.
(Beratungsstelle für Gestaltung von Gottesdiensten, Liturgieentwürfe für das Kirchenjahr, 2. Aufl. Frankfurt 1985, S. 194)

Gloria
Auferstehung
Manchmal stehen wir auf / Stehen wir zur Auferstehung auf / Mitten am Tage / Mit unserem lebendigen Haar / Mit unserer atmenden Haut.
Nur das Gewohnte ist um uns. / Keine Fata Morgana von Palmen / Mit weidenden Löwen / Und sanften Wölfen.
Die Weckuhren hören nicht auf zu ticken / Ihre Leuchtzeiger löschen nicht aus.
Und dennoch leicht / Und dennoch unverwundbar / Geordnet in geheimnisvolle Ordnung / Vorweggenommen in ein Haus aus Licht.
(Marie Luise Kaschnitz, Dein Schweigen – meine Stimme. © 1967 by Claassen Verlag, Hamburg)

Kollektengebet
Hilf uns bewahren und pflegen, / was du uns schenkst: das Leben. / Daß Ostern ein Anfang sei / und wachse, blühe und gedeihe / in unseren Herzen und Händen / durch Jesus Christus, / der auf uns wartet.

Vorschläge für die Predigt

Möglicher Predigtanfang

Ostern liegt vor uns. Moment mal – letzte Woche haben wir Ostern gefeiert; also haben wir es doch hinter uns! Vor oder hinter uns: Das ist mehr als nur ein Spiel mit Worten. Natürlich: das Christentum hat vor sehr langer Zeit mit Ereignissen an einem leeren Grab in Jerusalem begonnen; und diese Geschichten nennen wir Ostern. Die Frauen und Männer aus dem Jüngerkreis begegneten dem hingerichteten Jesus, konnten es gar nicht fassen und sagten schließlich: »Er lebt!« Diese Botschaft vom Leben ist die Geburtsstunde des Christentums. Und das liegt, historisch gesehen, hinter uns. Da ist eine Quelle aufgebrochen, von der auch wir frisches Wasser, Wasser des Lebens empfangen haben.

Aber Ostern ist mehr, ist nicht nur eine Geschichte an einem leeren Grab. Ostern, das sind viele Geschichten, die noch gar nicht alle zuende sind. Und es sind Geschichten, in denen sich ein Geheimnis verbirgt. Denn was das eigentlich meint, Ostern, dafür fehlen uns letztendlich die Worte. Da bleibt ein Geheimnis. Es ist das Geheimnis des Lebens; und es ist das Geheimnisvolle, das mit Jesus verbunden ist.

Im Evangelium vorhin haben wir von den Erscheinungen des Auferstandenen gehört; Thomas hat versucht, dem Geheimnis des Lebendigen auf die Spur zu kommen. Im Predigttext, den wir nun hören, begegnen wir Thomas und einigen anderen Jüngern wieder; nun sind sie aber nicht mehr in Jerusalem, sondern daheim am See Genezareth. Ob sie ahnten, daß Ostern noch gar nicht zuende war?

(An dieser Stelle möchte ich den Predigttext lesen oder von jemandem aus dem Kirchenvorstand lesen lassen.)

Nun sind sie also wieder zuhause, dort, wo vor drei Jahren alles angefangen hatte, am See Genezareth. Und was für Jahre! Unglaubliches haben sie erlebt, mehr als sie auf einmal fassen und verstehen konnten. Ich stelle mir vor, daß sie vor allem die furchtbaren Ereignisse in Jerusalem noch gar nicht wirklich verkraftet hatten. Die grauenhafte Hinrichtung ihres Freundes und Meisters auf Golgatha, das steckt man nicht weg, das würden sie nie vergessen können. Und dann die Erlebnisse in den Tagen danach. Er lebt. Aber wie? Und was heißt das nun für ihr Leben? Sie brauchen ganz einfach erst einmal Zeit.

»Gehn wir fischen«, sagt Petrus. Arbeit kann eine gesunde Medizin für Kopf und Gemüt sein, für verwirrte Gedanken und Gefühle. So steigen die Sieben ins Boot, ganz wie früher. Aber niemand kann zweimal in den selben Fluß steigen, sagt das Sprichwort. Natürlich, der See ist derselbe und vielleicht auch Netz und Boot. Die Handgriffe sitzen noch; gelernt ist gelernt. Und daß sie am Morgen schließlich mit leerem Netz ans Ufer kommen, nun, das gab es früher auch schon. Früher, bevor ER in ihr Leben getreten war … Alles ist wie früher, aber sie – sie sind doch Andere geworden.

Vielleicht ist ihnen das noch gar nicht richtig klar. Es geht uns ja oft so, daß wir noch gar nicht wirklich verstanden haben, wenn ein neuer Lebensabschnitt begonnen hat, wenn wir Andere geworden sind. Wenn eine Prüfung bestanden ist, wenn ein Ehepaar ein Kind bekommt und nun eine kleine Familie ist, wenn jemand gestorben ist, der doch immer da war, wenn du solange eine Last getragen hast und jetzt endlich ist sie dir abgenommen ... Wer öffnet uns die Augen, daß wir tatsächlich weitergekommen sind?

Zum weiteren Verlauf
Ich erzähle von dem Fremden in der Morgendämmerung. Er spricht wie ein alter Bekannter, wie ein guter Freund. Aber auch mit seltsamer Vollmacht. Auf sein Wort hin werfen die Sieben noch einmal das Netz aus. Plötzlich bekommt alles eine doppelte Bedeutung; es ist die »rechte« Seite, als ob es den Fischen nicht egal wäre, auf welcher Seite sie gefangen werden. Die Fülle der Fische, die für das Frühstück überraschenderweise gar nicht gebraucht werden, das alte Netz, das nicht reißt, und dann Brot und Fisch – wie damals mit IHM! Sie erkennen, daß tatsächlich nichts mehr so ist wie früher; in dem Fremden erkennen sie (der Lieblingsjünger zuerst) Jesus. Petrus schwimmt ihm entgegen; es ist fast so wie eine Taufe.
Trotz der Hinrichtung ihres Meisters haben sie nichts verloren; im Gegenteil: jetzt erst gewinnen sie ihn wirklich, gewinnen sie die Worte und Taten der letzten drei Jahre. Sie sind tatsächlich wie neu geboren. Ihr Leben hat mit Jesus, durch Jesus, eine unwiderrufliche Wendung genommen.

Möglicher Schluß
Die Begegnung mit Jesus ist nicht an die kurze Zeit seines Erdenlebens gebunden. Dann wäre dieser galiläische Wanderprediger für uns uninteressant. Er begegnet den Menschen da, wo sie sind, zum Beispiel wie den Sieben: bei der Arbeit. Vielleicht gerade da, im Alltag, und weniger in den Kirchen und an den heiligen Stätten. Es ist seine Gegenwart, die uns das Herz öffnet. Denn wir erkennen ihn nur mit den Augen des Herzens, wie der Lieblingsjünger. Und wenn wir unser Herz anrühren lassen, verwandelt sich unsere Armut in Reichtum; plötzlich zappeln die Fische im Netz. Denn wir haben uns da auf eine Begegnung eingelassen, die uns verwandelt. Nichts ist mehr wie früher. Manche sagen, sie fühlten sich wie neugeboren, als habe ein neues Leben begonnen, als seien sie aus dem Dunkel einer trostlosen Nacht ins helle Licht des Tages getreten.
Auch das ist Ostern, das wiedergefundene Leben, eine Fülle, die wir kaum fassen können wie Petrus das volle Netz. Das bleibt ein Geheimnis, das Geheimnis des Lebens. Immer wieder machen Menschen solche Erfahrungen und werden von diesem Geheimnis angerührt und ergriffen. Immer wieder steht da einer am Ufer und hat Brot und Fisch. Jederzeit ist das möglich und geschieht es. Deshalb habe ich gesagt: Ostern liegt vor uns. Amen.

Kontexte

»Ich will fischen gehen«, sagt Petrus. Das erinnert an den Schluß von *Voltaires* Roman *Candide*. Unter dem Eindruck des Erdbebens von Lissabon, bei dem am Allerheiligentage 1755 80 000 Menschen starben, brach der europäische Optimismus, in der »besten aller möglichen Welten« (Leibniz) zu leben, zusammen. Der gigantische Karfreitag führte zu Voltaires Roman, in dem sein Held, Candide (»der Reine«) durch alle Schrecknisse und Grausamkeiten seiner Zeit geschickt wird. Desillusioniert und gebeutelt bleibt Candide am Ende – ein Garten. »›Wir wollen arbeiten, ohne uns Gedanken zu machen‹, sagte Martin; ›das ist das einzige Mittel, das Dasein erträglich zu gestalten.‹ ... ›Wohl gesprochen‹, erwiderte Candide, ... ›es gilt, unseren Garten zu bebauen.‹« Oder: Fischen zu gehen!

Eine schöne Lösung des literarischen und theologischen Rätsels um das geheimnisumwitterte Nachtragskapitel zum Johannesevangelium bietet der historische Roman von *Heinz Schwitzke, Das einundzwanzigste Kapitel* (Bielefeld 1980), auf den hier wärmstens hingewiesen sei.

»Die Jünger hatten ihren Fang zu Jesus herangebracht, und er hatte sie gefragt: ›Kinder, habt ihr nichts zu essen?‹ Doch als sie zu ihm treten, sehen sie: Er hat ja, ehe er ihre Beute entgegennimmt, schon selber Bratfisch auf dem Rost. Will er ihnen zeigen: Er besitzt Leckerbissen, die nicht aus den Netzen dieser berufenen, aber zaghaften Menschenfischer stammen? Und gerade davon will er ihnen geben? Dienen etwa Fische oder anderes Fleisch, das auf eigenartigem, auf direktem Weg zu ihm kommt, die Heiligen, die Eigenbrötler, die Häretiker, auch für die Kirche zur kostbarsten, zur nahrhaftesten Speise? Lebt sie vielleicht vor allem vom Tun und Leiden jener, die sich nicht einordnen, ihr nicht ins Netz gehen, sondern die immer neue Methoden suchen, auf Jesu Rost zu springen? Eines steht fest: Von der eigenen Ernte stillen Petrus und die Jünger ihren Hunger nicht, Speise des Herrn muß sie sättigen, Fisch, Fleisch und Brot, deren Herkunft ein Geheimnis ist.« (S. 131)

Miserikordias Domini

Predigttext: Hesekiel 34,1–16,31

Dietrich Zeilinger

Theologisch-homiletische Skizze

1. Zum Kontext der Predigthörer/innen

Was beeinflußt vermutlich die Hörbereitschaft? Die einen haben bewußt Ostern gefeiert und erwarten von daher eine auf Christus bezogene Verkündigung. Die liturgischen Motive des Sonntags »Miserikordias Domini« verstärken diese Erwartung. Andere sind verunsichert durch politische Erdbeben (Bürgerkriege, Wirtschaftsprobleme, Klimakatastrophe, Vergangenheitsbewältigung) und suchen nach Halt und Orientierung. Schließlich gibt es alte und junge Menschen, die voll persönlicher Sorgen und Probleme kommen und von der Predigt Trost und Zuspruch erhoffen. Der Predigttext bietet die Chance, mit einer vielfältigen Auslegung niemand ohne »Nahrung« zu lassen.

2. Zur Wirkung und Auslegung des Textes

Drei Motive treten in Hesekiel 34 hervor: Die Absetzung der schlechten Hirten des Volkes. Das Aufrichten des Maßstabs: Zuwendung zu den Verletzten und Verlorenen. Und die mehrstufige Verheißung: Gott nimmt sich selbst des Volkes an (Verse 11.15), wird es in sein Land zurückführen (Vers 13) und wird einen neuen David wecken (Vers 23).

Die Rede von Hirten halte ich für weniger schwer verständlich als manche Ausleger, geht es doch um ein archetypisches Symbol, das jedenfalls »Kirchenchristen« aus AT und NT vielfach vertraut ist.

Schwerer wiegt das Problem der Übertragbarkeit einer primär ganz auf das Volk Israel des 6. Jahrhunderts v.Chr. bezogenen Botschaft, die besonders in der Rückkehrverheißung »Eigentum« des jüdischen Volkes bis heute geblieben ist.

Andererseits ist der christologische Bezug unvermeidlich – zwei Wochen nach Ostern und wegen der inhaltlichen Nähe zur Botschaft Jesu Christi. So scheint mir der *hermeneutische Schlüssel* in der »Pastoral« der sechs Intentionen der Barmherzigkeit (vgl. die sechs Werke der Barmherzigkeit Matthäus 25) zu liegen. Zudem – ist die theologische Brücke zwischen AT und NT, Juden und Christen nicht jener Lebensgeist aus Gott, der Hesekiel 36/37 verheißen wird, und der Jesus zum Christus, zum »guten Hirten« gemacht hat? »Die Kraft, die Armen und Reichen, Starken und Schwachen ökonomisch, politisch, rassistisch und sexistisch getrennten und entfremdeten Menschen neue Gemeinschaft verheißt und diese Gemeinschaft verwirklicht, wird von den messianischen Verheißungen ›Geist Gottes‹ genannt.« (M. Welker, Gottes Geist, S. 31)

Die Deutung der Taten der Barmherzigkeit kann sich orientieren zwischen drei Polaritäten: der exklusiv christologischen Anwendung und dem inklusiven Bezug auf die heute Hörenden; der Tendenz zum »Helfersyndrom« und der zunehmenden Individualismus-Welle; der psychologisch-seelsorgerlichen und der sozial-politischen Auslegung.

3. Zur Predigtgestaltung
Wie auch immer der Predigteinstieg gewählt wird, ich empfehle, die Fremdheit des Textes zu thematisieren, um bald die Verbindungslinien zur »pastoralen« Mitte ziehen zu können. (S.u.: A)
Nach dem Ansprechen des ersten Echos der Botschaft hier und heute bieten sich folgende Elemente an zur Gestaltung des Hauptteils (B):
- ein meditativer Rundgang durch die »Wege der Barmherzigkeit«, je nach gewähltem Schwerpunkt eher die seelsorgerliche oder soziale Verantwortung aufgreifend (C);
- eine Geschichte (D);
- skizzieren eines »Hirtenbriefs« an Adressaten nach Wahl (E).

Je nach Fassungskraft der Gemeinde lassen sich solche Elemente auswählen oder kombinieren.
Für den Schluß (F) schlage ich eine kurze Zusammenfassung vor unter dem Motto »Hirten füreinander sein«» und einen meditativen Ausklang: die Augustin-Worte oder eine Psalm 23-Übertragung.
Wo es möglich ist, wäre ein *Nachgespräch* besonders angebracht, im Blick auf die Spannweite zwischen historischen und seelsorgerlichen Inhalten, und im Blick auf die Solidarität des Betroffenseins zwischen Prediger/in und Gemeinde. Was Paul Tillich über den Seelsorger sagt, gilt auch für den Prediger: »Er erkennt die Wahrheit an, daß er grundsätzlich in der selben Situation steht wie der, den er berät. Nur das kann ihm die Möglichkeit geben, das heilende Wort für den anderen zu finden.« (Syst. Theol. III, S. 221)

Vorschläge zur Liturgie

Lieder
EKG 187,1–3+6, EKG 178,1–5, EKG 88,1+2,7+8. »Herr, deine Liebe ist wie Gras und Ufer«;

»Der Herr ist mein Hirte« (Kanon).

2. Er führt mich zur Weide, Halleluja, und zum frischen Wasser, Halleluja!
3. Und ob ich schon wanderte im finsteren Tal, fürcht' ich doch kein Unglück, Halleluja!

4. Denn du bist bei mir, Halleluja, dein Stab stützt und tröstet mich,, Halleluja!
5. Ich fürcht' keine Feinde, Halleluja, denn du hilfst mir siegen, Halleluja!
6. Gutes und Barmherzigkeit, Halleluja, die werden mir folgen, Halleluja!
7. Und so werd' ich bleiben bei dir allezeit in Jesu Namen, in Ewigkeit!

(Text: nach Psalm 23 von M. Geiger. Melodie: I. Kindt. Rechte im J. F. Steinkopf Verlag, Stuttgart)

Gebet

Du bist meine Hirtin, Schöpferin Liebe,
du nimmst mich zärtlich an deine Brust
in meinem Hunger nach Wärme und Nähe;
du blickst mich an aus Menschenaugen
und suchst mich heim.
Du nährst mich mit Stille und Atem
im Lärm und Streß meines Alltags;
du stillst meine Rastlosigkeit,
immer mehr zu erreichen an Gütern und Macht;
du stillst meine Trauer,
ganz unten zu hocken,
ein Nichts zu sein, für erfolgreiche Menschen;

du läßt meine Umwege zu
und bleibst meinen Irrwegen nah;
du lockst mich mit zärtlicher Stimme
auf heilende Erde,
daß meine betäubten Füße ertasten
Wohltat und Wunden, Heimweh und Rast;

im lebensfeindlichen Sog unsres Fortschritts,
im Düsenjägergeheul und der lautlosen
Todesdrohung bereiter Atomraketen
härtest du deinen Arm,
meine heilige Hirtin,
mich tröstend zu stützen,
mir Kraft zu wecken zum Widerstand;

Du salbst meine Ängste und Wunden
mit Hoffnung;
du öffnest mir Quellen der Freude;
du reichst mir inmitten von Macht und
Profitgier das Brot des einfachen Lebens;
deine Freundschaft begleitet mich überall;
in deinen Armen, göttliche Liebe,
finde ich Heimat für alle Zeit

(Christa Peikert-Flaspöhler, aus: Du träumst in mir, mein Gott, Lahn-Verlag, Limburg. 2. Auflage 1990, S. 89f.)

Vorschläge für die Predigt

A Liebe Gemeinde! Was wir eben gehört haben vom Propheten Hesekiel, das geht nicht an uns, und doch macht es betroffen. Warum?
Wir hören diese Worte an das alte Volk Israel zwischen Jerusalem und Babylon, wenige Jahre nach der Deportation – wir hören sie als Christen: Wir sind mit dem neuen Volk Israel verbunden durch die gleiche hebräische Bibel. Und wir sind verwickelt in die Geschichte zwischen »Auschwitz« und »Westbank«, zwischen der Vernichtung der Juden durch Deutsche vor 50 Jahren und der Landnahme des Staates Israel im Westjordanland heute. So müssen wir Israels Eigentumsrecht an jedem Wort voll respektieren. Und können doch nicht unbeteiligt zuhören. Und dürfen doch keinen Augenblick versäumen, in dem Gottes Anspruch und Zuspruch *uns* erreichen will, in neuer Zuspitzung der alten Worte.

B Da ist von Hirten die Rede. Von Hirten, die ihre Aufgabe, die Herde recht zu weiden, schlecht erfüllt haben. Deshalb schlecht, weil sie sich nur um sich selbst gekümmert und, was ihnen anvertraut war, im Stich gelassen haben. Darum wird ein Dreifaches angesagt:
- Die schlechten Hirten werden verstoßen.
- Gott selbst will das Hirtenamt wahrnehmen und die Verlorenen zurückbringen.
- Ein guter Hirte aus dem Stamm Davids soll kommen.

Welches Echo finden diese Ansagen wohl bei uns?
- Das Gericht über die schlechten Hirten entspricht dem verbreiteten Wunsch nach Gerechtigkeit, gerade in der Zeit der vielen politischen Skandale. Freilich müssen wir uns selbst prüfen ...
- Das Zurückbringen der Verlorenen entspricht einer tiefen Sehnsucht aller Heimatlosen. Und doch gibt es zwiespältige Gefühle, wenn die Realisierung neue Konflikte schafft ...
- Wir bekennen uns zu Jesus Christus als dem guten Hirten. Aber sind wir als christliche Gemeinde seinem Ruf wirklich gefolgt, Schwache zu stärken ... Nicht zur »Pastorenkirche« waren wir bestimmt, sondern dazu, Hirten füreinander zu sein!

C Wenn wir auf die sechs Wege der Barmherzigkeit schauen, dann wollen wir versuchen, uns zu erinnern an Erfahrungen und Hoffnungen, die in unserem Leben gewachsen sind, und die wir mit anderen teilen könnten.
Als ich *schwach* war – wie habe ich Stärkung erhalten?
Da war der Besuch eines Menschen, der mir Mut gemacht hat. Dann habe ich mich von einer Gemeinschaft getragen gefühlt. Und ich spürte, wie eine neue Kraft mir zufloß aus der Quelle des Lebens.
Ich stelle mir jetzt vor, wer sich danach sehnen könnte ...
Als ich *krank* war – wie habe ich Heilung erlebt?

Da waren die Heilmittel, die der Arzt verschrieben hat; dann die Pflege und Fürsorge von Menschen, die um mich besorgt waren; und die Zeit, in der manches neu wurde an Einstellungen, Beziehungen und inneren Kräften.
Ich stelle mir jetzt vor, wer darauf warten könnte ...
Als ich *verletzt* war – wie habe ich Hilfe erfahren?
Da war jemand mit dem blutstillenden Verband zur Stelle. Dann wurde mir eine heilende Salbe empfohlen. Und als die Seele wund war, wußte ein Mensch mit viel Geduld den Zugang zu Linderung und Kräftigung. Ich stelle mir jetzt vor, wer darauf hoffen könnte ...
Als ich *vertrieben* war – wie bin ich zurückgekommen?
Da war mitten in der Fremde das Erleben von Vertrautem. Dann die Einladung, es noch einmal zu versuchen und ein neues Zuhause zu finden. Und schließlich wuchs die Kraft der Versöhnung und machte mich frei. Ich stelle mir jetzt vor, wer dies auch brauchen könnte ...
Als ich *verloren* war – wie bin ich wieder gefunden worden?
Da waren die Stimmen, die mich riefen, die Lichter, die mir leuchteten, dann die Gesten der Liebe, die mich aus Einsamkeit und Schwermut führten. Und so erfuhr ich etwas von der Kraft, die aus dem Tode rettet. Ich stelle mir jetzt vor, wer diese Erfahrung nötig haben könnte ...
Als ich *stark* war – wie bin ich bewahrt geblieben?
Da war der Zuspruch eines Menschen, der mir geholfen hat, sensibel zu bleiben. Dann hat mich das Leben in der Gemeinschaft davor geschützt, »abzuheben«. Und ich erlebte, wie es Kraft braucht, die Grenzen zu sehen und zur Demut zu finden.
Ich stelle mir jetzt vor, wem solche Begleitung gut tun könnte ... (Mögliche sozial/politische Bezüge: Soziale Unterstützung, Rechtshilfe. Ganzheitliche Medizin. Umkehr und Rehabilitation. Integration in neuer Heimat, Verzichtbereitschaft. Randgruppen-, Asylarbeit. Keine »freie Fahrt für freie Bürger«, sondern Ethik der Selbstbegrenzung.)
Liebe Gemeinde: *Die* Kraftquelle, die uns zur Barmherzigkeit führt, ist nach der Erfahrung vieler Juden und Christen der göttliche Geist. Für uns ist dieser Geist konkret geworden im Leben Jesu Christi, der gekommen ist, »zu suchen und zu retten, was verloren ist«, und der uns zuspricht: »Laß dir an meiner Gnade genügen, denn meine Kraft ist in den Schwachen mächtig.«

D Eine Geschichte vom Sich-neu-finden und Einander-helfen
Willy Kramp erzählt in seiner Novelle »Der Sohn«: Ein ehemaliger Gutsbesitzer arbeitet nach dem Krieg als Magazingehilfe. Seine ganze Hoffnung ist sein Sohn. Da erfährt er, daß dieser seine Aufnahmeprüfung nicht bestanden hat. Und nun ist er weggegangen. Er sucht ihn voll Sorge, voll Angst am Ufer des Flusses.
»Und dann sah er den Sohn. Ganz still saß er da, die Katze an sich gedrückt, und starrte wie im Traum auf den Fluß zu seinen Füßen. Der Vater blieb

stehen, die Hand auf das furchtbar pochende Herz gepreßt. Da ist es ja, das Kind! Da ist es ja, mein Gott im Himmel!
Er ließ sich neben seinem Sohn auf die Erde nieder. Noch immer pochte sein Herz ganz stark; er konnte nicht sprechen.
Er schlang den Arm um das Kind, drückte es an sich ...
Friede war hier. Mit weicher Stimme fragte er endlich: ›Haben sie dich nicht genommen?‹ ›Nein, Vater‹, antwortete das Kind, ›aber ich darf es noch einmal versuchen.‹
Sie erhoben sich. Der Mann blickte sich um. Welch ein schöner, großer Friede weit und breit! Als sie den Bahndamm auf der anderen Seite wieder hinabstiegen, fühlte er den Druck von seines Sohnes Händchen ein wenig fester werden. Er will mir hinunterhelfen, dachte er und war ganz glücklich.«

(Aus: So haben sie Gnade erlebt, Verlag für Gemeindepädagogik, Robert Pfützner GmbH, München, S. 55)

E Auf Hirtenbriefe »von oben herab« reagieren wir meist mit Abwehr. Und doch erwarten wir Wegweisung z.B. vom Bundespräsidenten an Weihnachten. Wie wäre es, wenn wir selbst einen Hirtenbrief entwerfen würden – einen Brief an unsere Gemeinde, oder an unsere Politiker, oder an unsere Kinder und Patenkinder?

E1 *»Hirtenbrief« an die Gemeinde:*
Reinhold Gestrich (in: Hirten füreinander sein, Quell Verlag) skizziert Seelsorge als Begleitung in 10 Regeln:
Seelsorge ist
- sich aufmachen, die Initiative ergreifen, zu den Menschen gehen.
- sich dem Nächsten zuwenden in der Liebe des guten Hirten.
- sich von der Übertragung des anderen (das, was man auslöst, wenn man kommt) beauftragen lassen.
- sich führen lassen, wohin der andere mit mir gehen will.
- sich einfühlen, aufmerksam sein und annehmen.
- stehenbleiben, hinschauen, mittragen.
- zur Sprache helfen, würdigen, wenig Worte machen.
- nichts wollen oder machen, sondern dasein und ein Zeichen sein.
- mit den Augen und mit dem Herzen Gottes etwas betrachten.
- ganz menschlicher und ganz geistlicher Begleiter sein.

E2 *»Hirtenbrief« an Politiker:*
Václav Havel (deutsch in: Freundesbrief der Offensive Junger Christen 92/3, Reichelsheim) sagte vor dem Weltwirtschaftsforum am 4.2.1992 u.a.:
»Das Ende des Kommunismus ist eine ernste Warnung an die ganze Menschheit. Dies ist ein Signal, daß das Zeitalter arroganter, beherrschenwollender Vernunft zum Ende kommt. Es ist höchste Zeit, aus dieser Tatsache Schlüsse zu ziehen ...
Die Einstellung der Menschen zur Welt muß radikal verändert werden ... Es ist meine tiefste Überzeugung, daß wir aus der Welt der privaten Beliebigkeit solche Kräfte befreien und rehabilitieren müssen, wie
- eine natürliche, einzigartige und unwiederholbare Erfahrung unserer Welt; – einen alles tragenden Gerechtigkeitssinn; – die Fähigkeit, die Dinge mit den Augen

anderer zu sehen; – einen Sinn für transzendente Verantwortlichkeit; – eine ursprüngliche Lebensweisheit;
- guten Geschmack, Mut, Mitleiden und – Vertrauen in die Wichtigkeit einzelner Maßnahmen, ohne die Wahnvorstellung, einen allgemeingültigen Schlüssel zur Rettung zu besitzen.«

E3 *»Hirtenbrief« an Kinder/Patenkinder:*
Ein unbekannter jugoslawischer Soldat schrieb im letzten Weltkrieg einen Brief an sein noch nicht geborenes Kind (in: Die Stimme des Menschen, hrsg. H.W. Bähr. © R. Piper & Co. Verlag, München 1966):
Mein Kind, noch schläfst Du im Dunkel und sammelst Kräfte für den Kampf der Geburt; ich wünsche Dir alles Gute ...
Bewahr Dir die Liebe zum Leben, aber wirf die Furcht vor dem Tode von Dir. Man muß das Leben lieben, sonst ist es verloren, aber man sollte es nicht zu sehr lieben. Bewahr Deinem Herzen den Hunger nach neuer Erkenntnis, bewahr Dir den Haß gegen jegliche Lüge, und bewahr Dir die Macht, das Schlechte zu verabscheuen. Ich weiß nun, daß ich sterben muß, und Du mußt geboren werden, um auf dem Trümmerhaufen meiner Irrtümer zu stehen. Vergib mir. Ich schäme mich, Dir eine unordentliche und unbequeme Welt zu hinterlassen. Aber es muß sein. Ich küsse in Gedanken Deine Stirn, um Dich zum letztenmal zu segnen. Gute Nacht, mein Kind – guten Morgen und ein lichtes Erwachen.

F Liebe Gemeinde! Der Gute Hirte hat uns dazu berufen, füreinander Hirten zu sein, ohne zu verzagen und ohne überheblich zu werden. Das ist eine große Aufgabe, aber auch eine große Chance für uns, das zu entfalten, was wir an Begabung und an Kräften erhalten haben, um sie mit anderen zu teilen. Wenn wir angstvoll nur an den Mut denken, den wir brauchen, uns der Verantwortung zu stellen, dann wollen wir uns einüben in die Gelassenheit, die aus dem Vertrauen kommt, dem Vertrauen: In allem, was geschieht, will Gott selbst sich seiner Herde annehmen und sie zur guten Weide führen.
Hört dazu den Psalm 23 in einer Übertragung von Jörg Zink (aus: Psalmen und Gebete der Bibel. Kreuz Verlag, Stuttgart, 1991):

Gott ist mein Hirte,
mir wird nichts mangeln.
Er weidet mich auf einer grünen Aue
und führt mich zum frischen Wasser.

Er erquickt meine Seele.
Mein Weg ist ohne Gefahr,
denn er selbst ist es,
der mich leitet.

Und wanderte ich im finstern Tal,
so fürchte ich kein Unglück,
denn du bist bei mir.
Du gibst mir Frieden.

Du deckst meinen Tisch
in deinem Haus,
in das kein Feind mir folgt,
keine Schuld und kein Fluch.

Du machst meine Seele rein
und schmückst mich festlich.
Der Becher, den ich trinke,
fließt über von erfrischendem Trunk.

Mit Güte und Freundlichkeit
umgibt mich Gott, solange ich lebe,
und ich habe Wohnrecht in seinem Haus
jetzt und in Ewigkeit.

Kontexte

Dietrich Ritschl, aus: Zur Logik der Theologie, © Chr. Kaiser Verlag, München:

Wenn es richtig ist, daß der Inhalt der Hoffnung der Gläubigen die ganze Menschheit betrifft und daß die einzelnen diakonischen Werke zeichenhaften Charakter haben und die Neuwerdung der ganzen Welt im kleinen abbilden, dann kann auch die Gesamtorientierung der Ethik der Gläubigen als therapeutische Ethik bezeichnet werden: eine Rahmenorientierung, die auf Heilung und Neuwerdung aus ist. ...
Wenn Therapie nicht einfach – wie früher in medizinischen Lehrbüchern – als »restauratio« zum status quo ante oder als »restitutio ad integrum« verstanden wird, sozusagen story-los und ungeschichtlich als Reparatur eines Defektes, sondern vielmehr als Zeichen einer großen, noch gar nicht beschreibbaren Neuwerdung aller Kreatur, dann ist nicht nur jede medizinische und psychotherapeutische Heilung, sondern auch jeder Trost, jedes Eintreten für das Recht eines andern, jedes verstehende Zuhören und Mahnen, jede Hilfe für Hungernde und Gefangene eine therapeutische Handlung.
Der wahre Dienst der Gläubigen an den Mitmenschen, primär mit Worten und – davon abgeleitet und die Worte beglaubigend – mit fantasiereichen Taten und sinnvollen Opfern, ist unter der Kontrollfrage, ob er aus einer therapeutischen Grundhaltung erwachsen sei, erkennbar.

Gerhard Hochhuth, Kennzeichen D: Gemeindediakonie als Herzstück kirchlichen Handelns; in: Deutsches Pfarrerblatt 6/92, S. 235:
Überlegungen zur Gemeindediakonie:

Wesentliches Merkmal aller Überlegungen und Aktivitäten ist die umfassende Beteiligung der Betroffenen; nicht »für«, sondern »mit« und »von«.
Was P. Freire als »Bankierskonzept« kritisiert hat (»Ich hab's! Und ich bin so toll, daß ich dich armes Wesen daran teilnehmen lasse! Was, du willst nicht? Undankbares Geschöpf! Scher dich zum Teufel!«), scheint mir nach wie vor ein typisches Strukturmerkmal überall da zu sein, wo »geholfen« wird. Und deshalb fallen so viele Menschen durch das Netz der (kirchlichen) Hilfsangebote, weil sie sich das dann doch nicht bieten lassen.
Anderen Menschen zu helfen, Nächstenliebe zu praktizieren, mag ja im konkreten Fall ganz schön schwierig sein. Aber sich selber helfen zu lassen, ist viel, viel schwerer.
»Hilflose Helfer« und »Menschen, die zu sehr lieben« dürften in der haupt- bis ehrenamtlichen Mitarbeiterschaft bei Kirche sehr stark vertreten sein.
Und wer hilft ihnen?
Es können nur die »Betroffenen« selber sein, die Alten, die Asylbewerber, die Trauernden, die Kranken; die artikulieren, was sie brauchen, was für sie lebensnotwendig ist, was ihrem Leben eine neue Perspektive geben würde. Und dann müßten alle Beteiligten gemeinsam »zur Sache« kommen.

Jubilate

Predigttext: Johannes 16,16(17–19),20–23a

Klaus Reblin

Theologisch-homiletische Skizze

Ich bin zwar keine Frau, sondern ein Mann, noch dazu in fortgeschrittenem Alter, habe also nicht teil an der Bewußtseinserweiterung der »neuen« Männer, und doch habe ich die Exegese von Andreas Lindemann (in: Gottesdienstpraxis III,4 Gütersloh 1992) mit Überraschung gelesen. Nicht, weil sie das dreimalige »Über ein Kleines« zu retten versucht – damit könnte ich leben, wiewohl ermüdende Wiederholungen ermüdend bleiben, auch wenn sie »bewußt so geformt« sein sollten. Nein, mein Gravamen ist – wiewohl ich kein Anhänger des Feminismus bin – die bewußt-unbewußte Verdrängung des den Text beherrschenden Bildes von der gebärenden Frau, von ihren Geburtswehen und der nachherigen Freude, die alle Schmerzen vergessen macht. Lindemann spricht zwar von einer »Parallele aus der menschlichen Erfahrung«, aber diese Parallele ist offenbar auswechselbar, man könnte sich gut auch ein anderes Bild vorstellen.

Ich möchte mich an dieser männlichen Verdrängung nicht beteiligen, nimmt sie doch dem Text alle Konkretheit und Farbigkeit, auch allen Charme. Mag sein, daß für den Exegeten diese Kategorien sekundär sind, für den Prediger sind sie unverzichtbar. Vor allem aber brächte man sich bei Verzicht auf das Bild von der Geburt um wichtige seelsorgerliche Impulse des Textes. Zum Beispiel um die Erfahrung, daß es nun einmal im Leben Dinge gibt, die »ausgetragen« und ausgehalten werden müssen, und die, hält man diesem Prozeß nicht stand, tödlich wirken können. Beziehungen müssen ausgetragen werden, Abschiede auch, Verluste von Menschen und Dingen auch. Auch Werke brauchen ihre Zeit, und Konflikte ebenso. Und dasselbe gilt für Leiden, Krankheit, Alter und Tod. Und der Prediger weiß, daß selbst Predigten »ausgetragen« sein wollen, ehe sie endgültig zu Stand und Wesen kommen – bei mir dauert das Austragen in der Regel länger als die eigentliche Geburt der Predigt. Und ich weiß von vielen, bei denen es nicht anders geht.

»Austragen« ist ein beschwerlicher, schmerzhafter Prozeß. Ich weiß, wie lange Menschen oft mit ihrer Trauerarbeit zu tun haben, bis sie in der Lage sind, ihre Fühler wieder auszustrecken und etwas Neues anzupacken. Und wie lange dauert es, bis ein Mensch sich durchgerungen hat, die eigene Selbständigkeit zu reduzieren, aufzugeben und ins Altersheim zu gehen! Austragen erfordert viel Kraft und einen langen Atem. Aber wenn es dann geschafft ist, dann ist aller Schmerz vergessen und Freude stellt sich ein – wie bei der Geburt: »Wenn das Kind geboren ist, denkt die Frau nicht mehr an die Angst, weil sie sich freut, daß ein Mensch zur Welt gekommen ist.«

Freilich: Es gibt keine Geburt neuen Lebens ohne die Schmerzen des Austragens. Freude kann nur wachsen, wenn ich Angst zulasse und Leiden akzeptiere. Jeder Neubeginn setzt eine Ablösungsphase voraus. Dies will gelernt sein, ob wir es wollen oder nicht.

Ich weiß nun natürlich, daß das Bild von der Geburt im Text nur ein Bild, ein Gleichnis ist für etwas anderes: für den Schmerz der Jünger beim Abschied von Jesus und für die Freude beim Wiedersehen mit ihm. Indessen bin ich nicht so sicher, ob Bild-

und Realitätsebene so weit voneinander entfernt sind, wie uns theologische Schulweisheit immer wieder weiszumachen versucht. Ich gehe davon aus, daß die beiden Ebenen innig miteinander verschränkt sind. Beispiel: Das Abtragen des Trauerberges in der Trauerarbeit – ein oft über Jahre gehender Prozeß – wird oft als Erfahrung von Absenz Christi gedeutet, während das Ende der Trauerarbeit und die Fähigkeit, Neues zu beginnen, von vielen Menschen wie eine Auferstehung und eine Wiederbegegnung mit dem lebendigen Christus erlebt wird. Insofern möchte ich die oben genannten Erfahrungen beim Austragen von Krisensituationen nicht als »Nur-Bilder« entwerten. Ich sehe in ihnen eher Felder, auf denen sich die Freude des Wiedersehens mit Christus ereignet.

Vorschläge zur Liturgie

Als *Introitus-Psalm* ist Ps 66 vorgesehen. Ich schlage indessen den Lobgesang der Hannah 1. Samuel 2,1–2,4,6–7 vor. Er paßt besser zur Thematik des Sonntags und zur »österlichen Freudenzeit«.

Zu *Kyrie und Gloria* lesen wir in unserer Gemeinde, um einen Bezugsrahmen herzustellen, meist einen säkularen Text, eine aktuelle Zeitungsnotiz, ein Gedicht oder dergleichen. So bietet sich vor dem Kyrie am Sonntag Jubilate das Gedicht »Ad infinitum« von M. L. Kaschnitz an, das in der Predigt auch noch einmal aufgegriffen werden könnte:
»Alle, die fortgehen / durch die Glastür aufs Rollfeld, / durch die Bahnhofssperre, / die sich umdrehen, winken, / deren Blicke zu Boden sinken, / deren Gestalten / langsam undeutlich werden – / alle sind du. / Du stehst bei mir, / wendest dich ab, gehst fort, / wirst kleiner und kleiner. / Seit wann? / Seit dein Tod mir am Hals hing, / mir die Kehle zudrückte, / stehst du immer wieder bei mir, / wendest dich ab, gehst fort, / den Bahnsteig entlang, rollfeldüber, / wirst kleiner und kleiner, / stehst da, / wendest dich ab, / gehst –« (aus: Gesammelte Werke in sieben Bänden, Bd. 5, 461f. © Insel Verlag Frankfurt/M. 1985)
Und dann zum Gloria von derselben Autorin dieses Gedicht:
»In einem neuen Vertrauen / wandeln wir über das Meer. / Wenn wir ins Dunkel schauen, / dringt die Furcht nicht her. / Dinge, die wir verlassen, / schmerzen uns heute nicht. / Über all unsern Straßen / wird der Himmel licht. / Auf alles, was verschlossen, / vom Winde fast verweht, / wird nun ein Glanz gegossen, / bis es in Blüte steht. / Wenn wir ins Dunkel schauen, / dringt süß ein Duften her. / In einem neuen Vertrauen / wandeln wir über das Meer.« (Ges. Werke 5, 594)

Als *Epistel* lese ich 1. Johannes 5,1-4, als *Evangelium* den Predigttext, weil das eigentliche Evangelium – Weinstock-Rede – ein gegenüber dem Predigttext neues, anderes Thema anschlägt.

Gebetsvorschläge: Als Kollekte bietet die »Erneuerte Agende« drei schöne Texte (S. 233). Für die Fürbitte empfehle ich einen der Gebetstexte in Manfred Josuttis' Predigtband »Reden, Träume, Fragen«.

Lieder: EKG 81, 84, 288, 293 und vor allem 252 Vers 2

Vorschläge zur Predigt

Möglicher Predigtanfang

Ich bin zwar keine Frau, sondern ein Mann, noch dazu in relativ fortgeschrittenem Alter, ich habe also keinen Anteil an der Bewußtseinsänderung der sogenannten »neuen Männer«. Für die ist es, wenn sie verheiratet sind und Nachwuchs erwarten, eine Selbstverständlichkeit, bei der Geburt ihrer Kinder dabei zu sein. Als meine Kinder geboren wurden, war das nicht üblich, für bestimmte Schichten war das sogar unschicklich, ein gesellschaftliches Tabu. Und so weiß ich nur theoretisch, nicht aber aus Erfahrung und Anschauung, was es bedeutet, wenn ein Kind geboren wird. Und doch fasziniert mich das Bild von der Geburt im Evangelium dieses Sonntags, dieses Bild, das wie kein anderes zeigt, daß Schmerz und Freude, Todesangst und neues Leben zusammengehören. Es fasziniert mich, weil es mich auf etwas hinweist, was ich gern und oft verdränge: daß ich bestimmte Glückserfahrungen nur machen kann, wenn ich zuvor – körperliche oder seelische – Schmerzen ausgehalten habe, – daß es keine Geburt gibt ohne die Wehen der Mutter und den ersten Schrei des Kindes, – daß es kein neues Leben gibt ohne die Ahnung vom Tod.

Keine Geburt ohne Schmerz – dieses Gesetz gilt an allen Schaltstellen des Lebens: ganz am Anfang, wenn das Kind die Geborgenheit des Mutterleibes verläßt. Aber auch in der Pubertät, wenn ein Mensch anfängt, er selbst zu werden, sich abzulösen von Vater und Mutter und nach eigenständigen neuen Beziehungen zu suchen. Und schließlich, wenn der Mensch alt wird und spürt, daß er nicht mehr Schritt hält mit der Kraft der Jungen. Es gibt wohl kein Lebensalter, an dessen Beginn nicht Abschiede stünden mit Schmerzen, Zweifeln, Übergangs- und Trennungsängsten, auch mit Tränen. Keine Geburt ohne Wehen, kein neues Leben ohne Ahnung vom Tod.

Ich sage: Ich bin keine Frau, sondern ein Mann. Und doch mache ich in meinem Beruf auch Erfahrungen, die – zumindest von ferne – an das erinnern, was eine Frau bei der Geburt erlebt. Wenn ich zu predigen habe, gehe ich auch lange mit meiner Predigt schwanger, und manchmal ist es auch eine sehr schwere Geburt. Ich weiß: diese Geburt ist harmlos im Vergleich zu dem, was die Frau bei ihrer Geburt erlebt. Bei mir geht es nicht um Leben und Tod, auch wenn ich meine Arbeit sehr ernst und wichtig nehme. Ich weiß, wie schwer es manchmal ist, wenn etwas zu Stand und Wesen kommen soll.

Wehen, Schmerzen – das ist etwas, was uns widerstrebt. Wir halten Schmerzen nicht gern aus, wir betäuben sie lieber. Und wirkliche Leidenserfahrungen versuchen wir möglichst leichtfüßig zu überspringen. Ehen, die wir als unerträglich erkannt haben, lösen wir möglichst schnell und reibungslos. Das Altwerden spielen wir herunter, als blieben wir immer elastisch und jung. Trauerzeiten reduzieren wir auf ein Minimum, und die Toten versuchen wir ganz schnell zu vergessen.
Ich glaube aber, daß Leben so nicht gelingen kann. Ich denke, gelingen kann unser Leben nur, wenn wir drei Regeln beherzigen:

Stichworte für den Fortgang der Predigt

1. Regel: Daß nicht alles schnell geht, daß die entscheidenden Dinge im Leben Zeit brauchen, daß neues Leben in Ruhe ausgetragen werden muß, so wie ein Kind neun Monate ausgetragen wird.
Dies wäre jetzt zu entfalten. Beispiele s.o. in der theologisch-homiletischen Skizze. Die Entstehung von Leben braucht Geduld, langen Atem. Ungeduld und Kurzatmigkeit sind immer Feinde des Lebens. Alles Wichtige im Leben können wir nicht machen, es muß wachsen. Wachstum aber setzt die Fähigkeit voraus, warten, abwarten zu können. »Frühgeburten« sind immer mit einem erhöhten Risiko verbunden. Übrigens gilt das auch für den Glauben. Auch Glaube muß wachsen können, an negativen und positiven Erfahrungen. Ich bin gegenüber sogenannten »Bekehrungen« immer skeptisch, weil sie die Kategorien »Zeit« und »Wachstum« unterschlagen. Ich halte nichts von einem »Glauben auf die Schnelle«.

2. Regel: Daß Schmerzen nichts Lebensfeindliches sind, sondern Voraussetzung von Leben und Anzeichen von Lebendigkeit.
Wo keine Schmerzen (mehr) sind, da ist Tod. Wer sich um Schmerzen bringt, bringt sich um Leben. Wer sich um Schmerzen bringt, bringt sich um – wenn er auch das Gegenteil annehmen sollte. Schmerz und Tod als Keimzellen des Lebens. Siehe die Naturerfahrung Johannes 12,24ff. Aber auch dies: »Der Herr tötet und macht lebendig, er führt in die Grube und wieder heraus.« Eugen Rosenstock sagt: »Es gibt kein neues Leben, außer über Gräbern.« Darum haben die Christen in der Frühzeit ihre Kirchen immer über Märtyrergräbern errichtet.

3. Regel: Daß alle Schmerzerfahrung die Verheißung von neuem Glück in sich trägt: »Eure Traurigkeit soll in Freude verwandelt werden.«
Johannes 16,20c ist kein »frommer Spruch«, sondern Realität, gedeckt durch vielfältige Erfahrung. Siehe die nachösterlichen Begegnungen der Jünger und Jüngerinnen mit Jesus. Siehe auch die »Auferstehungserfahrungen« von Menschen nach langjähriger Trauerarbeit, ihre Wiederentdeckung des Lebens. Siehe auch die Auferstehungserfahrung von Menschen nach schwerer Krankheit, von Menschen, die sich selbst schon aufge-

geben hatten. Vor allem aber wäre hier die Erfahrung zu reflektieren, daß Gott, der sich immer wieder dem menschlichen Blick entzieht, sich doch immer auch wieder erfahren läßt, daß seine Abschiede von uns noch immer neues »Wiedersehen« intendierten.

Möglicher Predigtschluß
»Eure Traurigkeit soll in Freude verwandelt werden.« Das ist Gottes Absicht mit uns, sein Plan in allen Krisen unseres Lebens. Ein Plan, mitunter schwer einsehbar und noch schwerer verständlich. Auf den ersten Blick spricht vieles dagegen. Aber die Erfahrung bestätigt doch, daß Gott nicht unsere Traurigkeit will, sondern die Freude, nicht die Tränen, sondern das Lachen, nicht den Tod, sondern das Leben.

Kontexte
In einem älteren Band der Predigtstudien (III 2,1981, S. 46) fand ich eine schöne Skizze, passend zum Predigttext:
»Szene in einer Bahnhofsgaststätte: Ein elektrischer Sekundenzeiger tickt laut. Eine Frau an unserem Tisch wird hellhörig. Sie sagt: ›Genau dieses Ticken in der Klinik, damals, nachts, vor der Entbindung. Ich hatte große Angst und Schmerzen. Die Nacht schien unendlich. Und nur dies Ticken. Und dann – das Glück! Das ist aber‹, sie lacht, ›schon lange her und ganz vergessen. Meine Tochter ist schon zwölf.‹«

In »Texte der Kirchenväter« (Eine Auswahl nach Themen geordnet zus.gest. u. hrsg. v. A. Heilmann u. H. Kraft. Kösel-Verlag, München, 1963/64) findet sich eine wunderschöne Auferstehungspredigt von Petrus Chrysologos aus dem ersten Viertel des 5. Jahrhunderts:
»Es hat nicht nur vergebens geglaubt, sondern auch vergebens gelebt, wer sich nur dafür geboren glaubt, daß er untergehe. Mensch, was geht dir auf, das nicht auch wieder untergeht? Und was erhebt sich nicht für dich, was dir untergegangen ist? Der Tag steigt am Morgen auf und wird am Abend in die Nacht begraben, und am Morgen erhebt er sich wieder. Die Sonne wird täglich neu geboren, täglich stirbt sie und täglich ersteht sie wieder neu. Die Zeiten gehen unter, indem sie vorüberziehen, und leben wieder auf, indem sie wiederkehren. So auch die Samenkörner: Sie keimen, wachsen, sprossen empor, blühen herrlich auf, altern, fallen ab und sterben dahin. Und wiederum kehren sie, begraben in der lebenspendenden Furche, aufgelöst durch die Fäulnis, aus dem heilbringenden Tod zum Leben zurück. Aus ihrer Verwesung erheben sie sich in unvergänglicher Gestalt. Wenn nun die Stimme Gottes ... Tag für Tag, Monat für Monat, Zeit für Zeit, Jahr für Jahr dies alles herauf- und zurückruft, ins Dasein setzt und wieder ins Nichts, dem Tod überliefert und dem Leben wiedergibt – warum sollte er das, was er in allen Dingen immer tut, nicht einmal in uns vollbringen können ... Mensch, wenn deinetwegen dies alles aus dem Tod wieder auflebt: warum solltest du nicht für Gott wieder aus dem Tod aufleben? Oder geht nur in dir allein Gottes Schöpfung verloren, um dessentwillen doch täglich die ganze Schöpfung besteht, sich bewegt, sich ändert und erneuert?«

Kantate

Predigttext: Matthäus 21,14–17(18–22)

Hildegard Kirsch-Schäfer

Theologisch-homiletische Skizze

Der Kern der Sache

In drei Punkten möchte ich den Predigtkern, wie er sich für mich gegenwärtig aus dem Text herausschälen läßt, benennen.

1. Die »Botschaft«:	Gott heiligt (würdigt) dich an Leib und Seele gebrechlichen und gekränkten Menschen umsonst.
2. Die »Mahnung«:	Du brauchst dich nicht aufzuopfern, weder für Gott noch für Menschen – halte dein Leben in Ehren.
3. Der »Widerspruch«:	Das ist zu schön, um wahr zu sein – im Leben hat doch alles seinen Preis.

Also: Opfere dich nicht auf, und fordere um Gottes willen auch deine Mitmenschen nicht dazu auf! Halte dich und andere in Ehren, und nimm dein Leben heilig! Denn Gott hat sich in Mitleidenschaft ziehen lassen überall dort, wo er dich als gekränkten und entwürdigten, am Leben schwer leidenden Menschen angetroffen hat – er heilt und heiligt dich. Würdige dieses dein Leben, indem du dir im Einverständnis mit Gott soviel und sooft Heilsames für Leib und Seele gönnst wie möglich! Deine Wünsche sind in einem dir wohltuenden Leben gut aufgehoben. Dabei kann es dir passieren, daß du vorübergehend bei dir und anderen Menschen (dich beängstigenden) Widerstand überwinden mußt, bis sich herausstellt, daß Menschen, die sich im Leben wohlfühlen, auch füreinander eine Wohltat sind.

Religiöse Geschäftemacher haben die Menschen im Griff

Ich möchte mir zusammen mit den Predigthörern Mut machen, unsere Beziehungsprobleme mit Gott leichter zu nehmen. Denn daß Gott vorbehaltlos mit uns sympathisiert, unabhängig davon, was wir an Gutem oder Bösem in diese Beziehung mit »einbringen« können, ist für mich und andere schwer zu glauben und dementsprechend auch in der Predigt nur annäherungsweise zu vermitteln.

Es ist vor allem deshalb nicht leicht, mit Gott unbeschwerter umzugehen, weil religiöse Geschäftemacher, »Hohepriester und Schriftgelehrte« ihre Herrschaft über unsere Seelen weithin damit befestigt haben, daß sie uns mit Furcht und Schrecken erfüllen: Man könne Gottes Zuneigung unwürdig sein, man gehöre nicht zum Kreis der Erwählten, unser Leben könne schuldhaft dermaßen verunglücken, daß wir auch Gott verloren gehen könnten! Eine gewisse Chance, hier einer Katastrophe zu entgehen, sei dadurch gegeben, die Vorleistungen Gottes in Liebesangelegenheiten angemessen zu honorieren in Gestalt eines richtigen Glaubens und guter Werke. Dabei sei Gott so gütig, daß wir seinen Liebeskredit auch in kleinster Münze erstatten dürfen, dafür aber ihn unüberschaubar endlos abstottern müssen, immer in völliger Unkenntnis über den augenblicklichen Kontostand, immer das Schlimmste befürchtend: die Schlußabrechnung. Und so weiter ...

Nur Gottes Liebe kann sich bedingungslos verschenken

Mit mir und gewiß mit vielen unserer Gottesdienstteilnehmer hat solche religiöse Geschäftemacherei leichtes Spiel. Aus vieljähriger pastoralpsychologischer Beratung und entsprechender Eigenerfahrung weiß ich, daß den meisten von uns weder familiär, noch schulisch, weder in Liebesgeschichten noch im beruflich-gesellschaftlichen Bereich Erfahrungsräume angeboten werden, in denen es etwas umsonst gibt – alles hat seinen Preis! Man kann sich ja glücklich schätzen, zumindest zu ermäßigten Bedingungen geliebt zu werden, sodaß man berechtigt hoffen kann, den offenkundigen und den verborgenen Bedingungen hinreichend gerecht werden zu können. »Lahme und Blinde« hingegen müssen da in der Regel den »Offenbarungseid« leisten. Sie haben kein ausreichendes Angebot, um geschäftsfähig zu erscheinen. Da ich selbst von Geburt an körperlich stigmatisiert und behindert bin, weiß ich, wovon ich hier rede: Von der Unmöglichkeit, ausreichend »opferungsfähig« zu werden, um nachträglich das eigene Lebensrecht einholen zu können – und hier wird ja nur zugespitzt offenkundig, was für andere Menschen ähnlich gilt: Das Leben läßt sich nicht rechtfertigen mit geschäftlichen Transaktionen. Man hinkt immer hinterher – es sei denn, es würde einem das Wunder vorbehaltloser, unbedingter, nicht nachfordernder Liebe widerfahren.
Deshalb kann sich Gott (als uns rückhaltlos Liebender) in Jesus uns gegenüber am besten so aussprechen, daß Jesus sich dort dem Höhepunkt seiner Sendung nähert, wo er auf wunderbare Weise die »unreinen« Menschen an heiligster Stätte von allen Kränkungen und Entwürdigungen heilt und sie voll zu Ehren bringt (heiligt). So kann besonders deutlich unter Beweis gestellt werden, welche Gestalt Gottes Liebesbeziehung zu uns Menschen annimmt, denn die »Unreinen« sind ja per definitionem diejenigen, die nicht geschäftsfähig sind. So ist es auch kein Wunder, daß die »Unmündigen«, die Kinder, die kleinen Leute Gott dafür loben, wie gut es ihm gelingt, Ehre für die Gekränkten und Entwürdigten, die »Mühseligen und Beladenen« einzulegen. Meine bisherigen Einsichten legen mir nahe anzunehmen, daß allein und exklusiv die göttliche Liebe sich bedingungslos verschenken kann. Sollte uns in unserem alltäglichen Leben, in guten oder bösen Tagen eine solche Liebe anrühren, bekommen wir es darin wohl mit Gott selbst zu tun. Das kommt ja hoffentlich nicht zu selten in unserem Leben vor!

Wir können und dürfen von uns nichts Unmögliches erwarten

Mir ist in diesem Zusammenhang wichtig, daß wir als PredigerInnen nicht Gefahr laufen, uns selber oder unsere HörerInnen aufzufordern, bedingungslos zu lieben, wie Gott liebt. Wie könnten wir auffordern, Wunder zu tun – damit brächten wir Gottes Möglichkeiten auf das Niveau unserer Unzulänglichkeiten herab! Solche geforderte und damit heruntergekommene Liebe brächte Gott um seine besten Lebensmöglichkeiten, nämlich sich selbst unter uns zu verwirklichen in dem Wunder jener Liebeserfahrungen, wo es das Beste im Leben umsonst gibt.
Wichtig im Sinne von Ernüchterung unserer PredigthörerInnen kann es sein, deutlich zu machen, daß die hier gemeinte bedingungslose Liebe auf Widerspruch treffen wird, sind doch die meisten von uns aufgrund unserer psychischen Biographie eingestimmt auf die Liebe unter Vorbehalt: Ich bin mir lieb und wert, wenn es mir irgend einmal gelingen wird, meinem Idealbild nahe zu kommen und erliege damit dem strukturellen Paradox, bei scheinbar zunehmender Annäherung mich immer weiter von meinem Ziel zu entfernen – ein gefundener Anlaß, mehr zu investieren und zu opfern und eine bleibende Möglichkeit, mich selber zu enttäuschen, zu kränken und zu entwürdigen.

»Tempeldienst«, »Pharisäer und Schriftgelehrte« – längst sind sie mir in Fleisch und Blut übergegangen. Hieran wird die Predigt nichts Wesentliches ändern können. Andererseits wird es uns wohltun und erleichtern können, wenn wir ausdrücklich nicht dazu auffordern, gegen diesen Widerspruch frontal anzugehen. Tröstlich kann sein – und damit würde sich vieles verändern können –, daß uns dieser Widerspruch als Menschen betrifft, die darunter leiden und sich das Leben erschweren und daß uns dies solidarisch miteinander verbindet als unsere »conditio humana«. Können wir andere Menschen wirklich bedingungslos lieben und ehren? Ich möchte uns PredigerInnen anraten, daß wir uns (die wir mit der Gemeinde ja auch selbst ZuhörerInnen unserer Predigt sind) miteinander trösten, nichts Unmögliches von uns und voneinander zu erwarten, sondern von Gott erhoffen, daß er unter uns oft und gerne in Liebesangelegenheiten Wunder bewirken wird.

Die Vermarktung der Gottesbeziehung zur Zeit des Matthäus verständlich machen
Ich empfehle, vom Tempelwesen als religiös-wirtschaftlichem Unterdrückungssystem nur das darzustellen, was zum Verständnis des »Evangeliums« unerläßlich erscheint. Schon bei diesem Versuch, in aller Kürze das Wesentliche zu klären, wird man theologisch sensibel die Gefahr des Antijudaismus im Blick behalten müssen, zumal in unseren Gemeinden traditionell (genährt durch entsprechende langjährige Gottesdiensterfahrung) ein breiter antijudaistischer Weg gebahnt ist, sodaß wir hier sehr leicht mißverstanden werden. Wichtig scheint mir, herauszustellen, daß die Vermarktung der Gottesbeziehung im damaligen Judentum Sache einer kleinen herrschenden Oberschicht war mit dem entsprechenden größeren Kreis der Nutznießer des Systems, unter dem die Mehrheit der jüdischen Bevölkerung zu leiden hatte.

Fragen für Prediger und Predigerinnen
Wenn wir unsere eigene Lebensgeschichte in Beziehung setzen können zu der uns hier vorliegenden biblischen Geschichte, erleichtern wir uns das Predigen.
1. In welchen Situationen habe ich Kränkungen und Demütigungen, Erfahrungen des Nicht-Dazugehörens erlebt – vielleicht auch selber anderen zugefügt?
2. Welche Lebens- bzw. Leidensgeschichte verbindet sich für mich mit dem »Sich-opfern«, »Opfer bringen«, »Ich habe mich für dich aufgeopfert« usw. Verbinde ich damit nur lebenseinschränkende Erfahrungen?
3. Wenn ich meine Lebensgeschichte unter dem Thema: »Liebeserfahrungen« meditiere – welche Arten von Liebe habe ich erlebt und konnte ich bei mir entfalten?
4. Welche Lebenserfahrungen könnte ich darauf befragen, ob mir darin eine Gestalt bedingungsloser Liebe – also ein Wunder Gottes – widerfahren ist?
5. Wenn ich noch einmal meine Begegnungen mit den Menschen bedenke, mit denen ich in letzter Zeit aus verschiedenen Anlässen zu tun hatte: Was würden wohl eine Frau Meyer oder ein Herr Schulz oder ein Kind Gaby zu Punkt 1–4 äußern?
Was will ich zu 1–5 im Gottesdienst zum Ausdruck bringen – in Liedern, Gebeten und in der Predigt?

Vorschläge zur Liturgie

Nach dem *Orgelvorspiel begrüße* ich die Gemeinde in der Regel mit einer Geschichte zum Thema. Die Geschichte »Der betende Gaukler« wähle ich einmal im Hinblick auf den Kantate-Sonntag, weil hier ein Mensch mit

Leib und Seele sein Gotteslob tanzt, und zum andern bezogen auf das Predigtthema, weil es sich um einen religiösen Außenseiter handelt, der mit dem Mut der Verzweiflung zu seiner persönlichen Lebensmelodie findet – einer von den »Kleinen«, dem es gelingt wahrzunehmen und wahrzumachen, welches Glück mit Gott auf ihn zukommt. Anders als in der biblischen Geschichte und im provokativen Kontrast zu ihr ist hier die offizielle religiöse Instanz in Gestalt des Abtes geistesgegenwärtig genug, sich auf diesen frommen Lebenskünstler in Zuneigung einzustimmen.

Geschichte zur Begrüßung der Gemeinde

Der betende Gaukler

Es war einmal ein Gaukler, der tanzend und springend von Ort zu Ort zog, bis er des unsteten Lebens müde war. Da gab er alle seine Habe hin und trat in das Kloster von Clairveaux ein. Aber weil er sein Leben bis dahin mit Springen, Tanzen und Radschlagen zugebracht hatte, war ihm das Leben der Mönche fremd, und er wußte weder ein Gebet zu sprechen noch einen Psalter zu singen.
So ging er stumm umher, und wenn er sah, wie jedermann des Gebetes kundig schien, aus frommen Büchern las und mit im Chor die Messe sang, stand er beschämt dabei: Ach, er allein konnte nichts! ...
In seinem Gram flüchtete er eines Tages, als die Glocke zum Chorgebet rief, in eine abgelegene Kapelle. »Wenn ich schon nicht mitbeten kann im Konvent der Mönche«, sagte er vor sich hin, »so will ich doch tun, was ich kann.« Rasch streifte er sein Mönchsgewand ab und stand da in seinem bunten Röckchen, in dem er als Gaukler herumgezogen war. Und während vom hohen Chor die Psalmgesänge herüberwehen, beginnt er mit Leib und Seele zu tanzen ... und springt die kühnsten Tänze, um Gott zu loben ...
Ein Mönch war ihm gefolgt und hatte durch ein Fenster seine Tanzsprünge mitangesehen und heimlich den Abt geholt. Am anderen Tag ließ dieser den Bruder zu sich holen. Der Arme erschrak zutiefst ... fiel vor dem Abt nieder und sprach: »Ich weiß, Herr, daß hier meines Bleibens nicht ist. So will ich aus freien Stücken ausziehen und in Geduld die Unrast der Straße wieder ertragen.« Doch der Abt neigte sich vor ihm, küßte ihn und bat ihn, für ihn und alle Mönche bei Gott einzustehen: »In deinem Tanze hast du Gott mit Leib und Seele geehrt. Uns aber möge er alle wohlfeilen Worte verzeihen, die über die Lippen kommen, ohne daß unser Herz sie sendet.«
(leicht gekürzt aus: H. Halbfas: »Der Sprung in den Brunnen«. Einer französischen Legende nacherzählt.)

Lieder

Eingangslied: »Alle Knospen springen auf ...« (Lied 83 aus: Kehrt um und glaubt ... Hrsg.: Erzbischhöfl. Generalvikariat Köln, 1982). Dafür spricht: 1. An »Kantate« empfiehlt es sich vielleicht ganz besonders, mit der Gemeinde ein neues Lied zu lernen (das möglicherweise kurz vor Gottesdienstbeginn schon einmal angesungen wurde). 2. Dieses Lied paßt gut zu einem Maisonntag und entspricht dem inneren Aufatmen der Leute im Frühlingsmonat. 3. Inhaltlich nimmt es Bezug auf wesentliche Motive des Predigttextes.

»Erfreue dich, Himmel ...« aus dem kath. »Gotteslob«, Nr. 159.

»Die güldne Sonne ...« EKG Nr. 364. Hier bezieht sich besonders die 3. Strophe auf den Predigttext.

Ein Kanon, der vielen Leuten bekannt ist: »Vom Aufgang der Sonne ...« (in »Menschenskinder-Lieder« Nr. 36, Frankfurt 1990, 6. Aufl.).

Lied vor/nach der Predigt: »Dir, dir o Höchster will ich singen ...« EKG 237.

Schlußlied: »Anfang und Ende ...« Beiheft 84 zum EKG, Nr. 636 oder: Kanon (!): »Komm, Herr, segne uns ... (in: D. Trautwein: Komm Herr, Frankfurt 1988, Nr. 65)

Eingangspsalm
Als Alternative zum Kantate-Eingangspsalm 98 erscheint mir das folgende Gedicht von Arnim Juhre geeignet:

Umsonst
Psalm 1

Der kann zufrieden sein,
der nicht genötigt wird,
des' Lied zu singen,
des' Brot er ißt,
der Ja nicht sagt,
wenn er Nein sagen muß.

Der kann gelassen seiner Wege gehn,
der nicht sich verläuft
auf gängiger Laufbahn,
auf breitem Besitz,
der weder verschaukeln noch
verschleudern sich läßt
zwischen halber Wahrheit
und ganzen Lügen.
Wohl dem, den es freut, ins Lot zu kommen.
Der steht wie ein Baum.
Und wenn er Durst hat nach Gerechtigkeit,
dann sucht er die Quelle.
Da kann er haben, wenn er will,
das Wasser des Lebens umsonst.

(aus: Arnim Juhre, Singen auf bewegter Erde. Psalmen und Lieder. Quell Verlag, Stuttgart, 1990)

Sündenbekenntnis

Gott, hellhörig und verständnisvoll wie sonst niemand,
wir blicken zurück auf die Woche, die hinter uns liegt.
Es tut uns leid, daß uns manches nicht so gelungen ist
wie Du es uns zutraust und wir es uns für ein gutes Zusammenleben wünschen:

Zu oft stimmten wir ein in die eingängige Melodie derer,
die den Ton angeben,
wo wir besser unser eigenes Lied hätten erfinden
und ausprobieren können.

Zu oft stimmten wir ein in die vorgeschriebenen Harmonien,
wo Protestlieder besser geklungen hätten.

Zu oft stimmten wir uns ein auf das allgemeine Schweigen
wo wir hätten laut werden sollen.

Wir seufzten zu wenig mit denen,
denen ein Kloß im Hals sitzt.
Wir klagten zu selten mit denen,
denen vor Schreck die Stimme wegbleibt.
Wir lachen nicht genug mit denen,
die uns mit ihrer Lebensfreude anstecken wollen.

Ach, du lieber Gott,
zum Glück hörst du Dir verständnisvoll unsere gelungenen
und unsere verunglückten Lieder an
und kannst dir darauf deinen eigenen Reim machen.
Du läßt uns aufatmen und gibst uns Luft für eine neue Woche.
Hab' Erbarmen mit uns!

Gnadenzusage
Barmherzig und gnädig ist Gott,
geduldig und von großer Güte.
Er gibt deinem Leben einen neuen Klang.
Er stimmt sich freundlich auf dich ein
und läßt dich deine eigene schöne Melodie finden.
Singe Gott ein neues Lied, denn er tut Wunder.
Lobe den Herrn, meine Seele,
und vergiß nicht, was er dir Gutes getan hat.

Kollektengebet
Gott, unser Kopf ist angefüllt vom alltäglichen Stimmengewirr. Gerne möchten wir aus all dem deine Stimme heraushören. Wir halten gerne die Ohren offen für ein gutes Wort von dir, ein Wort, mit dem wir leben können in guten und in bösen Tagen.

Fürbitte
Gepriesen bist du, Gott, für Luft und Lebensatem,
Wort und Geisteskraft,
für Menschen, die mit uns leben aus der Kraft deines Lebensodems.
Von dir wird erzählt, daß du dich einstimmen kannst
auf Menschen, die schwer am Leben leiden.
Öffne du unsere Herzen und Sinne, gib uns Kraft und Lust,
uns einzuhören auf die Menschen, in deren Leben vieles nicht stimmt:

die schwer an ihrem Unglück leiden, weil sie keinen Ausweg sehen,
die verbittert sind und sich gekränkt in ihre Verzweiflung zurückziehen,
die sich damit abgefunden haben, nicht dazuzugehören und ungehört an den Rändern unserer Gesellschaft ihr Lebensrecht einklagen, die es immer angeblich nur gut gemeint haben, die sich aufgeopfert haben und sich enttäuscht über den Undank in der Welt auf sich selbst zurückziehen, die nicht so gut angesehen sind, deren Namen seinen guten Klang verloren hat und die alle Hoffnung auf unsere Achtung und deine Zuneigung verloren haben.
Gott, von dir wird erzählt, du tust Wunder.
Fange damit bei uns an, daß uns viele gute Werke gelingen,
dir zur Freude und uns zum Wohlergehen.

Vater unser

Predigtskizze

Möglicher Predigtanfang
Liebe Gemeinde, gewiß kennen Sie das auch, wie das ist, wenn wir uns für einen Menschen oder für eine gute Sache aufopfern, wenn wir tief in uns drin einen Schmerz spüren, weil wir auf etwas für uns selbst Schönes und Wichtiges verzichten.
Ich denke da an manche Mütter, die sich für ihre Kinder aufopfern, für lange Jahre wichtige eigene Lebenswünsche aufgeben. Ich denke an Frauen, die für die Karriere des Mannes eigene Berufswünsche zurückstellen. Ich denke an erwachsene Kinder, die sich seit Jahren nicht einmal mehr eine Urlaubsreise gönnen – ›Das kann ich doch meinem alten Vater, meiner gebrechlichen Mutter, nicht antun!‹.
Kürzlich sprach ich mit Großeltern, die mir erzählten, wie sehr sie sich auf die freie Zeit nach der Berentung gefreut haben, in schweren Stunden Pläne geschmiedet haben, wie schön sie es sich machen würden, und dann haben sie sich ›breit schlagen‹ (!) lassen, die kleine Enkelin wochentags zu sich zu nehmen – aus der Traum!

Zusätzliche Konkretionen
Materielle Opfer: in unserer Gemeinde z.B. die Hilfsprojekte für St. Petersburg.
Zeitliche Opfer: Der Terminkalender ist zwar eigentlich voll, aber ich muß doch noch dies und jenes tun ...
Sich mit seinen seelischen Kräften aufopfern: Ich bin zwar selber oft am Rand meiner Kräfte, dennoch darf jeder bei mir Tag und Nacht sein Herz ausschütten.

Liebe Gemeinde – warum tun wir das alles? Dafür mag es vielerlei Gründe geben – beim einen diesen, bei der anderen jene. Das weiß jeder für sich am besten. Ich möchte gerne fragen, ob Sie es auch so sehen könnten, daß wir uns deshalb so aufopfern, weil uns die Angst dazu treibt – die Angst unseres christlichen Gewissens, daß wir sonst mit Gott Schwierigkeiten kriegen, daß uns etwas Schlimmes passieren könnte, weil Gott uns straft oder uns ganz fallen läßt und wir sein Wohlwollen und seine Unterstützung verlieren, er schlecht von uns denkt und uns das auch spüren lassen wird.
Und dazu kommt (so kenne ich es jedenfalls von mir) meine Menschenangst: Wenn ich ihre Wünsche nicht erfülle, an mich selber denke, mich nicht ›aufopfere‹ – werden sie sich dann von mir abwenden, mir ihre Freundschaft aufkündigen und schlecht von mir denken und reden?
(Vielleicht möchten hier manche PredigerInnen auch einmal ganz offen ihre Gemeinde fragen: »Werden Sie schlecht von mir denken, wenn ich nicht alle Zeit und Kraft für die Gemeinde hergebe?« Die Angst des Pfarrers, beim Spaziergang, im Café, im Buchladen etc. von Leuten aus der Gemeinde gesehen zu werden, wo doch die Frau Schulz schon so lange auf einen Hausbesuch wartet ...)
Aus Angst vor Gott und den Menschen Opfer zu bringen – liebe Gemeinde – ich möchte es einmal so zugespitzt aussprechen: Das haben wir als Christen nicht nötig! Das brauchen wir nicht und das kann und will auch Gott nicht brauchen – zu unserem Glück! Als Jesus erlebt, wie Menschen, angeblich um Gottes willen, für ihr vom Mund abgespartes Geld Opfertiere kaufen, da krampft sich ihm vor Mitleid das Herz zusammen. Als er sieht, wie die armen, abgeplagten, vom schweren Leben erschöpften kleinen Leute aus Angst, es Gott recht zu machen, das Letzte hergeben und im Tempel opfern – da wird er nicht nur traurig, sondern auch zornig, daß Menschen sich dazu genötigt fühlen.

Konkretionen
– Die Rolle der Religionsfunktionäre (siehe homiletische Skizze)
– Das fordernde Auftreten der Strenggläubigen, der Berufschristen, LehrerInnen und PfarrerInnen: »Wenn ihr Gott nicht Euer Liebstes hergebt, dann ist er für euch nicht zu haben ... Daß ihr Gutes tut, merkt ihr am besten daran, daß es immer auch weh tut ... Je mehr ihr euch überwinden müßt, desto besser ist das, was ihr tut usw.«

»Schließlich hat Gott sich ja auch aufgeopfert und sein Liebstes hergegeben ... dankt es ihm und handelt entsprechend!«

Nein, liebe Gemeinde – so ist es zum Glück nicht. Gott hat sich für uns etwas ganz anderes einfallen lassen. Wie es Gott gefällt, macht Jesus anschaulich, als er auf die Blinden und Lahmen zugeht, die sich getraut haben, sich ihm im Tempel, im Allerheiligsten, zu nähern, nachdem er die Geschäftemacher vertrieben hatte. Er heilt die Kranken und Gekränkten – an Leib und Seele.

(Hier kann erläutert werden, was es bedeutet, daß aus nicht opferungsfähigen oder -würdigen Menschen geheilte, geheiligte und zu Ehren gebrachte Menschen werden [s. hom. Skizze]. Mit ihnen verbindet Jesus sein Lebensschicksal ...)

Zum weiteren Verlauf
Die Reaktion der ›Kinder‹ – der Unmündigen, der Kleinen in der Welt ... Sie entdecken Gottes Geheimnis, indem sie wahrnehmen, wie er seine guten Absichten mit den Menschen in Jesus durchsetzt.
Die Kleinen, von denen gesagt wird »Wenn ihr dereinst groß seid, werdet ihr begreifen, worauf es im Leben ankommt« – sie haben das Geheimnis des Lebens entdeckt: Bei Gott gibt es das Beste im Leben gratis, umsonst: seine Liebe. Seine Liebesgeschichte zu uns lebt nicht von unseren Opfern. Ihm gefällt es (und er ist darin völlig frei und ganz unabhängig von unserem Verhalten), uns seine Sympathie bedingungslos zu schenken. Er opfert sich nicht für uns auf, sondern er erfüllt sich damit einen Herzenswunsch, uns gut zu sein. Er bleibt sich selbst, seinen Interessen und Lebensplänen treu, wenn er liebevoll zu uns hält in guten und in bösen Tagen. Er muß dabei auf nichts verzichten, was ihm Freude macht, sondern er tut es ausgesprochen gerne. Und er gefällt sich in dem, wie er sich uns gegenüber in Jesus erkenntlich zeigt. Er liebt uns aus vollem Herzen – unaufgefordert, von niemandem und nichts in der Welt einklagbar, und er braucht deshalb auch niemanden auf Gegenliebe zu verklagen. Er beehrt uns mit seiner Liebe und freut sich, wenn wir sie in Ehren halten. Und das bedeutet auch: uns in Ehren halten.

Schluß
Liebe Gemeinde, nun mögen wir uns fragen: Warum soll ich dann noch um der Kinder willen auf manchen eigenen Wunsch verzichten, warum der Schwiegertochter die Enkelin versorgen, wegen des Studiums des Sohnes mich finanziell einschränken, meine seelischen Kräfte und knappe Zeit in den Kummer anderer Menschen investieren – ja, warum?

Aus Angst? Zumindest nicht aus Angst um Gottes Zuneigung – die ist mir ja so gewiß wie das Amen in der Kirche. Aus Angst vor den Menschen? Vielleicht können wir da – um Gottes willen – etwas gelassener werden. Vielleicht gelingt es uns, oft daran Gefallen zu finden, uns selbst und anderen Menschen gut zu sein. Vielleicht fühlen wir uns wohl dabei, sind mit uns im Reinen, uns für andere herzugeben, ohne uns dabei zu verlieren, macht es uns Freude, gute Werke zu tun. Ich wünsche uns allen dazu gutes Gelingen und Gottes Segen!
Amen.

Rogate

Predigttext: Lukas 11,5–13

Helmut Liersch

Theologisch-homiletische Skizze

Da wird mit »Betet!« ein Thema in den Gottesdienst hineingetragen, das eigentlich längst in ihm drin ist. Die Predigt kommentiert damit ihr eigenes Umfeld. Das ist eine Chance, denn es lohnt sich, über diese »Selbstverständlichkeit« nachzudenken. Aber es ist auch eine Gefahr. Denn es kann nicht Ziel des Gottesdienstes sein, ihn selber und seine Bestandteile thematisch in den Mittelpunkt zu stellen. Andererseits ist Beten aber auch ein weitgehend tabuisierter Gegenstand – zumindest in bestimmten Gegenden. Man spricht nicht gern darüber, selbst dann, wenn man es für etwas Gutes hält. Und das Beten im Gottesdienst ist über weite Strecken ein Zuhören, wenn jemand anders betet.

Beten ist ein Akt des Vertrauens und damit etwas Intimes. Man kann es nicht anordnen. Allenfalls kann man dazu ermutigen. Genau das tut der Text. Es begegnet uns reines Evangelium, so wie in den Gleichnissen Jesu vom Verlorenen. Wenn Jesus in Lukas 15,4 fragt: »Welcher Mensch ist unter euch, der hundert Schafe hat und, wenn er eins von ihnen verliert, nicht die neunundneunzig in der Wüste läßt und geht dem verlorenen nach, bis er's findet?«, dann kann die Antwort nur heißen: Keiner! Jeder Mensch wird ganz selbstverständlich das Verlorene suchen. Parallel dazu ist die Pointe unserer Perikope zu verstehen. »Stellt euch vor, einer von euch hätte einen Freund und ginge zu ihm um Mitternacht und spräche zu ihm ... wird etwa der da drinnen antworten ›mach mir keine Unruhe ...?‹ Nein, niemals!« Jeder Freund wird selbstverständlich das Gewünschte geben. Nicht das »Drängeln« ist das Entscheidende, nicht die Beharrlichkeit des Klopfens, nicht das »unverschämte Geilen« (Luther), nein, der Grund dafür, daß die Bitte erfüllt wird, liegt ganz bei dem gebenden Freund.

Natürlich verbirgt sich das Anschauliche und Lustvolle dieses Textes an einer anderen Stelle. In Kindergottesdienst und Konfirmandenunterricht ist das sicher oft nachgespielt worden: die Famiile liegt im Bett und der Freund klopft an, nichts rührt sich, er klopft stärker ... Das macht Spaß, sich da richtig auszutoben; aber es führt vom Evangelium weg. Entscheidend ist allein, daß da ein verläßlicher Freund ist. Frohe Botschaft also, und der nachgeordnete Imperativ könnte allenfalls heißen: Gott öffnet, also klopfe an! Gott gibt, also bitte ihn! Die Frage nach dem »Wie« des Betens steht hier nicht zur Debatte. Wer über den Text predigt, sollte sich da nicht von Vers 8 verführen lassen.

Der Freund im Gleichnis gibt Brot, so wie das von ihm erbeten war. Schon das allein sollte skeptisch gegen willkürliche Ausweitungen machen. Wer um alles mögliche bittet, stellt Gott auf die Probe und richtet sich damit tendenziell gegen ihn. Brot ist ein Grundnahrungsmittel, also etwas, das dem Menschen von Anfang versprochen ist: »Im Schweiße deines Angesichtes sollst du dein Brot essen« (1. Mose 3,19). Jesus will hier nicht sagen, daß wir alles Beliebige von Gott haben können. Lukas hat das redaktionell unterstrichen durch Vers 13, wo er den Heiligen Geist als die Gabe an die Bittenden bezeichnet. Außerdem sind die Inhalte des Gebetes durch das unmittelbar vorangestellte Vaterunser in Lukas 11,2–4 klar vorgeprägt.

Vorschläge zur Liturgie

Zum Sündenbekenntnis

Martin Luther bekennt: Wenn ich fühle, daß ich durch fremde Geschäfte oder Gedanken bin unlustig zu beten worden, hebe ich an, das Vaterunser, die Zehn Gebote, den Glauben, danach ich Zeit habe, etliche Sprüche Christi, Pauli oder Psalmen mündlich bei mir zu sprechen. Wenn ich Zeit und Raum habe, so mache ich aus jedem Gebet ein vierfach gedrehtes Kränzlein und nehme es zum ersten als eine Lehre und denke, was unser Herrgott darin so ernstlich fordert. Zum anderen mache ich eine Danksagung daraus, zum dritten eine Beichte, zum vierten ein Gebet.

Kollektengebet

Vater – Jesus Christus hat uns gelehrt, dich so anzurufen: Gott, unser Vater! Du willst, daß allen Menschen geholfen wird, und siehst oft besser als wir, was zu unserem Frieden dient. Darum wenden wir uns mit unseren Gebeten an dich:
Laß unser Leben offen sein für dich, so daß du uns füllen kannst mit deinen Gaben. Das bitten wir dich, den Vater unseres Herrn Jesus Christus, der mit dir und dem Heiligen Geist lebt und Leben schafft bis in Ewigkeit.
(aus: »Höre uns Herr!«; ed. Hans Christian Knuth, Gütersloher Verlagshaus).

Gebet nach der Predigt

Herr, der du unser Vater bist, lehre uns beten!
Du willst deine Kinder bei dir haben
und ihnen in Liebe zugehören;
darum wollen wir uns nicht scheuen,
dir unser Herz auszuschütten.
Du hast uns Jesus Christus zu unserem Bruder gemacht;
darum können wir dir auch das anvertrauen,
was wir vor anderen verbergen.

Lieber Herr, halte uns in steter Verbindung mit dir,
daß wir nie aufhören, mit dir zu reden
und auf deine Antwort zu warten.
Bewahre uns, daß unser Beten nicht entarte
zum gedankenlosen Hersagen von Formeln.
Lehre uns auch, zuzuhören und vor dir stille zu sein
und so einig mit dir zu werden,
daß es nicht immer der Worte zwischen uns bedarf.
Vor allem aber bitten wir dich,
höre nie auf, mit uns zu sprechen.
Wie sollten wir leben, wenn du schweigst?

Laß uns in der Fürbitte alle Menschen
mit deinen Augen ansehen,
sie mit deiner Liebe lieben,
sie mit deiner Geduld tragen,
sie mit deinem Trost aufrichten,
sie durch deine Kraft stärken.
lehre uns deinen Willen erkennen und tun.

Lieber Herr, lehre uns recht beten.

(aus: Manfred Seitz/Friedrich Thiele, Wir beten, Gebete für Menschen von heute, Aussaat Verlag, Neukirchen-Vluyn, 1984)

Fürbittengebet
Gott, du Schöpfer und Erhalter unserer Welt, wenn wir dich bitten, wird die enge Welt unserer eigenen Wünsche weit und offen für das, was du mit uns vorhast.
Wir bitten dich, mach uns hellhörig für alle Freude und Dankbarkeit in deiner Schöpfung und für alle Sehnsucht nach Freiheit und Leben. Wir rufen dich an: Herr, erbarme dich. Öffne unsere Ohren für die Klagen der Einsamen, für die Enttäuschung derer, die Hunger nach Liebe haben, die Fragen derer, die erziehen und führen sollen, für die Bitterkeit derer, die keinen Sinn im Leben mehr sehen. Wir rufen dich an: Herr, erbarme dich.
Öffne unsere Augen, damit wir erkennen, wo du auf unsere Hilfe wartest. Du hast deine Gemeinde gegründet und durch die Jahrtausende erhalten, damit deine ganze Schöpfung von dir erhört und bewahrt wird. Du hast uns den Geist der Wahrheit versprochen, damit wir sehen, was du durch uns tun willst. Du hast uns Christus, unseren Bruder, gegeben, damit wir von ihm angestiftet werden zu einem Leben in Geschwisterlichkeit. Du willst, daß allen Menschen geholfen werde. Wir loben dich und rufen dich an: Herr, erbarme dich.
(Manfred Wester, in: »Höre uns, Herr!«; ed. Hans Christian Knuth, Gütersloher Verlagshaus)

Vorschläge zur Predigt

Möglicher Predigtanfang
Glücklich sein, liebe Gemeinde, das ist das Schönste im Leben. Zufrieden sein mit dem, was man hat, versöhnt mit seinen körperlichen Möglichkeiten und Beschwerden, einverstanden mit seiner Nachbarschaft, im Gespräch mit seinen Mitmenschen, ohne unerfüllbare Wünsche, einfach glücklich. Vielleicht kennen Sie das – seelisch im Gleichgewicht sein –, vielleicht geht es Ihnen im Moment sogar so, das wäre wunderbar. Ich vermute allerdings, daß viele von uns hier nicht rundum glücklich sind. Irgendetwas

ist schiefgelaufen, irgendetwas gelingt nicht. Sorgen drücken ... und es scheint niemanden zu geben, der einem zuhört oder die einem hilft. Ja, wenn man wirklich einmal Hilfe braucht, dann hat man niemanden. Kennen sie das? Dazu folgende Geschichte:

»Ein Mann will ein Bild aufhängen. Den Nagel hat er, nicht aber den Hammer. Der Nachbar hat einen. Also beschließt unser Mann, hinüberzugehen und ihn auszuborgen. Doch da kommt ihm ein Zweifel: Was, wenn der Nachbar mir den Hammer nicht leihen will? Gestern schon grüßte er mich nur so flüchtig. Vielleicht war er in Eile. Aber vielleicht war die Eile nur vorgeschützt, und er hat etwas gegen mich. Und was? Ich habe ihm nichts angetan; der bildet sich da etwas ein. Wenn jemand von mir ein Werkzeug borgen wollte, *ich* gäbe es ihm sofort. Und warum er nicht? Wie kann man einem Mitmenschen einen so einfachen Gefallen abschlagen? Leute wie dieser Kerl vergiften einem das Leben. Und dann bildet er sich auch noch ein, ich sei auf ihn angewiesen. Bloß weil er einen Hammer hat. Jetzt reicht's mir wirklich. – Und so stürmt er hinüber, läutet, der Nachbar öffnet, doch bevor er ›Guten Tag‹ sagen kann, schreit ihn unser Mann an: ›Behalten Sie Ihren Hammer, Sie Rüpel!‹«

(aus: Paul Watzlawick, Anleitung zum Ungücklichsein, S. 37f., © R. Piper & Co. Verlag, München 1983)

Zum weiteren Verlauf

Ist sie übertrieben, diese Geschichte? Oder kennen sie, liebe Gemeinde, so etwas nur bei anderen und nicht bei sich selber?! Nun, ich erkenne mich darin eigentlich wieder, widerstrebend zwar, aber ganz unbekannt ist mir das nicht: zu denken, den oder die frage ich erst gar nicht, denn da bekomme ich sowieso eine ablehnende Antwort; zu vermuten, bei einer Diskussion über bestimmte Themen kommt nichts raus, also lasse ich es lieber gleich; zu phantasieren, die anderen wüßten ja gar nicht, wieviel Mühe ich mir gebe, also erzähle ich erst gar nicht, wie es mir geht ... (andere, möglichst authentische Beispiele einfügen!). Zum Glücklichsein trägt das alles nicht bei.

Wenn wir nun schon Menschen gegenüber solche Schwierigkeiten haben, um wieviel mehr gilt das für unser Verhältnis zu Gott. Menschen sehen und hören wir und sie sehen und hören uns. Da läßt sich manches Problem dann doch ausräumen im Gespräch. Aber Gott?! Wir glauben an ihn – aber hört er uns, hört er mich? Die Antwort auf diese Frage ist entscheidend für das seelische Gleichgewicht. Darum ist es gut und wichtig, sie immer wieder zu stellen. Der heutige Sonntag bietet dazu besonderen Anlaß (eventuell auf »Rogate« eingehen).

Lohnt es sich zu beten? Hört Gott mich? Ja, sagt Jesus in einer kleinen Geschichte, natürlich! (Predigttext verlesen.) So redet Jesus über das Beten. Er entwickelt keine komplizierten Erörterungen. Er macht keine detaillierten Vorschriften. Er läßt keine Zweifel aufkommen darüber, ob es nun sinnvoll sei zu beten oder nicht ... Nein, er macht Mut mit dieser kleinen Geschichte. Gott ist wie ein Freund, so erzählt er. Wenn ein Freund gerufen wird, dann ist er zur Stelle. Da braucht man doch überhaupt keine Bedenken zu haben. Und es wäre schön, ihr könntet euch Gott gegenüber entsprechend verhalten. So ganz selbstverständlich, ohne Schnörkel, fröhlich drauflos. Wenn du in Not bist und weckst deinen besten Freund: glaubst du etwa, der steht nicht sofort auf und hilft dir?! Du selber würdest das doch auch machen!

(An dieser Stelle ließe sich ein Abschnitt einflechten, der erörtert, ob die Symbole »Freund« und »Vater« aus dem Predigttext heute noch genauso tragen wie zur Zeit Jesu. Immer mehr Menschen wachsen ohne oder mit negativen Vatererfahrungen auf, ein Drittel aller Menschen hat laut Umfrage keinen »besten« Freund.)

Ich weiß nicht, ob dieses schlichte Vertrauen, das bei Jesus zum Ausdruck kommt, jedermanns Sache ist. Ich könnte mir vorstellen, daß die eine oder der andere doch Einwände hat: Kann man denn mit Gott reden? Hört er uns? Und dann kommt sicher irgendwann auch die kritische Frage: Gibt er denn wirklich alles, worum man ihn bittet? Das kann doch gar nicht sein. An dieser Stelle, liebe Gemeinde, ist dann unter der Hand die schöne kleine Geschichte an einem entscheidenden Punkt verändert. Plötzlich steht im Vordergrund, daß wir etwas *haben* wollen. Eben war das Schöne noch die Gewißheit, daß wir Freunde Gottes *sind* und daß in dieser Freundschaft gut für uns gesorgt ist. Aber unversehens kommt die Frage auf: was bekommen wir, was können wir haben, ja, was haben wir davon ... Wer einen Freund oder eine Freundin hat, überlegt sicherlich nicht, wie man ihn oder sie ausnehmen und immer noch mehr bekommen kann. Entscheidend ist das gute Verhältnis, das Vertrauen, die Selbstverständichkeit, mit der man auf diesen anderen Menschen zugehen kann.

Möglicher Schluß

Selbst die Jünger Jesu hatten es offensichtlich nicht leicht mit dem Beten. »Lehre uns beten«, so hatten sie den Mann aus Nazareth aufgefordert. Und der hatte ihnen das Vaterunser beigebracht, dieses kurze und eindrückliche Gebet. Mehr braucht ihr nicht für ein erfülltes Leben, so wollte er ihnen damit sagen. Und dann kam diese Geschichte vom bittenden Freund. Schlicht und einfach. Aber es war nicht das letzte Mal, daß Jesus etwas über Gott erzählen mußte. Immer wieder waren da Einwände, die es komplizierter machen wollten. Und immer wieder waren es solch ganz schnörkellose Geschichten, die das korrigierten: »Stellt euch vor, einer hat hundert Schafe und verliert eins davon, er wird doch die 99 in der Wüste lassen und dem verlorenen nachgehen, bis er's findet!« (eventuell weitere Geschichten).

Es stecken so viele Wenn's und Aber's in unseren Köpfen und in unseren Seelen. Die hindern uns an einem unbekümmerten Zugang zu Gott. Das ist dann wie bei dem Mann, der einen Hammer braucht. Der hatte so lange seinen Zweifeln Raum gegeben, bis er nicht mehr in der Lage war, vernünftig mit seinem Nachbarn zu reden. »Behalten Sie Ihren Hammer, Sie Rüpel!«, mit diesem schrecklichen Satz waren die Beziehungen beendet. Es geht auch anders. Jesus ermutigt zu einem ganz unkomplizierten Verhältnis zu Gott. Für das seelische Gleichgewicht ist das von großer Bedeutung. Es hilft, sich mit sich selber zu versöhnen und sein Leben täglich dankbar aus Gottes Hand zu empfangen.

Alternative
Man kann den Sonntag Rogate auch als Tag der Weltmission begehen. Das Evangelische Missionswerk bringt dazu jährlich sehr gutes Arbeitsmaterial heraus. Adresse: Normannenweg 17–19, 2000 Hamburg 26.

Kontexte

Zum Stichwort »Freund«:
Die Zeitschrift »Psychologie heute« widmete sich in ihrer Septembernummer 1992 dem Thema »Freundschaft«. Dort heißt es: »Ob Freundschaft da ist, spürt man am besten in Extremsituationen: Lebensgefahr, Hungersnot, Krieg, Arbeitslosigkeit, Krankheit, Verarmung. Heute ist es schwer geworden, Freundschaft zu leben und zu erleben. Extremsituationen gibt es schon noch, aber sie werden nicht zum Anlaß genommen, Freundschaft zu beweisen oder zu stärken: Der Kranke wird der Fürsorge von Klinikpflegekräften überstellt, Besuch bekommt er keinen. Der Arbeitslose hat ja seine Arbeitslosenunterstützung, also braucht er sonst keine. Und wer unter die Armutsgrenze absackt, wird angeekelt stigmatisiert, in einen Topf geworfen mit Pennern und Bettlern. Viele Menschen erfahren in Extremsituationen, daß sie sich auf ihren ›besten Freund‹ nicht verlassen können.«

Was ist gut für mich?
»Ich bat Gott um Stärke, aber er machte mich schwach, damit ich Bescheidenheit und Demut lernte. Ich bat um seine Hilfe, um große Taten zu vollbringen, aber er machte mich kleinmütig, damit ich gute Taten vollbrächte. Ich bat um Reichtum, um glücklich zu werden. Er machte mich arm, damit ich weise würde. Ich bat um alle Dinge, damit ich das Leben genießen könne. Ich erhielt nichts von dem, was ich erbat – aber alles, was gut war für mich. Gegen mich selbst wurde mein Gebet erhört. Ich bin unter allen Menschen ein gesegneter Mensch.«
(aus: Heinz Gerlach, Salz zum Würzen, S. 55)

Das Brot für übermorgen
»Wir alle leben auf Kosten anderer Menschen. Ja, wir entdecken heute mit Schrekken, daß wir als menschliche Gattung auf Kosten aller anderen Arten von Lebewesen leben. Wir haben uns so erfolgreich auf dieser Erde ausgedehnt, daß unzählige Arten schon ausgestorben sind und jedes Jahr viele neu aussterben. Eben das nenne ich den unerbittlichen Verteilungskampf. Wir haben in ihm ein Recht auf Leben – auf das lebensnotwendige Brot. Auch Recht auf Brot für morgen. Aber was wir heute tun, ist mehr: Wir verzehren das Brot für übermorgen. Wir plündern den Planeten, so daß die nach uns Lebenden nicht mehr viel finden werden. Und wir lassen die Hungrigen neben uns leer ausgehen.«
(Gerd Theißen in dem Predigtband »Die offene Tür«, S. 73, © Chr. Kaiser Verlag, München)

Pervertiertes Vaterunser
»Kriegs-Vaterunser! Im Namen des Kaisers, des Sohnes und der preussischen Geister, Amen! In dem Herrn verfluchte Junkergesellschaft Kaiser Wilhelm II., der du warst in Berlin oder auf Reisen. Dein Name werde vertilgt auf Erden. Dein Reich werde Republik. Dein Wille geschehe weder im Generalstab noch im Reichstag. Unser tägliches Brot gibst du uns schon lange nicht mehr. Bezahle nur selbst deine Schulden, die wir für dich bisher bezahlen mußten. Führe uns nicht in die Politik der Altdeutschen und Hurrapatrioten, sondern erlöse uns von der preussischen Vormundschaft. Denn dein ist nicht mehr das Reich und die Kraft, denn jetzt ist es aus mit deiner Herrlichkeit in Ewigkeit, Amen!«
(Aufschrift einer bayerischen Propaganda-Postkarte britischen Ursprungs, Herbst 1918).

Bescheidenheit
Ein mittelalterlicher Pilgerbericht erwähnt das Tempelweihgebet des Salomo (1. Könige 8,22ff.) und kommentiert: Salomo stiftete den Tempel und bat Gott, die Gebete zu erhören, *sofern sie bescheiden seien*!

Christi Himmelfahrt

Predigttext: 1. Könige 8,22–24,26–28

Harald Schroeter

Theologisch-homiletische Skizze

Allerorten begegne ich Predigenden, die Himmelfahrt für das »schwierigste Fest« der Christen halten. An dem Tag, an dem wir an die Machtübernahme des Christus Pantokrator erinnert werden, macht sich liturgisch-homiletische Ohnmacht breit. Der alkohol- und mancherorts unglückselige Vatertag mit dem für uns typischen Freizeitverhalten hat Himmelfahrt längst den Rang abgelaufen. Auch scheinen sich viele Predigende mit dem Begriff des Himmels in einer merkwürdigen Verteidigungsposition gegenüber naturwissenschaftlichen Erkenntnissen und weltraumtechnischen Entwicklungen zu befinden (vgl. dazu z.B. G. Bornkamm: Die Erhöhung Christi und das moderne Weltverständnis – Himmelfahrt; in: Ders. u.a., Die Feste der Christenheit und der moderne Mensch, Stuttgart 1968, 63–73), wobei bedenklich ist, daß die physikalischen Erkenntnisse von Relativitäts- und Quantentheorie noch nicht bis in die öffentliche Meinung eingedrungen sind (vgl. dazu C. Link: Schöpfung, HST 7/2, Gütersloh 1991, 439–454). Trotz einer verbreiteten rationalitischen Himmelsablehnung begegnen jedoch in unserer Alltagssprache viele »himmlische Vorstellungen«, an die ich homiletisch anknüpfen will.
Vielleicht bietet da gerade der alttestamentliche Predigttext eine Chance, weil er nicht von Himmelfahrt redet und durch seine Fremdheit neue Räume eröffnen kann. So entschließe ich mich, meine Predigtvorbereitung stark vom Text her leiten zu lassen. Dabei macht mir die Perikopenabgrenzung Schwierigkeiten, weil sie gerade die Fremdheiten dieses Textes einzuebnen geneigt ist. 1. Könige 8 thematisiert nicht die Himmelfahrt, sondern die Tempeleinweihung – ein Heiligtum also, das ich nicht kenne und das mir auch relativ wenig bedeutet. Mein Perikopenabgrenzungsvorschlag lautet daher Vers 22–30, weil ich andernfalls der Gefahr erliege, den Text auf Himmelfahrt hin zu christologisieren.
Angeregt durch die Fremdheit des Textes entdecke ich langsam »Strukturanalogien« (vgl. dazu H.D. Preuß: Das Alte Testament in christlicher Predigt, Stuttgart u.a. 1984, 120–140) zwischen den damaligen und meinen bzw. unseren Situationen. Der Text gerät in eine spannungsvolle Bewegung, weil in ihm verschiedene Situationen (Tempeleinweihung, dtr. Bearbeitungen) und z.T. widersprüchliche Aussagen über die verschiedenen Wohnorte Gottes (im Himmel, auf Erden, im Tempel, in der Daviddynastie) zur Geltung kommen.
Meine Predigt will sich dieser spannungsvollen Bewegung aussetzen und sie nachvollziehen, ohne sie aufzulösen oder zum Stillstand zu bringen. Da das »Spannungsfeld der Unverfügbarkeit Gottes und zugleich seiner Bezogenheit auf den Menschen« (so die Exegese in III/4 zum Text) eine Strukturanalogie zu Himmelfahrt bildet, in der der All-mächtige Christus Pantokrator (Mt 28,18) und zugleich der seinen Jüngern barmherzig zugewandte und sie segnende Christus (Lk 24,50f.) zur Geltung kommen, biete ich auch in bezug auf unsere Probleme mit Himmelfahrt keine Lösungs- oder Erklärungs-, sondern (Be)Deutungsangebote an, indem ich die Sprach-Bilder der Perikope und die zu Himmelfahrt naheliegenden – auch liturgisch

gewohnten – Sprach-Bilder miteinander ins Spiel bringe (vgl. dazu auch E. Jüngel: Himmelfahrt – Gottes offener Himmel über uns; in: Ders., Von Zeit zu Zeit. Betrachtungen zu den Festzeiten im Kirchenjahr, KT 22, München 1976, S. 73–82).
Die Verbindung zwischen Gottesdienst und Predigt wird durch unseren Predigttext gefördert, weil er ein Gebet ist. So versuche ich, die Haltung des Gebets von der Gestik über die Fragen der Anfechtung bis hin zur Wendung Gottes als Gestaltungsbogen der Predigt zu nutzen. Ich könnte mir aber auch vorstellen – je nach der zur Verfügung stehenden Predigtzeit – nur eine meiner drei homiletischen Annäherungsperspektiven an Himmelfahrt intensiv zu predigen.
Durch den Gottesdienst insgesamt soll ein Raum eröffnet werden, in dem eingeübt werden kann, mit den Spannungen und Problemen, die wir mit Himmelfahrt haben, konstruktiv umzugehen (vgl. dazu G.D.J. Dingemans: Gottesdienst und Predigt als einzigartiger Raum der Begegnung zwischen Gott und Mensch; in: ThPr 27/1992, 23–30). Diesen Umgang mute und traue ich der Gottesdienstkompetenz meiner Gemeinde zu.

Vorschläge zur Liturgie

Sofern die Geste der erhobenen Hände in der Predigt eine Rolle spielt, sollte überlegt werden, welche liturgischen Stücke mit erhobenen Händen gestaltet werden können, z.B. Kyrie, Gnadenspruch, Kollektengebet, Fürbitten und/oder Vaterunser.

Eingangslied: EKG 90

Introituspsalm: Psalm 47
(Zur Gestaltung dieses Psalms eignet sich das Lied »Frohlocket mit Händen« von O.G. Blarr. Rheinisches Beiheft zum EKG Nr. 625)

Als *Gloria Patri* EKG 92,1–5. »Die ›aufsteigende‹ Melodie versinnbildlicht die Auffahrt des Herrn. Dennoch ist der höchste Ton nicht höher als der niedrigste, sondern unterscheidet sich nur in der Schwingungszahl. Auch in diesem Bereich geht es nicht ohne Symbolsprache!«; A.H.J. Gunneweg; in: GPM 41/1986/87, 260 – eine auch sonst sehr zu empfehlende Meditation zu unserem Predigttext!

Kyrie
Laßt uns unsere Situation vor Gott bringen.
Allmächtiger und barmherziger Gott!
Immer wieder können wir es Dir nicht glauben,
    daß Deine Macht darin besteht,
    uns mit ganzem Herzen zu lieben, so wie wir sind.
Daher verlassen wir uns so selten –
    auf Dich und Deine Liebe.
So drehen wir uns um uns selbst,
    weil unsere Taten uns umstellen.

Wir leiden unter der Erfahrung,
 daß der Himmel fern und verschlossen zu sein scheint.
Daher rufen wir Dich an:
 Wende dich zu uns!
 Erbarme Dich, allmächtiger und barmherziger Gott!

Gloria (Gnadenspruch) (Mt 28,18b.20b)
Jesus Christus wendet sich uns zu und spricht:
Mir ist gegeben alle Gewalt im Himmel und auf Erden.
Siehe, ich bin bei euch alle Tage bis an der Welt Ende.

Lesung mit Halleluja: Apostelgeschichte 1,1–14

Kollektengebet
Vater unser, der Du bist im Himmel und alle Macht der Welt hast!
Wir halten Ausschau nach Dir.
Wende Dich unserem Beten und Flehen zu,
daß wir den Himmel offen sehen
und unter Deinen gnädigen Blicken handeln und wandeln
– wie im Himmel, so auf Erden –,
durch unseren Herrn Jesus Christus, der
– seit Himmelfahrt zu Deiner Rechten sitzend –
mit Dir lebt und regiert von Ewigkeit zu Ewigkeit. Amen.

Lied vor der Predigt: EKG 96,1–2+7+10

Lied nach der Predigt: »Weißt du, wo der Himmel ist« (W. Willms/L. Edelkötter); in: Mein Liederbuch für heute und morgen, Düsseldorf [6]1989 Nr. B 79.

Fürbitten
Allmächtiger und barmherziger Gott!
Wir bitten Dich für alle, denen der Himmel schwarz verhangen ist.
Für die, die von schwarzen Vulkanausbruchwolken, Gewitterwolken und Überschwemmungen betroffen sind – laß sie das Licht der Sonne wieder erblicken.
Für die, die im beißenden Qualm der Kriegsgeschosse leben und sterben müssen – gib ihnen wieder Heimat, wie im Himmel, so auf Erden.
Für die, die unter Depressionen leiden, so daß sie nur noch schwarz sehen – erschließe ihnen Deinen offenen Himmel.
Für die Kreatur in der Golfregion, die immer noch unter den Folgen der schwarzen Wolken brennender Ölquellen zu leiden hat – segne sie mit der Kraft Deines Himmels.
Wir rufen zu Dir: O Heiland, reiß die Himmel auf!

Lied: EKG 5,1+4+6–7

Vaterunser

Segenslied: Kanon »Der Himmel geht über allen auf« (W. Willms/P. Janssens); in: Mein Kanonbuch, Düsseldorf [2]1987, Nr. 207.

Segen und Sendung
Im Namen Jesu erhebe ich meine Hände zum Himmel und über euch und segne euch mit seinen Worten:
»Mir ist gegeben alle Gewalt im Himmel und auf Erden.
Siehe, ich bin bei euch alle Tage bis an der Welt Ende.«
Gehet hin im Frieden des allmächtigen und barmherzigen Gottes.

Vorschläge zur Predigt

Möglicher Predigtanfang
Liebe nach Gott Ausschau haltende Gemeinde!
Das, nehme ich an, tun wir ja, wenn wir uns hier zum Himmelfahrtsgottesdienst versammelt haben. Wir halten Ausschau nach Gott – wie die Jünger in der Himmelfahrtsgeschichte der Apostelgeschichte, die wir in der Lesung gehört haben. Sie schauten in den Himmel, in den Jesus aufgehoben wurde und hielten Ausschau nach Gott. Jesus war nun weg, und die Jünger mögen sich gefragt haben: Wo wohnt Gott denn jetzt? Wo ist denn nun der Ort, an dem Gott sich zeigt, wenn Jesus nicht mehr auf Erden weilt? Wo ist jetzt der Ort, an dem Gott mit uns wohnen will? Nach Gott Ausschau halten bedeutet, die Frage zu stellen, wo Gott wohnt – hier und heute.
Eine am Himmelfahrtstag naheliegende Antwort lautet: Gott wohnt im Himmel. So richtig diese Antwort ist, so problematisch ist sie auch. Mein 4jähriger Neffe sagte vor kurzem: »Gott weiß gar nix von uns, der wohnt ja im Himmel!« Wir alle hatten wohl schon einmal diesen Gedanken. Der Himmel ist hier der ferne Ort; er ist etwas, was es zwar irgendwie gibt, was aber mit uns nichts zu tun haben kann. Und wenn Gott da wohnt, ist das zwar möglicherweise schön für ihn, hilft uns aber nichts. In diesem Satz spiegelt sich die Erfahrung: Der Himmel ist uns verschlossen.
Daneben aber gibt es in unserer Alltagssprache auch andere Wendungen, in denen eine Ahnung davon steckt, daß der Himmel uns ab und zu auch offensteht. Wenn wir etwas überwältigend Schönes erleben, sagen wir: »Das ist ja himmlisch!« und wenn sich unerwartet ein lang gehegter Wunsch erfüllt, können wir sagen: »Das ist ja der Himmel auf Erden!« In solchen Redewendungen spiegelt sich die Erfahrung: Der Himmel ist uns nicht mehr fern, sondern ganz nahe. Hier ahnen wir, daß uns der Himmel auch offen stehen kann.

Wie verhält sich das nun mit dem verschlossenen und dem offenstehenden Himmel? Und – wo wohnt Gott denn nun – hier und heute? Liebe nach Gott Ausschau haltende Gemeinde, ich möchte Sie einladen, mit diesen Fragen – im Kopf oder auf dem Herzen – den heutigen Predigttext zu hören.
Er stammt aus dem Alten Testament. Dort gab es natürlich noch keine Himmelfahrt Jesu, aber dort gab es schon die Fragen nach einem verschlossenen und einem offenen Himmel sowie die Frage, wo Gott wohnt.
Unser Predigttext ist ein Teil des langen Gebets Salomos zur Einweihung des Tempels – ein Kirchweihgebet, könnte man sagen. Wenn Menschen einen Gott verehren, dann bauen sie ihm ein Heiligtum. Dann geben sie sich alle Mühe, mit viel Phantasie ein schönes Heiligtum zu bauen. Aber wenn das Heiligtum dann fertiggestellt ist, taucht auf einmal ein großes Problem auf: Wird sich Gott so ein Heiligtum überhaupt gefallen lassen? Wird er denn nun auch wirklich in diesem Heiligtum wohnen? Haben wir Menschen mit unserem Heiligtum Gott jetzt nicht so festgelegt, daß er nur noch für den Gottesdienst von Bedeutung ist, nicht mehr aber für den Alltag? Ist Gott nun möglicherweise in einen goldenen Heiligtumskäfig wirkungslos eingesperrt, so daß er uns aus ihm heraus nicht mehr helfen kann? Haben wir uns vielleicht gerade mit unserem Heiligtum den Himmel verschlossen? Wo also wohnt Gott nun, da wir ihm mit dem Besten, Schönsten und Teuersten, was wir haben, ein Heiligtum gebaut haben?
Laßt uns hören, wie Salomo angesichts dieser Situation und dieser Fragen in seinem Tempelweihgebet mit Gott redet: 1. Könige 8,22–30 lesen.

Zum weiteren Verlauf
Der Frage, was Himmelfahrt heute bedeuten kann, und der Frage, wo Gott wohnt – hier und heute, möchte ich mich aus drei Perspektiven nähern.

1. Eine Haltung: Mit erhobenen Händen
Unser Predigttext schildert eine Haltung, die mich zunächst stutzig machte, von der ich aber glaube, daß sie unseren Fragen angemessen ist: Vers 22. Betend hebt Salomo seine Hände gen Himmel. Diese Gebetshaltung war in Ägypten und im Vorderen Orient damals weit verbreitet. Sie bringt zum Ausdruck, daß Gott mächtiger ist als die Betenden. Sie zeigt aber auch, daß von Gott etwas erwartet wird. Diese Gebetshaltung versinnbildlicht offene Erwartung und aufblickende Verehrung. In ihr wird anerkannt, daß Gott der Herrscher über die Welt ist; und so bekennt Salomo mit ihr den Gott des 1. Gebots: Vers 23.
Als Gebetshaltung ist uns diese Haltung weitgehend unbekannt. Wir kennen sie aber aus anderen Zusammenhängen. Es ist die Haltung von Kapitulierenden, in der die Anerkennung eines Machtwechsels zum Ausdruck kommt. Es ist aber auch eine Haltung beim Tanz, die zeigt, daß wir außer uns sind, daß wir uns im Verlassen finden. Diese Haltung begegnet uns

schließlich hier beim Schlußsegen im Gottesdienst, wo uns mit ihr die gute Macht Gottes gespendet wird. Mit dieser Haltung der gen Himmel gehobenen und segnenden Hände ist Jesus auch gen Himmel gefahren, wie uns am Ende des Lukasevangeliums berichtet wird: Lk 24,50f.
In den heutigen Himmelfahrtsliedern war schon davon die Rede, daß Jesus Christus durch seine Himmelfahrt an der guten Macht Gottes teilhat, daß er nun der Herrscher dieser Welt ist und mit Gott lebt und regiert von Ewigkeit zu Ewigkeit. Der Machtwechsel ist zugunsten Jesus Christus vollzogen. Die Anerkennung dieses Machtwechsels wird in der Haltung der gehobenen Hände versinnbildlicht und uns in der Geste des Segens auch zuteil. In dieser Haltung nach der Himmelfahrt Christi fragen heißt also, erwartungsvoll nach Gott Ausschau halten – ähnlich, wie es Salomo im Tempel tat.

2. Eine Frage: Sollte Gott auf Erden wohnen?
Eine zu Himmelfahrt überraschende Frage, die uns unser Predigttext stellt. Diese Frage wurde erst einige Zeit nach dem Gebet Salomos in unseren Predigttext eingefügt. Sie verarbeitet die Enttäuschung, daß wir Gott nicht festlegen können.
Als der Tempel gebaut war, gingen die Juden davon aus, daß Gott nun auch in ihm wohnen würde. Sichtbares Zeichen dafür war, daß Juda immer einen König aus dem Stamm Davids hatte: Verse 25–26. Aber ca. 350 Jahre nach dem Tempelbau kam es in Juda zur Katastrophe. Der Tempel, die Wohnung Gottes wurde von den Babyloniern zerstört, und es gab auch keinen König, keinen sichtbaren Träger der Verheißungen Gottes mehr in Juda. Und so stellte sich die Frage: Wo wohnt Gott denn jetzt, nachdem Tempel und Königtum zerstört waren? Hat Gott seine Zusagen nicht gehalten? Waren seine Verheißungen falsche Versprechungen? Solche Fragen kennen wir ja, auch wenn wir andere Anlässe haben, nach der Gültigkeit der Verheißungen Gottes zu fragen, seien es nun weltweite oder persönliche Anlässe. (Konkretionen von Anfechtungen, die uns gegenwärtig umgeben.)
In ähnlicher Situation, als Tempel und Königtum zerstört waren, kommen die Juden zu der Erkenntnis, daß sie Gott gar nicht darauf festlegen können, im Tempel zu wohnen: Vers 27. Wenn schon alle Himmel Gott nicht fassen können, um wieviel weniger dann die von Menschen gebauten Heiligtümer.
Mit dieser Frage werden unsere Täuschungen in Frage gestellt. Wie sollte Gott denn wohnen in unseren Häusern und Kirchen, in unseren Luftschlössern und Gedankengebäuden, die wir gebaut haben?
Die Himmelfahrt, durch die Christus teilhat an der Macht Gottes über alle Welt und damit an der Nichtfestlegbarkeit Gottes, bedeutet also zunächst einmal eine große Ent-Täuschung. Sie befreit uns von Täuschungen, die wir uns machen, wenn wir uns fragen, wo Gott wohnt. Diese Infragestel-

lung sich gefallen zu lassen, ist ein unangenehmer und schmerzlicher Schritt, um den wir an Himmelfahrt nicht herum kommen.
Sollte Gott auf Erden wohnen? Das ist also sehr fraglich. Sollte Gott dann etwa doch in einem fernen Himmel wohnen? Oder wohnt Gott letztendlich überall und nirgends? – Bedrängende Fragen. Und so rufen und flehen wir, die wir erwartungsvoll nach Gott Ausschau halten: Gott, wo wohnst Du denn nun?

3. Eine Rede- und Gebets-Wendung: Wie im Himmel, so auf Erden
In dieser Lage, wo uns nur noch der voller Zweifel und Verzweiflung steckende Ruf bleibt: »Gott, wo wohnst Du?«, in dieser Lage, wo wir nicht mehr wissen, was wir beten sollen, in dieser Lage bedrängt Salomo seinen und unseren Gott, daß er sich wenden möge: Verse 28–30.
Dieser Bitte entspricht Gott. Gott wendet sich uns zu. Für uns Christen wird diese Zuwendung Gottes in der Himmelfahrt Christi deutlich. Seitdem Christus in den Himmel gefahren ist, hat der Himmel eine bestimmte Qualität: Wie Jesus auf Erden gelebt hat, so gestaltet er auch den Himmel. Wie Jesus sich auf Erden den Menschen zugewandt hat, so wendet sich uns nun der Himmel zu. Nun steht uns der Himmel offen. Der Himmel ist nun nicht mehr ein ferner Ort, wo irgendwie ein ferner, unbekannter Gott thront, dem wir blindlings ausgeliefert wären, sondern der Himmel ist durch Christi Himmelfahrt qualifiziert als die Nähe des Gottes, der sich uns liebevoll zuwendet. Wie Jesu Leben auf Erden, so im Himmel. Deswegen dürfen wir – ähnlich wie Salomo im Tempel – Gott um seine Wendung bitten: »Wende Dich, Gott, zu unserem Flehen – Dein Reich komme, wie im Himmel, so auf Erden. (evtl. Lied: EKG 95,6)

Möglicher Schluß
Liebe nach Gott Ausschau haltende Jüngerinnen und Jünger! Laßt euch die Frage der Engel aus der Himmelfahrtsgeschichte gefallen, die eure Blickrichtung ändert: »Ihr Männer und Frauen aus (X, Y), was stehet ihr und sehet gen Himmel? Dieser Jesus, welcher von euch ist aufgenommen gen Himmel, wird so kommen, wie er gen Himmel gefahren ist, als der Segnende und euch Zugewandte!« Daraufhin gingen die Jünger damals – mit großer Freude, wie es im Lukasevangelium heißt – nach Hause, um von nun an zu entdecken, daß und wie Gott auf Erden wohnt. Sollte Gott wirklich auf Erden wohnen? Ja! Wie im Himmel, so auf Erden. Darauf dürfen und können wir uns – und unsere Fragen – verlassen. Laßt uns umkehren und auf Spurensuche gehen nach den Wohnungen Gottes hier auf Erden. Amen.

Was ich mir auch noch vorstellen könnte
1. Falls in einer Gemeinde in Pantomime bzw. in darstellender Kunst Geübte leben, könnte ich mir einen Gottesdienst über »Himmelfahrtsgesten«

vorstellen, wobei der Predigttext keine so zentrale Rolle mehr spielen würde: z.B. verschiedene Situationen mit erhobenen Händen könnten dargestellt werden. Die verschiedenen Blickrichtungen des Gebets – nach unten, mit geschlossenen Augen, in den Himmel gucken o.ä. könnten meditiert werden (vgl. dazu A.R. Sequeira: Äußern Sie sich! Über die Gebärdensprache im Gottesdienst; in: ZGP 3/91, 24–26). Himmelfahrt würde so stärker mit dem vorherigen Sonntag Rogate verbunden. Vielleicht kann auch das Vaterunser mit Gesten gebetet werden (vgl. dazu G. Ruddat; in: S. Fritsch-Oppermann/H. Schröer (Hg.), Lebendige Liturgie II, Gütersloh 1992).

2. Vielerorts finden Himmelfahrtsgottesdienste im Freien statt. Ich halte solche »außerordentlichen Gemeindeversammlungen« für eine große Chance, die Attraktivität des Himmelfahrtsfestes im Rahmen integraler Festzeitpraxis zu erhöhen, weil wir uns damit auf die gegenwärtige Freizeitkultur einlassen. Hier würde der Blick in den Himmel zusammen mit anderen Himmelfahrtsgesten eine interessante liturgisch-homiletische Gestaltungsmöglichkeit eröffnen. Ich könnte mir aber auch angesichts des nahenden Kirchentags einen kleinen Wallfahrtsgottesdienst vorstellen, als Vorbereitung und evtl. Entsendung zur großen Wallfahrt Kirchentag. Hierbei müßte neben der Einbeziehung der Losung »Nehmet einander an« – in Anknüpfung an 1. Könige 8 als Initiationsgebet der Tempelwallfahrt – zur Darstellung gebracht werden, daß im Zentrum protestantischer Wallfahrt kein Gnadenbild, kein Idol oder Ideal steht (vgl. dazu H. Schröer: Kirchentag als evangelische Wallfahrt; in: EvErz 35/1983, 88–90), sondern die Bitte um die gnädige Zuwendung Gottes in der Spannung zwischen dem allmächtigen Gott, mit dem wir nicht rechnen können und dem barmherzigen Gott, der uns sicht- und greifbare Spuren seiner liebenden Weltzugewandtheit entdecken läßt.

Kontexte

»Wer uns den Himmel nimmt, nimmt uns das Heimatrecht auf dieser Erde.« (Reinold von Thadden-Trieglaff)

»Jesus Christus ist nicht nur Herr des Himmels, sondern auch Herr der Struktur des Himmels.« (Edmund Schlink)

Mein aktueller »himmlischer Hit«: Al Jarreau, »Heaven and Earth« auf der gleichnamigen CD von 1992.

Exaudi

Predigttext: Johannes 7,37–39

Sabine Ost, Martin Ost

Theologisch-homiletische Skizze

Das *exegetische* Problem dieses Textes ist ein Punkt: von ihm hängt ab, ob Vers 38b von Jesus redet oder darüber, welche Folgen der Glaube an Jesus hat. Die Exegese in Band III/4 sagt dazu alles Nötige. Entsprechend der eigenen Entscheidung wird man zur Verlesung des Predigttextes die passende Übersetzung aussuchen – z.B. Einheitsübersetzung oder Luther.

Letztlich aber mag man sagen: »Ist das wirklich eine Alternative? Die Pointe dürfte gerade darin liegen, daß der Dürstende, was er von Jesus empfängt, nicht für sich verschlingt, sondern daß es ihn – und zwar durchaus sättigend! – durchströmt, um sich anderen mitzuteilen.« (G. Sauter in GPM 41/3, 263). Mit anderen Worten: Auch wenn das Schriftzitat christologisch gemeint ist, also von Jesus die »Ströme lebendigen Wassers« fließen, hat das Folgen für alle, die ihm nachfolgen. Der Punkt setzt einen Schwerpunkt – nicht mehr und nicht weniger.

Deutlich aber ist in jedem Fall: Wie gegenüber der Samaritanerin (Johannes 4) bietet Jesus sich als der an, der den Durst nach Leben stillt. Daraus ergibt sich das für die Predigt entscheidende *homiletische* Problem:

Wie kann man den Durst nach Leben verdeutlichen? Wie kann die Predigt alltägliche Verhaltensweisen ansprechen, als Symptome dieses Durstes einsichtig machen und so für Jesus als »lebendiges Wasser« Aufmerksamkeit wecken?

Wie kann die Predigt das Stillen dieses Durstes durch Jesus glaubwürdig machen? Hier stellt sich die Frage danach, wer Jesus für uns ist. Evtl. bieten sich die »Ich-bin-Worte« an als Konkretisierung des Angebotes Jesu, da in ihnen derselbe göttliche Anspruch erhoben und zugleich in ihren Bildern die Situation des Durstes nach Leben konkretisiert wird.

Zu Recht weist die Exegese schließlich darauf hin, daß Vers 39 so für uns nicht mehr gesagt werden kann. »Über die Kontextualität dogmatischer Aussagen – gerade in urchristlicher Zeit – nachzudenken« (Exegese) könnte hier bedeuten, über den Text hinauszugehen. Wir leben ja in der nachpfingstlichen Zeit – auch am Sonntag vor Pfingsten. So können wir versuchen, es nicht bei der Ankündigung zu belassen, sondern Erfahrungen anzusprechen, die unsere Zuhörer/innen gemacht haben könnten. »Oder gab es da auch Menschen, die sich von Jesus so anziehen ließen, daß sie ihren Durst darüber vergaßen? Fiel auf einmal vieles, was sie vorher für lebenswichtig gehalten hatten … von ihnen ab, weil nun das Verlangen nach dem wahren Leben sie ergriff?« (Sauter, a.a.O., S. 262)

Farbe bekommt das Jesuswort durch die Tatsache, daß Johannes es auf dem Laubhüttenfest gesprochen vorstellt. Erntedank enthält wohl immer die unausgesprochene Frage, ob und wie es weitergehen wird. In Israel entschied sich dies am Wasser: vom Regen, den kein Mensch machen kann, hing die nächste Ernte ab. Auch wir sind inzwischen an die Grenzen der Machbarkeit gestoßen. Das Gefühl der Bedrohtheit unseres Lebens und unserer Abhängigkeit vom nicht Machbaren, das die Zeitgenossen Jesu am Beispiel des Wassers erlebten, ist weit verbreitet. Die Angst um das

Leben ist die heimliche Begleiterin vieler Menschen. Es kann durchaus sein, daß »Wasser« dafür ein sprechendes Bild auch für unsere Zeitgenossen ist. Immer mehr Menschen auch in unseren – klimatisch ganz anderen – Gebieten begriffen in den letzten Jahren, daß Wasser ein Lebensmittel ist, das nicht selbstverständlich und unbegrenzt zur Verfügung steht.
So findet Jesu Angebot durchaus hörbereite Ohren und die Predigt kann Fragen ansprechen, die Menschen bewegen. Ob sie zum Vertrauen einladen kann?

Vorschläge zur Liturgie

Lieder
EKG 112; 290,1-4; 107,4; 202,3; 178; Auf und macht die Herzen weit; Nr. 601 (Der Herr ist mein Hirte); 651 (Daß Du mich einstimmen läßt ...); 664 (Ich sitze oder stehe ...); 671 (Ich möcht, daß einer mit mir geht); 750 (Kündet allen in der Not ...).

Psalm (nach Psalm 116)
Ich kann wieder aufatmen, / denn Gott hat mich Gutes erfahren lassen. / Ich war ganz aus dem Gleichgewicht / und habe mich wieder fangen können. / Mein Leben blieb verschont, / ich muß nicht mehr weinen. / Im Vertrauen auf Gott werde ich leben. / Mein Leben ist hart / und wird es bleiben, / aber ich glaube. / In meiner Verzweiflung meinte ich: / Die Menschen sind schlecht. / Aber sie haben mir geholfen. / Wie soll ich meinen Dank ausdrücken? / Es sollen nicht nur Worte sein. / Aus den Erfahrungen, die ich gewonnen habe, / will ich nun leben.

Gnadenzuspruch
Froh möchten wir sein / und unser Leben mit Sinn erfüllt sehen. / Gott sucht uns auf, / wo wir nicht mehr weiterwissen. / Gott deckt auf, was wir verstecken / um uns heil und ganz zu machen. / Gott redet zu uns, / damit wir unsere Lebenszeit / als Gelegenheit nehmen / zu glauben, zu hoffen und zu lieben.

Fürbitten
Gott, rede zu uns, rede gute Worte: Worte, die die Angst besiegen, Worte, die Mut machen zum Leben, damit wir uns einander und Dir wieder zuwenden und leben lernen. Gib uns gute Worte, damit, was von Dir gesagt wird, Menschen mit Wärme umfängt. Laß es uns nicht lästig werden, Menschen aufzusuchen, die unter der Last ihres Lebens zusammenbrechen. So beten wir für ... Stille den Durst nach Leben, sei Du die Quelle unserer Kraft.
(alle Beispiele nach »Gottesdienst menschlich« S. 117, 215 und 300)

Predigtentwurf I

Heute ist der Höhepunkt des Laubhüttenfestes, des jüdischen Erntedankfestes. Die Priester sind unterwegs zum altehrwürdigen Teich Siloah, um Wasser zu schöpfen und es in heiliger Prozession in den Tempel zu bringen. »Gott, wir danken dir für das Wasser, das Leben hervorbringt! / Du Schöpfer alles Lebendigen; schenke uns auch künftig Wasser zum Leben!«, singen sie. Denn Wasser entscheidet in diesem trockenen Land über Wohl und Wehe, über Gedeih und Verderb von Menschen und Vieh.
Schier unübersehbar ist die Menge der Gläubigen, die ihnen zum Tempel folgt, vorbei an Schaulustigen, an Händlern und allerlei Marktschreiern. Plötzlich dringt ein Rufen durch das Stimmengewirr ans Ohr der Pilger: »Wen da dürstet, der komme zu mir und trinke!«
Die Menschen stutzen. »Ob da wohl jemand Wasser verkauft?« Mancher schaut sich um nach dem Rufer. Ein Schluck Wasser, um die trockene Kehle zu feuchten, wäre gut. Aber: Der Mann hat ja gar kein Wasser!! Kein Krug, keine Flasche stehen ihm zu Füßen! Enttäuscht wenden sich die Pilger ab. Da ruft es wieder: »Wer an mich glaubt, wie die Schrift sagt, von dessen Leib werden Ströme lebendigen Wassers fließen.«
»Ströme lebendigen Wassers« – welch ein Kontrast zur trockenen Hitze des Tages, zu Durst und Staub und Schweiß! »Ströme lebendigen Wassers« – davon können sie hier nur träumen. Die Menschen hören und riechen das Wasser in ihrer Phantasie. –
Ich lade Sie ein, hier einen Moment zu verweilen. Schließen Sie die Augen und stellen Sie sich diese »Ströme lebendigen Wassers« vor. Spüren Sie den Bildern und Gerüchen nach, die in Ihnen aufsteigen.

Stille
(In einigen Gemeinden könnte es möglich sein, im Anschluß ein kurzes Bankgespräch über die Assoziationen zu führen. In den meisten Gemeinden müßte wohl der/die Prediger/in ein solches Bild ausmalen.)

Ich sehe einen schönen Brunnen vor mir mit drei verschieden großen Schalen. Klares, kühles, frisches Wasser steigt aus der Tiefe herauf – und fließt von einer Schale in eine andere, gleichmäßig und sanft von oben nach unten. Keine Schale hält das Wasser fest. Keine kann es halten. Wenn eine Schale gefüllt ist, fließt sie einfach über. Und wieder steigt von unten das Wasser hinauf und der Kreislauf beginnt erneut. Unaufhörlich, endlos.
Von solch einem Brunnen kann man gut trinken. Viel oder wenig, ganz nach Bedarf. Es ist immer genug Wasser da. Niemand braucht zu fürchten, daß es versiegt, ehe der Durst gestillt ist. Jeder kann eine Schale erreichen, große und kleine Menschen zugleich. Niemand braucht um Wasser zu kämpfen. Man braucht sich auch nicht besonders anzustrengen, um von diesem Brunnen trinken zu können. Braucht nicht unbedingt ein Gefäß für das kostbare Naß oder ein Schöpfgerät. Die hohle Hand genügt.

»Wen da dürstet, der komme zu mir und trinke!« ruft Jesus. Ohne Wasser sind die Menschen in Israel verloren. Darum haben sie wohl gespürt, daß hier eine Quelle gemeint ist, die mehr spendet als nur einen kühlen Schluck für eine trockene Kehle. Haben wohl geahnt, daß es um mehr geht als nur um den körperlichen Durst, um das Verlangen nach Flüssigkeit.
»Durst« bezeichnet jede Art von Mangel: Jedes kleine und große Defizit, jedes ungestillt starke und brennende Verlangen. »Selig sind, die da hungert und dürstet nach der Gerechtigkeit; denn sie sollen satt werden!« sagt Jesus einmal.
Jesus will uns das geben, was wir am nötigsten haben. Er will unseren Mangel beheben. Den drängenden und lebensbedrohenden Mangel – und den stillen, beinahe unbemerkten. Jesus kennt unsere Defizite. Aber er wendet sich nicht mit Grausen ab, sondern er lädt uns ein, unseren unstillbaren Durst nach Leben und Liebe und Sinn und Erfüllung bei ihm zu löschen.
In der Hektik unseres Lebens verschmachten wir manchmal fast – und bemerken es oft nicht einmal. Wir versuchen möglichst rasch unsere Bedürfnisse zu befriedigen – und spüren oft gar nicht, was wir eigentlich am dringendsten benötigen. Häufig müssen wir erst an die Grenzen unserer Leistungsfähigkeit kommen, um zu erkennen, was wir wirklich zum Leben brauchen.
Der Brunnen mit dem gleichmäßigen Fluß des Wassers von Schale zu Schale zeigt mir einen grundlegenden Mangel meines Lebens: Nämlich den Mangel an Zeit, an Ruhe, an Besinnung. – Denn dieser Brunnen strömt eine tiefe Gelassenheit aus, die mir im Alltag abhanden gekommen ist. Manchmal – im Urlaub vielleicht – kann ich sie mit Mühe ein Stück weit zurückerobern. Doch schnell verliere ich sie wieder. So erlebe ich es jedenfalls immer wieder. Dann ist es gut zu wissen, daß es diesen Brunnen gibt. Diesen Jesus, der alles hat, was ich zum Leben brauche. Ein Wasser, das jeden Durst löscht. Deinen und meinen und den aller Menschen.
Jesus ist im wahrsten Stinne des Wortes eine »Heilquelle«. Wir brauchen ihm nur zu glauben – d.h. nur einmal eine kleine Kostprobe zu wagen. Dann spüren wir, daß sein Angebot nicht übertrieben ist. Dann läßt das Verlangen nach diesem besonderen Durstlöscher uns nicht mehr los. Dann erfüllt diese Quelle unser Leben, unser Innerstes.
Dann werden wir erleben, daß wir ohne unser Zutun überfließen von dieser Lebenskraft und sie weiter verschenken an andere Menschen. Wir werden neu gefüllt und wieder überfließen und wieder gefüllt und wieder überfließen. So, wie die Schalen des Brunnens. Ganz von selbst und ohne große Anstrengung. Denn ein Strom von Kraft und Liebe und Wärme und Leben geht von Menschen aus, die ihren Durst bei Jesus stillen.

Predigtentwurf II

Und immer die Angst, es könnte nicht reichen. Und immer wieder die Frage: »So wird, so kann es nicht weitergehen, es werden noch schlimme Zeiten kommen!« Das höre ich heraus nicht nur aus Gesprächen mit den Älteren in unserer Gemeinde, auch viele junge Menschen haben Angst vor einer Zukunft die bedrohlich auf uns zukommt und die alle Mühen sinnlos erscheinen und alle Arbeit zunichtemachen könnte.
Für viele Menschen bündeln sich diese Ängste in den düsteren Aussagen vieler Wissenschaftler über den ökologischen Zustand der Erde. Die Verschmutzung unserer Gewässer hat bedrohliche Ausmaße angenommen und in trockenen Jahren droht selbst in unseren gemäßigten Gegenden Wassermangel. Gutes Wasser zu haben und genug davon zu haben, ist nicht selbstverständlich, so haben wir gelernt. Auch Regenwetter kann in diesem Sinn »gutes Wetter« sein: Was die Landwirte immer wußten, haben auch die Stadtbewohner langsam wieder gelernt.
Nicht anders erging es den Israeliten zur Zeit Jesu: Alle Ernte hing davon ab, daß die Regenzeiten kamen und nicht zu gering ausfielen. Und so stand hinter der Freude über die Ernte eines Jahres, die man beim Laubhüttenfest feierte, immer auch die bange Frage, wie es weitergehen würde im neuen Jahr: Die Frage nach Wasser war eine Lebensfrage dieser Menschen.
So war es ein Höhepunkt des Festes, wenn die Priester das Wasser schöpften und über dem Altar ausgossen: als Zeichen des Segens und als Bitte um neuen Segen im Leben. Alle bangen Fragen, alle Sorgen zusammengefaßt in einer Handlung: Mein Leben ist mir entzogen, ich kann über so vieles nicht verfügen, begreifen sie, so, wie wir es immer wieder begreifen müssen.

Die Unverfügbarkeit des Lebens kann nun an anderen Beispielen verdeutlicht werden: Es kann noch anderes dazwischenkommen als nur ein trockenes Jahr: Krankheit oder ein Unfall, Krieg, Arbeitslosigkeit usw.

Alle diese geheimen, unausgesprochenen Ängste werden angesprochen von Jesus, der mit lautem Rufen die feierliche Handlung der Wasserspende stört. »Wen da dürstet« redet er an und sie begreifen alle, daß es da nicht nur um den Durst nach Wasser geht.
Freilich: In den Tagen des Dankes schauen sie zurück und dürfen erfahren, wieviel es wieder zu ernten gegeben hat – auf den Feldern, aber nicht nur da. Aber die Angst, es könnte nicht so weitergehen, es könnte nicht reichen, ist nicht zu stillen allein mit dem Blick zurück und der trotzigen Behauptung, es werde schon »irgendwie« weitergehen. Werden wir den Weg finden? Oder tappen wir im Dunkeln und suchen unseren Weg, allein und ohne Begleitung, der wir wirklich trauen können? Hat dieser Weg

überhaupt eine Richtung und ein Ziel, oder ist unser Leben nur ein Herumtappen, mehr oder weniger im Kreis herum?

Hier könnten die entsprechenden »Ich-bin-Worte« angesprochen werden.

In einem sind wir anders dran als Jesu Zeitgenossen: Viele Christen haben seit damals erfahren, daß die Rede Jesu nicht das Geschrei eines Verkäufers ist, der um jeden Preis Menschen anlocken und seine Ware verkaufen will. Da gab es Zeiten in unserem Leben, in denen nichts mehr zu gehen schien. Und doch haben wir erlebt, wie es weiterging: wie Menschen uns hilfsbereit zur Seite sprangen, wie meine Kräfte mir doch nicht ausgegangen sind, obwohl ich meinte, nicht mehr weiter zu können.

Hier sollten weitere, möglichst konkrete Beispiele eingefügt werden!

In all diesen Erfahrungen spiegelt sich die Wahrheit der Einladung Jesu: Ihr braucht Euch nicht zu Tode zu hetzen und nicht von euren Sorgen quälen zu lassen: Ich bin bei Euch und stehe Euch bei.

Kontexte

Man kann den Esel zum Brunnen tragen – zum Trinken zwingen kann man ihn nicht.

Was umsonst angeboten wird, ist nichts wert. Je lauter die Werbung, umso weniger Inhalt.

»Die Wahrheit des Rufes Jesu kommt an den Tag, indem sie an *diesen* ›Tag‹ kommt. ... Jener ›Tag‹ qualifiziert unseren Lebenstag und unsere Lebenstage als Tage des ›Durstes‹. Aber eben den Dürstenden ist Trank verheißen. Jener eine ›Tag‹ ist *für uns* da. Unsere Tage ... haben das gemeinsam, daß sie uns unwiderbringlich entgleiten ... Um jenes einen, einmal eingetretenen, unvergänglichen Tages willen sind sie – als vergehende und als verwirkte Tage – unverloren: *uns* unverloren – wider allen Augenschein.«

H. Stoevensandt, GPM 29/2 S. 261f.

»An diesem Festtag war die ganze Atmosphäre gleichsam geschwängert von der Lebensfrage Israels nach Wasser.«

G. Sauter, GPM 41/3 S. 261

»Was Jesus gibt, ist weder bloß Kostprobe noch ein geistlicher Apéritif, aber auch nicht ein Tropfen auf den heißen Stein. Er gibt zu trinken, ganz elementar ..., so real, wie es in der Tischgemeinschaft mit ihm geschieht.«

G. Sauter, GPM 41/3 S. 265

Die künftigen Kriege im Nahen Osten werden nicht mehr um Öl geführt, sondern um Wasser, sagte der Generalsekretär der UNO, Boutros-Ghali lt. Nachrichten vom 13.5.91.

Pfingstsonntag

Predigttext: Johannes 16,5–15

Christian Schad

Theologisch-homiletische Skizze

Johannes 16,5–15 ist Bestandteil der sog. Abschiedsreden des Johannes-Evangeliums. Die Szene der Perikope schildert die letzte Nacht Jesu mit seinen Jüngern; der Weg nach Gethsemane steht unmittelbar bevor. Es gehört zum Proprium des Textes, die Passion des Christus und damit essentiell verbunden das Leiden der Seinen zusammenzusprechen mit dem Thema des Pfingstfestes: der Sendung des Geistes, der alle Trauer überwinden wird (vgl. Verse 5f. und 7). Empfiehlt es sich homiletisch, dem Duktus des Predigttextes zu folgen und also die Ausgangssituation (Verse 5f.) mit den beiden durch Vers 7 eingeleiteten Parakletsprüchen zu konfrontieren (Verse 8–11;12–15), so ist zu Beginn die »Trauer« der Jünger (Vers 6) als Grundsituation der christlichen Gemeinde zu erfassen. Denn es geht Johannes nicht nur um den Schmerz eines einmaligen Abschiedes, sondern um das radikale Infragegestelltsein infolge der Verbundenheit der Jünger mit dem schmachvollen Schicksal ihres Herrn. Sein Tod hat im Blick auf die, die ihm nachfolgen, eine *prinzipielle* Verlassenheit in der Welt zur Folge. Ist von daher, wie V. Kast das nennt, die »abschiedliche Existenz« eine nota ecclesiae durch die Zeiten hindurch, so wird auf diesem Hintergrund der pfingstliche Trost evident. Er resultiert nicht aus historischen Reminiszenzen, sondern wird je und je im geschichtlichen Augenblick aktuell als Vergegenwärtigung des Christusgeschehens. Im Parakleten, dieser »Parallelgestalt zu Jesus selbst« (R. Bultmann), begegnet uns der Christus praesens als hier und jetzt zu uns *Sprechender*. Ja, der Paraklet selbst ist – vgl. die auffälligen Verbwiederholungen in den Versen 13–15! – ein permanentes *Wortereignis*, ein »Sagen« und »Verkündigen« dessen, was er von Jesus »hört«. So – als Wort – deckt der göttliche Geist auf, was es mit der Sünde, der Gerechtigkeit und dem Gericht auf sich hat (Verse 8–11), um die, die auf ihn hören, »in alle Wahrheit zu leiten« (Verse 12–15). Daß Gott, der Geist, uns in letzter Hinsicht fürsprechend beisteht – und in diesem umfassenden Sinne darum auch »Tröster« genannt zu werden verdient, besagt also nicht: Verdrängung oder Bagatellisierung des Bösen. Vielmehr bewirkt sein Kommen gerade umgekehrt das Entsetzen über die eigene Sünde, den Vollzug der Krisis, Umkehr als Einkehr in das gehörte Wort. Termini in Johannes 16 wie »Kosmos« oder »Fürst dieser Welt« sowie die pfingstliche Bitte um den Creator Spiritus legen es nahe, das soeben Gesagte in der Predigt am menschlichen Umgang mit der Schöpfung zu exemplifizieren. Leuchtet darin zugleich auch die ethische Dimension der Perikope auf, so bleibt freilich *dies* der alles bestimmende cantus firmus: daß »Wahrheit«, auch und gerade die Verifikation der eigenen Existenz, ein Phänomen des *Hörens* ist, sich also dem Zuspruch des schöpferischen, tröstlichen Wortes verdankt. »Komm, Schöpfer, Heiliger Geist!« – das ist die den ganzen Pfingstgottesdienst (auch liturgisch) prägende Bitte um das Sakrament des Wortes, die Bitte um die verheißene Gegenwart Christi im hörbaren und sichtbaren Wort. Deshalb ist es nur konsequent, wenn die Predigt an diesem Tag einmündet in die Feier des Heiligen Abendmahls.

Vorschläge zur Liturgie

Eingangsspruch
Es soll nicht durch Heer oder Kraft, sondern durch meinen Geist geschehen, spricht der Herr Zebaoth (Sacharja 4,6).
Oder:
Ihr werdet die Kraft des Heiligen Geistes empfangen (Apostelgeschichte 1,8), intoniert nach dem entsprechenden Singspruch im Vorentwurf des Evangelischen Gesangbuchs, 1988, Nr. 132 (kann kanonisch im Wechsel von Chor bzw. Schola und Gemeinde gesungen werden).

Introitus-Psalm (Alternative zum Eingangsspruch)
Psalm 118,24-29

Alttestamentliche Lesung
4. Mose 11,11–12.14–17.24–25: Gottes Geist kommt auf die 70 Ältesten

Neutestamentliche Lesung
Apostelgeschichte 2,1–18: Die Ausgießung des Heiligen Geistes

Eingangsgebet
Komm, Heiliger Geist, der du im Glück die Seele bewahrst und in der Not der Beistand bist, der du von Missetaten reinigst und Wunden heilst. Komm, du Lehrer der Demütigen und Richter der Hoffärtigen. Komm, du Hoffnung der Armen, du Kraft der Müden. Komm, du Stern auf dem Meere, du Hafen im Schiffruch. Komm, aller Lebendigen herrlichster Schmuck, aller Sterbenden einziges Heil. Komm, Heiliger Geist, und erbarme dich unser, bereite uns und laß dich in Gnaden zu uns herab. Deiner Größe gefalle unsere Niedrigkeit und deiner Stärke unsere Schwachheit nach dem Reichtum deines Erbarmens.
(Anselm von Canterbury, in: Chr. Zippert, Hrsg., Gottesdienstbuch, 1990, S. 87.)

Gebet nach der Predigt
Wir bitten Dich, Gott, / Heiliger Geist, / in die Dürre unseres Herzens, / daß Liebe wachsen kann, / wo so viel Angst und Armut wohnt, / Liebe zu dir, / Liebe zu dem, / der keine Liebe hat, / Liebe zu allen deinen Geschöpfen. / Wir wollen sie nicht mehr / als die wehrlosen Opfer / unserer Macht behandeln, / wir wollen sie ehren und achten / als Geist von deinem Geist, / als Chancen, / mit der Lebendigkeit von Liebe / wieder Liebe zu lernen / und in Erfahrung zu bringen. / Wir bitten dich, Gott, Heiliger Geist, / in die Dürre unserer Gedanken, / die sich so leicht hinter Formeln verstecken / wie hinter Fluchtburgen, / gib, daß wir uns mit ihnen / in neues, unbebautes Land wagen, / in jene Weite, / die wir vor dir bekennen, / so daß unsere Gedanken, / unser Gebet, / unser Reden / Geist von deinem Geist wird, /

kühn und demütig zugleich, / vorwärts eilend in den Erinnerungen, / was du für uns getan hast. / Wir bitten dich, Gott, Heiliger Geist.

(Abgedruckt in: K. Bannach, Gebete der Stille. 136 Texte durchs Jahr. © Radius-Verlag, Stuttgart 1979, S. 43)

Abendmahlsgebet

GEIST DES LEBENS, / wir rufen dich an. / Du bist der Grund von allem, was lebt. / Du trägst und bewahrst die Schöpfung. / In dir wurden wir geschaffen als Mann und Frau, / in dir sind wir alle eins, eine Menschheitsfamilie, / und Teil der guten Schöpfung Gottes. / GEIST DER VERSÖHNUNG, / wir rufen dich an. / Du überwindest das Böse in uns und in der Welt, / du heilst, was zerbrochen ist, / du führst zusammen, was getrennt und verfeindet ist, / in Einheit und Vielfalt zu neuer Gemeinschaft / durch Gottes heilsame Tat in Jesus Christus. / GEIST DER ERLÖSUNG, / wir rufen dich an. / Du schenkst Hoffnung den Entrechteten und Unterdrückten, / du tröstest die Trauernden und Leidenden, / du bereitest unter uns das Kommen des Reiches Gottes / in Gerechtigkeit, Friede und Freude. / HEILIGER GEIST! / Bewahre uns und deine ganze Schöpfung auf dieses Ziel hin. / Segne das Brot, das wir essen! / Segne den Kelch, aus dem wir trinken! / Zum Zeichen des Lebens, der Versöhnung und der Erlösung! / Uns allen zur Wachsamkeit, zur Ermutigung, / zur Ungeduld und zur Ausdauer. / Komm, Schöpfer, Tröster, Helfer Geist! / Das Brot, das wir brechen, ist die Gemeinschaft / des Leibes Christi! / Der Kelch, den wir trinken, ist die Gemeinschaft / des Blutes Christi! / Schmecket und seht, wie freundlich der Herr ist!

Willy Beppler

Dankgebet nach der Austeilung

Herr Gott / Vater, Sohn und Geist des Lebens / – du Gott, den alle Himmel / nicht fassen können – / – du Gott, der unser Begreifen übersteigt – / – du Gott, größer als unser Herz: / Wir danken dir, / daß du dich uns schenkst / in den Gaben dieses Mahles, / daß du uns bewirtest mit deinem Erbarmen, / daß du uns Anteil gibst an deiner Liebe, / mit der du die Welt trägst, / erhältst und vollendest. / Wir bitten dich, / daß dein Friede uns geleite / auf den Wegen dieser Woche. / Laß uns Zeugen deiner / Menschenfreundlichkeit für andere sein / – durch Jesus Christus, / der mit dir in der Einheit des Heiligen Geistes / lebet und regieret / von Ewigkeit zu Ewigkeit. / Amen.

(Abgedruckt in: H.-J. Quest, Gott läßt mit sich reden, 1983, S. 144)

Glaubensbekenntnis

EKG 132 bzw. 133 (vom Chor oder der Gemeinde gesungen)

Oder:

Ich glaube, daß ich nicht aus eigener Kraft noch Vernunft ...

(Martin Luther, Kleiner Katechismus, Erklärung zum 3. Glaubensartikel, BSLK 1976^7, S. 511f.).

Lieder
Eingangslied: EKG 107,1–4; Lied vor der (den) Schriftlesung(en): EKG 98,1 oder EKG 104,1+4; Lied vor der Predigt: EKG 103,1–3; Lied nach der Predigt: EKG 239,1+7+9; Abendmahlslied: EKG 158,1–3 oder Vorentwurf zum EG 221,1–6 »Dank sei dir, Vater ...«

Vorschläge zur Predigt

Möglicher Anfang
Liebe Gemeinde! Ihr Herz ist »voll Trauer«. Es hat ihnen die Sprache verschlagen. Der, der ihnen die Mitte ist, der sie begleitet hat durch Höhen und durch Tiefen, der ihrem Leben Sinn und eine neue Richtung gab, sagt: »Jetzt aber gehe ich hin zu dem der mich gesandt hat!«
Jesus geht. Und es sieht so aus, als überließe er seine Jüngerinnen und Jünger einem ungewissen Schicksal. Alleingelassen finden sie sich vor. Ohne Halt, innerlich und äußerlich versprengt, jede und jeder Einzelne auf sich, nur auf sich selbst gestellt. Aber was sie so tief traurig macht, ist nicht bloß der Schmerz dieses Abschieds; vielmehr die alle Hoffnung zerstörende Einsicht, daß Christus ein schmählicher Tod bevorsteht. Er wird nicht nur gehen, sondern sterben. Und sie, sie sind mit hineingerissen in diesen Tod, dem gleichen vernichtenden Urteil preisgegeben. Die *Welt* behält den Sieg!, so scheint es. Und Jesus – und mit ihm seine Botschaft und seine Nachfolgerinnen und Nachfolger sind gescheitert. Darum also verstummen sie: aus Trauer um Jesus, aus Trauer um die Aussichtlosigkeit ihrer eigenen Lage. Christus, von dem sie glaubten, daß er Gott offenbarte – Christus ist gerichtet!

Zum weiteren Verlauf
1. Aber noch, noch ist er mitten unter ihnen. Mitten im Abschied wendet er sich ihnen noch einmal zu – und spricht. Nein, das Wort verdrängt nicht seinen Tod, sondern benennt ihn. Aber es führt sie und alle, die im Hören um ihn versammelt sind, über den Tod hinaus. Gegen die Trauer stemmt sich mit ungeahnter Wucht die Verheißung neuen Lebens. Mitten im Dunkel der Nacht strahlt Licht auf, helles Licht, und erschließt einen Horizont, den der Schmerz vor ihnen verschlossen hat: »Es ist gut für euch, daß ich weggehe«, sagt der Abschied-Nehmende. »Denn wenn ich nicht weggehe, kommt der Tröster nicht zu euch. Wenn ich aber gehe, will ich ihn zu euch senden ... jener aber, der Geist der Wahrheit, ... wird nicht aus sich selber reden, sondern was er hören wird, das wird er reden, und was zukünftig ist, wird er euch verkündigen.«
Bilder kommen mir in den Sinn: »Das geknickte Rohr wird er nicht zerbrechen und den glimmenden Docht nicht auslöschen« (Jesaja 42,3). Oder: »Die mit Tränen säen werden mit Freuden ernten« (Psalm 126,5). Oder:

»Selig sind, die da Leid tragen; denn sie sollen getröstet werden« (Matthäus 5,4). All diese Bilder – und das spricht Christus den Seinen zu – sind mit seinem Abschied nicht einfach verblaßt, gehören nicht einer längst vergangenen Zeit an; sondern sie wollen sich uns einprägen, ihre Botschaft entfalten, hier und heute und je und je neu in der Strahlkraft *seines* Geistes. Trost, Beistand und Hilfe gab es nicht nur in ferner Vergangenheit, begrenzt auf die Jahre 1 bis 30, bezogen auf die damals Lebenden, gebunden an bestimmte heilige Orte wie Bethlehem oder Jerusalem. Auf Himmelfahrt folgt Pfingsten. Auf das Fest des Abschieds – das Fest einer Ankunft. Und was für ein Fest! Was für eine Ankunft! »Den Tröster«, sagt Jesus, »will ich zu euch senden ... Und er wird's von dem Meinen nehmen«: »Meine Worte, meine *Lebens*worte, will er in eure Gegenwart hinein übersetzen und euch umgekehrt in sie. So, als mein Dolmetscher, will er ankommen in euren Herzen, euch leiten und stärken und euch in alle Wahrheit führen« ...

2. Dreimal ist in unserem Abschnitt von der *Wahrheit* die Rede. Nicht abstrakt, sondern sehr konkret: »Wenn er (sc. der Geist) kommt, wird er der Welt die Augen auftun«, das heißt sie aufklären, ihr die Wahrheit sagen »über die Sünde und über die Gerechtigkeit und über das Gericht«. Das also ist der *Heilige* Geist: ein Geist der Gerechtigkeit und der Wahrheit. Wo er kommt, ist »der Fürst dieser Welt« gerichtet, da vergeht das alte Lied vom eigenen Ich. – Wie heißt es in dem schönen Pfingsthymnus? »Komm, Heiliger Geist, erfülle die Herzen deiner Gläubigen und entzünde in ihnen das Feuer deiner göttlichen Liebe!« Nehmen wir dieses Bild ernst: »Feuer der Liebe«! Und Feuer heißt: es brennt. In diesem Feuer verbrennt die ganze Ungerechtigkeit, durch die wir an unseren Mitmenschen schuldig werden und mit der wir uns an unserer natürlichen Umwelt vergehen ... Felder und Wiesen, Weinberge und Wälder haben wir plattgewalzt und zubetoniert. Und so Pflanzen und Tieren den nötigen Lebensraum entzogen. Statt Leben zu fördern und zu bewahren, hat der Mensch Leben vernichtet und Lebensmöglichkeiten streitig gemacht. Statt sorgsam die Gaben der Natur zu nutzen, hat er Raubbau mit ihnen getrieben ... Aber nicht nur die Natur, nicht nur Luft und Wasser und Landschaft sind bedrohte Schöpfungsbestände. Schöpfung Gottes ist auch der menschliche Geist, die Vernunft, die Sprache, die Tradition. Sie werden nicht nur dadurch verschmutzt, daß man sie zu technischen Werkzeugen erniedrigt, sondern erst recht dadurch, daß sie von der Macht der Lüge versklavt werden: ... politische und parteipolitische Propaganda-Lügen ..., dreiste Privatlügen, mit denen Menschen für sich selber Propaganda machen ... und die vielen frommen Lügen, mit denen wir vor allem uns selbst betrügen und den Heiligen Geist ganz besonders kränken. Das alles muß weichen wie ein fliehender Schatten, wenn der Geist der Wahrheit *Licht* ins Dunkel der Lüge bringt.

Aber haben wir dann noch Grund, uns darauf zu freuen? Können wir uns noch sehen lassen, wenn der Geist der Gerechtigkeit und Wahrheit Einzug hält? Oder müßten wir nicht vielmehr Tore und Türen verriegeln, damit er draußen bleibt, dieser richtende Heilige Geist? …

3. Ja, wir müßten es, wenn der Heilige Geist wie ein *menschlicher* Richter daherkäme. Aber Johannes nennt ihn »Tröster« und »Beistand«. Er führt *für uns* die Verhandlungen, er steht den Prozeß mit uns *glücklich* durch, bis zum Ende. Seine Gerechtigkeit und Wahrheit richten uns nicht zugrunde, sondern richten uns auf, bringen uns zurecht und machen uns heil. Wie das geschieht? – Bestimmt nicht durch wortreiche Verteidigungsreden. Nein, in *diesem* Prozeß brauchen wir uns nicht zu verteidigen, brauchen wir niemandem ins Wort zu fallen. Sondern wir sollen hören, zuhören, aufhören. Wenn der Tröster zu uns kommt, wird unser tätiges Leben, wird unser ständiges Dreinreden elementar unterbrochen. Es stellt sich Stille ein, die sein läßt, einläßt, mich von IHM erfüllt sein läßt. Stille, die unerhört hellhörig macht. – Und so höre ich den Schöpfer-Geist reden: »Solange die Erde steht, sollen nicht aufhören Saat und Ernte, Frost und Hitze, Sommer und Winter, Tag und Nacht« (1. Mose 8,22). In diesem Rhythmus vernehmen wir den Herzschlag Gottes mitten auf unserer Erde. In diesem Gleichmaß leben wir – im Kleinen, wie im Großen. Noch immer umgibt uns der Kreislauf des Lebens: in Sommer und Winter – und Tag und Nacht, in Saat und Ernte – und Frost und Hitze. So hellhörig geworden, entdecken wir und staunen – etwa über die Naturgesetze. Sie tragen uns. Sie begleiten uns ständig. Und ihre Botschaft lautet: Trotz Schuld und Versagen, trotz selbstherrlicher Mißachtung des Schöpfers und Erhalters allen Lebens – Gott bleibt uns zugewandt! Er will zu uns kommen, er will Wohnung bei uns nehmen, um uns zu Menschen, zu *menschlichen* Menschen zu verwandeln. Zu Geschöpfen, die im Einklang von Geist und Natur wieder den Rhythmus des Lebens achten – zum Nutzen aller und zur Ehre Gottes …

Möglicher Schluß

»O Heiliger Geist, kehr bei uns ein und laß uns deine Wohnung sein« (EKG 103,1), so haben wir gesungen und gebetet. Und nun gibt es ein Ereignis, das diese Ankunft, diese Einkehr, ganz sinnlich feiert. Im Abendmahl, in Brot und Wein, da ist Gott, die Fülle des Lebens, ganz leiblich unter uns. Da richtet sein Geist und unser Tröster, da richtet seine schöpferische Liebe uns Menschen immer wieder auf. Zum Heiligen Geist gehört das heilige Mahl. – Deshalb kommt! Denn es ist alles bereit. »Schmecket und sehet, wie freundlich der Herr ist« (Psalm 34,9). Amen.

Kontexte

Die Aufklärung der Welt durch den Heiligen Geist lautet dahin, daß wir für unser Heil *nichts zu tun* haben. Religiöser Eifer schadet nur. Es gibt kein anderes Heil, als

Gott kommen zu lassen. Das klingt fast zu einfach, um wahr zu sein. Aber die Wahrheit *ist* mitunter halt einfach. Mit dem Einfachen *anzufangen* ist noch immer schwierig genug. Zur Aufklärung der Welt gehört aber auch dies, daß wir, *weil* für unser *Heil* nichts zu tun ist, für das *Wohl* der Welt nicht genug tun können. Nicht alles auf einmal. Das *Wohl* der Welt wird *en détail* besorgt. Oder gar nicht. Der *Heiland* der Welt geht *aufs Ganze*. Die christliche Bitte, Gott kommen zu lassen, ermuntert die Welt, Schritt für Schritt zu sich selbst zu kommen.
(E. Jüngel, Pfingsten. Aufruhr zur Treue, in: ders, Von Zeit zu Zeit. Betrachtungen zu den Festzeiten im Kirchenjahr, KT 22, 1976, S. 86f.)

Der Vater aller Kreaturen erscheint vor dem Menschen als Schöpfer und Geber alles Wirklichen. Jesus Christus erscheint vor dem Menschen als dessen eigene Gerechtigkeit. Der Heilige Geist zieht den Menschen auf diese von Gott verwirklichte Wirklichkeit. Wo ein so Glaubender ist, da verändert sich seine Beziehung zum Gesetz nicht dadurch, daß er jetzt seelisch-sittliche Kräfte hätte, die er ohne den Glauben nicht hat. Diese Auffassung des Christen ist ja nichts anderes als ein in jeder Sekunde durch die Existenz widerlegtes enthusiastisches Postulat. Vielmehr den dreieinigen Gott als Schöpfer alles Wirklichen erkennend, braucht er das Gesetz neu. Den Glaubenden verweist das Gesetz auf die Pflege der göttlichen Schöpfung, und der Gedanke, er müsse durch die Erfüllung des Gesetzes schaffen, was erst durch sein Schaffen entstünde, ist ihm Blasphemie, ja, das peccatum originale. Der Glaube, der Jesus Christus als seine eigene Gerechtigkeit erkennt, wird in der Kehre, im Gegenzug, in einer Bewegung stehen, in der ihm immer weitere Dimensionen der Welt als Schöpfung offenbar werden. In dem Maße, wie der Glaube Gott als dem Schöpfer aller Wirklichkeit entspricht, kann er das Gesetz erfüllen. Nicht dadurch, daß er etwas verwirklicht, sondern, daß er, je länger je mehr, erkennt, daß alles, was die Menschen verwirklichen wollen, längst schon verwirklicht worden ist. Der Glaube ist das Erkennen dieser Wirklichkeit. Er ist das Werk des Heiligen Geistes.
(W. Mostert, Hinweise zu Luthers Lehre vom Heiligen Geist, in: J. Heubach [Hrsg.], Der Heilige Geist im Verständnis Luthers und der lutherischen Theologie, Veröffentlichungen der Luther-Akademie Ratzeburg, Bd. 17, 1990, S. 33).

Woher nehmen die Sicherheit zu sagen: Ich weiß ...
Woher nehmen die Hoffnung zu sagen: Es wird ...
Woher nehmen den Mut zu sagen: Ich bin ...
Woher nehmen die Kraft zu sagen: Ich werde ...
Woher nehmen den Glauben zu sagen: Ich kann ...
Woher nehmen die Freude zu sagen: Ich lebe ...
Woher nehmen das Vertrauen zu sagen: Du ...
Woher nehmen die Liebe zu sagen: Wir ...
(Anonym tradiertes Gedicht)

Pfingstmontag

Predigttext: 1. Mose 11,1–9

Simone Kant, Hans-Jürgen Kant

Theologisch-homiletische Skizze

Im Jahr 1978 erschien in Ostberlin ein Buch für Kinder, das sich mit dem Ursprung und den Gesetzen der Sprache beschäftigt: Franz Fühmann, »Die dampfenden Hälse der Pferde im Turm von Babel« (als Lizenzausgabe im Luchterhand Verlag Darmstadt und Neuwied 1984 nachgedruckt).

In diesem Buch erzählt der Sprachgeist Küslübürtün die Turmbaugeschichte, mit der sich die Menschen den Ursprung der Sprachzersplitterung erklären wollten. Fühmann interpretiert diese Geschichte als einen Mythos, in dem Sprache und Arbeit in Verbindung gesetzt werden. Die Blickrichtung ist allerdings gut marxistisch: Die Arbeit hat die Menschen auseinandergebracht und nur die Arbeit kann sie wieder vereinen. Die Aufhebung der entfremdeten Arbeit ist hier eine Möglichkeit des Menschen: Der Turm wird am Ziel der Weltgeschichte doch noch gebaut werden. Dann wird den Menschen nichts mehr unmöglich sein. (Siehe Kontexte)

Jedoch geht es nach unserer Meinung in der Turmbaugeschichte nicht um eine Ursprache, die durch die Arbeit verlorengegangen ist und wiedergefunden werden muß; auch nicht um ein Gottesgericht über den Tatbestand versuchter Himmelsstürmerei. Vielmehr sehen wir im Anschluß an Frank Crüsemann 1. Mose 11 als israelitische Verarbeitung assyrischer Weltherrschaftsansprüche bzw. deren Ideologie. »Was dort (in Babylonien – d. Verf.) als politisches Ziel erscheint, die in ›einer Rede‹ zusammengeordnete Menschheit, wird hier (im Text – d. Verf.) als urzeitliche Gefahr gesehen.« (s. Exegesenband III/4 zur Stelle)

Trotz aller Separationsbestrebungen und Nationalitätenkonflikte in Ost- und Südosteuropa bewegen wir uns zu auf eine uniformierte Weltgesellschaft. Eine einheitliche Wirtschaftsform entsteht bzw. wird ausgebaut: die Marktwirtschaft. Zu ihrer Dynamik, ihren Mechanismen, ihrer global vernetzten Computerkommunikation gibt es keine allgemein überzeugenden Alternativen. Auch die Denkschrift der EKD »Gemeinwohl und Eigennutz«, 1991, sieht lediglich Verbesserungen im ökologischen und sozialen Bereich unserer Überflußgesellschaft als notwendig und machbar an. Ansonsten ist die Kirche präsent, wo sich unsere Industrie- und globale Informationszivilisation zu neuen Höhepunkten aufschwingt. Man denke nur an die umstrittene Teilnahme des evangelischen Landesbischofs an der Eröffnung des neuen Münchener Großflughafens im vergangenen Jahr.

20 Kilometer von uns entfernt wächst der größte Einkaufspark Europas, der Saalepark. Kaum jemand wagt es, die Negativauswirkungen auf die Infrastruktur der im Einzugsbereich liegenden Städte Leipzig, Halle, Merseburg und Weißenfels zu benennen. Im Gegenteil: Durch Großvorhaben dieser Art wird den Menschen im Osten die schnelle Schaffung von Arbeitsplätzen versprochen. Zugleich erleben die Bewohner unserer Dörfer, wie immer weniger Leute immer mehr arbeiten müssen. Es gibt kaum eine Gottesdienstbesucherin, einen Gottesdienstbesucher, dessen Familie nicht in irgendeiner Weise von Arbeitslosigkeit und Kurzarbeit betroffen ist. Daß sich dies zerstörerisch auf die Familien, auf das Miteinander im Dorf auswirkt,

spüren viele: Die Weltkommunikation wird immer problemloser (zu den ersten Anschaffungen nach der Wende gehörte neben dem Auto die »Schüssel«, der Parabolspiegel), aber der Sprachverlust, die Vereinsamung und Abschottung steigen in einer Zeit, in der das Reden über Ängste und Hoffnungen angesichts all der Veränderungen besonders wichtig wäre.
So läßt sich die Geschichte vom Turmbau als Warnung und Verheißung lesen. Sie warnt davor, alles Machbare auch wirklich zu machen. Sie bringt uns in Distanz zu einem expandierenden Wirtschaftssystem und seiner Ideologie, das sich nur durch Leistung, erfolgreiche Arbeit, Markt und Geld definiert. 1. Mose 11 warnt nicht nur, es ist zugleich eine Rettungsgeschichte. Sie ist aus dem Brunnen der Vergangenheit geschöpfte Verheißung und Ermutigung: Wo die Menschheit global und systematisch ihre eigene Zerstörung und die der Umwelt betreibt, wo z.B. Genforschung grenzenlos betrieben wird, da kann Gott eingreifen und den Menschen vor sich selber retten, indem er ihn auf den Boden zurückbringt, in die Grenzen und Würde des Menschseins.
Im Blick auf Apostelgeschichte 2 bedeutet dies, daß es dort nicht um die Wiederherstellung der Ursprache in neuer Qualität geht, sondern um die Einbeziehung von Menschen in Gottes rettendes Handeln. Gott rettet nun nicht mehr in einem destruktiven Akt (Turmzerstörung, Vernichtung einer uniformierenden Weltherrschaftsideologie), sondern durch sein konstruktives Angebot (Geistesgabe, Eröffnung eines neuen, an Jesus orientierten Lebensstiles). Die frohe Botschaft vom rettenden Gott weiterzutragen, braucht engagierte be-geist-erungsfähige Zeitgenossen.

Vorschläge zur Liturgie

Kollektengebet
Herr, unser Gott,
es gibt so viele Dinge,
die uns in der Gegenwart und in der Zukunft bedrohen.
Manches erfüllt uns mit Sorge und beunruhigt uns.
Manches versetzt uns in Angst.
Wir bitten dich:
Vergib uns unseren Unglauben,
der so leicht vergißt, mit dir zu rechnen.
Laß uns aus der Unruhe unserer Tage
nun zu dir kommen und still werden.
Hilf uns, aus dieser Stille heraus dein Wort zu hören.
Denn du hast Worte, die trösten,
die Hoffnung wecken und Stärke verleihen.
(Aus: Gottesdienstgestaltung. Ein ökumenisches Werkbuch, hg. v. K.H. Bieritz u. M. Ulrich, 2. Aufl. Vandenhoeck & Ruprecht, Göttingen 1987)

Fürbittengebet
Gott, wir bitten dich um eine Sprache, die uns einander verstehen läßt, die die Kirchen aufeinander hören läßt, die Unsagbares spüren läßt. Schenke uns Menschen die Sprache, die uns in deinem Geist vereint.
Wir rufen zu dir: Herr, erhöre uns!

Gott, wir bitten dich um Worte, die die Not lindern. Wir bitten dich um Worte, die Taten nach sich ziehen. Wir bitten dich um den Mut, Worte auszusprechen, die notwendige Veränderungen auslösen.
Wir rufen zu dir: Herr, erhöre uns!

Gott, wir bitten dich um eine Sprache in unseren Familien, die nicht teilhat am Schweigen vor dem Fernsehgerät, die nicht mitmacht beim Geschwätz der Medien, die uns sagen läßt: »Ja, ich habe Zeit für dich, mein Kind!«
Wir rufen zu dir: Herr, erhöre uns!

Gott, wir bitten dich, lege uns neue, gute Worte auf die Zunge, wenn unsere Liebe selbstverständlich zu werden droht. Schenke uns eine Sprache, die liebevoll ist.
Wir rufen zu dir: Herr, erhöre uns!

Gott, wir bitten dich für unsere kranken Mitmenschen. Schenke ihnen den Mut, Schmerzen und Verletzungen offen auszusprechen. Für die Sterbenden erbitten wir von dir, daß ihnen jemand zuhört und das Verstummen angesichts des Todes aushält.
Wir rufen zu dir: Herr, erhöre uns!

Gott, all dies betrifft uns jetzt oder irgendwann selbst. Bleibe bei uns, wenn die leeren Worte überhand nehmen. Bleibe bei uns, wenn unsere Worte ersterben. Öffne uns Augen, Ohren, Herzen und Münder, neue Worte wahrzunehmen und beherzt auszusprechen.

Liedvorschläge
Neben den Pfingstliedern des EKG schlagen wir vor den Kanon »Gottes Geist befreit zum Leben« bzw. das gleichnamige neue Lied aus: Mein Liederbuch 2, tvd-Verlag Düsseldorf 1992, dort B 200 bzw. B 201.

Vorschläge zur Predigt

Möglicher Anfang
Eine alte, weise Frau wurde einmal gefragt, wo und wie Gott eigentlich sei. Sie antwortete: Gott ist nicht oben und nicht unten, er ist nicht vorn und nicht hinten. Er hat keine Gestalt und kein Aussehen, er ist überall. Wer »Gott!« sagt und dabei nur mit einer Hand zum Himmel zeigt, ist schon vom Glauben abgewichen.
Ich höre diese weise Frau sagen: Mensch, besinne dich auf Gott! Denke daran, daß unser Leben nicht aufgeht im alltäglichen Vielerlei. Du brauchst die Konzentration auf die Mitte, Besinnung auf die Maßstäbe Gottes und nicht irreführende Ortsbeschreibungen. Besinne dich auf Gott und du wirst seine Maßstäbe wiederfinden: Liebe, Gerechtigkeit, Versöhnung, Verständigung. Du wirst staunen, wie du dabei deinen Mitmenschen

ganz neu entdeckst, wie menschliches Miteinander möglich werden und gelingen kann.

Zum weiteren Verlauf

Jetzt wird die Turmbaugeschichte eingeführt, ohne daß der Bibeltext verlesen werden muß. Dabei sollte das Problem einer einheitlichen Sprache (einer tadellos funktionierenden Weltkommunikation, einer alles beherrschenden Ideologie) hervorgehoben werden. Wo die ›eine Sprache‹ gesprochen wird, da braucht sie auch ihre Symbole aus Stein, da soll ihr Bestand auf ewig zementiert werden, da braucht man Türme, weil man weit und hoch über sich hinaus will. Gott beargwöhnte solch ein Turmbauen, wohl wissend, daß es das Gegenteil bewirken würde.

»Schnell und euphorisch war der Plan gefaßt, zügig begannen die Arbeiten an der Stadt und dem Turm. Alle mußten mithelfen: als Bauleute, bei der Versorgung der Bauleute, in der Zulieferindustrie, durch Steuergelder. Eine gewaltige Kraftanstrengung wurde aufgebracht. Steinbauten entstanden, der Turm wuchs. Monate und Jahre vergingen. Doch je mehr die Bauten und Vorhaben in den Himmel wuchsen, umso mehr versteinerte das menschliche Miteinander. Vor lauter fast besinnungsloser Arbeit hatten die Leute kaum noch Zeit, miteinander zu reden. Man sprach nur noch das Nötigste miteinander, damit der Tages- und Arbeitsablauf reibungslos vonstatten gehen konnte. Und abends verschanzte sich jeder in seinen vier Wänden und war froh, wenn er niemanden mehr sehen oder sprechen mußte. Die Euphorie des Anfangs wich, doch alle arbeiteten verbissen weiter. Niemand hatte den Mut, zu stöhnen unter der Last des wachsenden Schweigens. Keiner nahm sich Zeit zum Singen oder Plaudern. Kinder und Jugendliche fühlten sich vernachlässigt. Das Murren dieser Minderheit wurde jedoch mit dem Hinweis auf das große, gemeinsame Ziel beiseitegewischt. Im Stillen regten sich wohl auch bei manchen Erwachsenen die Zweifel und der Unmut, aber sie könnten ja das gewaltige, gemeinsame Projekt behindern ...

So wuchs der Turm. Und die ihn sahen, staunten: es geht doch tatsächlich vorwärts.

Bis zu jenem Morgen: da ging nichts mehr. Da half kein Druck der Aufseher mehr, da versagte die ganze Maschinerie der Beeinflussung, da wurde das ganze Unternehmen fraglich, da fand man keine gemeinsame Sprache mehr. Irgendetwas, was vorher alle Menschen in seinem Bann gehalten hatte, war zerbrochen. Die Bibel erzählt, Gott selbst hat die Sprache der Menschen verwirrt. Wie von einem inneren Zwang befreit, zerstreuten sich die Menschen und siedelten sich überall auf der Erde an.«

Landläufig wird der Eingriff Gottes immer als Strafe verstanden. Kann die Zerstörung einer Illusion (= das Fixiertsein auf ein unerreichbares Ziel) nicht auch als Befreiung verstanden werden? Als Befreiung zu verstärkter Individualität und Persönlichkeitsentfaltung?

Möglicher Schluß
Wie so vieles in der Bibel eine Fortsetzung oder Entsprechung findet, so ist es auch mit der Turmbaugeschichte, aber in einer umgekehrten Weise. Denken Sie an die Pfingsterzählung in der Apostelgeschichte. Dort wird berichtet, wie Menschen aus aller Herren Länder plötzlich einander verstehen, weil sie vom Geist Gottes ergriffen sind. Das Sprachenproblem verschwindet, wo Menschen im selben Geist beieinander sind. Wo wir uns von Gottes Geist bewegen lassen, uns auf die Mitte zu besinnen, da wird es Pfingsten. Da werden wir hineingenommen in Gottes gutes Wollen für diese Welt. Denn Gott braucht Menschen, die seine Sache in der Welt weitertragen und die kritisch ihre Stimme erheben, wo Menschen das Menschengemäße verlassen und so mit ihrem Tun Leben verhindern und zerstören.
Wo wir uns auf Gott einlassen, wo wir uns auf ihn besinnen, da können wir das Wesentliche finden. So wie die weise Frau vom Anfang unserer Predigt sagt: Halte dich nicht mit Äußerlichkeiten auf. Besinne dich auf das, was Gott jetzt von dir will, und Leben wird dir gelingen.

Alternativen
1. Die Turmbaugeschichte kann noch viel eindrücklicher als hier geschehen – und dies insbesondere in den neuen Bundesländern – auf dem Hintergrund der jüngsten geschichtlichen Entwicklung ausgelegt werden: Nach dem Scheitern des versuchten Turmbauprojektes »DDR-Sozialismus« sind die zerstreuten Menschen zu Anhängern anderer Turmbauprojekte geworden. Entweder es wird mitgebaut am Turmbau der westlichen Überflußgesellschaft, oder es wird gezimmert am privaten Turm der Enttäuschung, der Resignation oder der Vergangenheitsverklärung. Wird Gott diese Türme bröckeln oder zusammenstürzen lassen? Wird ein lebendigmachender Geist uns aus diesen neuen Versteinerungen befreien?
2. Bei Gottesdiensten mit wenigen Teilnehmern könnte man Pieter Brueghels Gemälde »Der Turmbau zu Babel« von 1563 verwenden. Vielleicht gelingt es, in's Gespräch zu kommen, wenn jeder eine Reproduktion vor sich hat. Gute Anregungen dazu gibt das Buch »Pieter Brueghel der Ältere – Der Turmbau zu Babel«. Hrsg. von János Kass/Domokos Varga im Corvina-Verlag, Budapest 1983.

Kontexte
Die Arbeit hat die Menschen auseinandergebracht, und nur die Arbeit kann sie wieder vereinen. Dann ist erfüllt, was geschrieben steht: »Fortan wird für sie nichts mehr unausführbar sein, was immer sie zu tun ersinnen.« Das ist die Möglichkeit des Menschen und ich glaube an sie. Dann werden, in ferner Zukunft, vielleicht auch die Sprachen zu einer verschmelzen, doch selbst wenn dies niemals geschehen sollte, werden die Völker auch mit verschiedenen Wörtern und Worten insgesamt eine Sprache sprechen: die des Menschen in freier Menschlichkeit.
(F. Fühmann: Die dampfenden Hälse der Pferde im Turm von Babel. Der KinderBuchVerlag Berlin, 1978)

Das Wort verkümmert und stirbt, wenn wir es nicht mit anderen teilen. ... Wir wissen schließlich, daß mit der elementaren Verachtung und der Unlust, eine andere Meinung anzuhören, beginnt, was im Terror endet.
(Tschingis Aitmatow in einem öffentl. Gespräch in Düsseldorf am 27.6.92)

Die DM hat viel Schöpfergeist hervorgebracht und manchem erst ermöglicht, sich zu verwirklichen.
(Arno Welz in einer Umfrage zum 2. Jahrestag der Währungsunion, Mitteldeutsche Zeitung, Weißenfelser Lokalseite, 1.7.92)

Der Mensch wurde in den letzten zwei Jahrhunderten zum Macher und wähnte, auch Herrscher der Welt zu sein. Zwar zog sich durch die Menschheitsgeschichte längst eine Kette symbolischer Höhepunkte titanischer Hybris: der Biß in den Apfel der Erkenntnis, der Turmbau zu Babel, das Feuer des Prometheus. Doch all diese Taten zogen die Strafe eines Gottes nach sich. Seit der Erfindung des Schießpulvers, des Motors, der Elektrizität eskalierte das Tun des Menschen in vier Jahrzehnten zur Atomspaltung und zur Genmanipulation. Da Gott schweigt, bleibt als Regulativ des entfesselten Menschen nur noch die Selbstzerstörung.
(Herbert Gruhl: Überleben ist alles. © 1987 F.A. Herbig Verlagsbuchhandlung GmbH, München)

Die Hybris, die uns versuchen läßt, das Himmelreich auf Erden zu verwirklichen, verführt uns dazu, unsere gute Erde in eine Hölle zu verwandeln.
(Karl Popper)

Eine weitere Pfingstpredigt

Wann sind Sie das letzte Mal produktiv gestört worden?

Klaus Johanning

Der Text Apostelgeschichte 2,1–18 wird vorgelesen.

Liebe Gemeinde!
Vergessen Sie, was Sie eben gehört haben!
Ein *neues* Pfingstwunder ist geschehen! Vorbei werden bald die Zeiten sein, da die Apostel und ihre Freunde in vielen Zungen reden mußten, um aller Welt ihre frohe Botschaft zu verkündigen. Eine *neue nachapostolische* Ära bricht an, und die beschwert uns der europäische Binnenmarkt. Ich habe diese gute Nachricht durch das Fernsehen erfahren, genau gesagt, durch das Werbefernsehen. Ein Reklamespot verkündete mir, daß mein Lieblingsschokoriegel jetzt unter einem neuen Namen überall erhältlich sei – wohlgemerkt: überall!
Ein Schlaraffenland entsteht vor meinen Augen: Wo ich auch hinkomme, keine Grenzen mehr, und alles, was ich will, hat an jedem Ort denselben Namen. Noch sind es nur wenige Produkte, doch bald schon werden es viele sein, ja, und eines Tages wird auch das Geld überall denselben Namen haben – wenn das die Apostel noch erlebt hätten!
Wie armselig nehmen sich doch deren Pfingsterfahrungen dagegen aus! Ein – zugestandenermaßen – großer Saal voller Menschen mit verschiedenen Nationalitäten, die alle in unterschiedlichen Sprachen durcheinander reden. Heute würde sich niemand mehr die Mühe machen, ein solches Ereignis überhaupt für die Nachwelt festzuhalten. Schon damals hat es übrigens kritische Gegenstimmen gegeben. Sagten nicht einige: »Sie sind voll des süßen Weines?«
Ihr Unverständnis ist vollkommen berechtigt. Was soll man schon von einem Heiligen Geist erwarten, der nur ein heiliges Chaos anrichtet! Nicht das Reden in vielen Sprachen ist angesagt, sondern die Eindeutigkeit. Kirche soll ja auch eindeutig sein, und auf alle Fragen eine eindeutige Antwort wissen. So eindeutig wie die Wahrheit und wie mein Lieblingsschokoriegel. Ist ihnen übrigens schon einmal der Gedanke gekommen, daß die Wahrheit möglicherweise gar nicht eindeutig ist, sondern daß sie gerade vieler Zungen und vieler Namen bedarf, um wahr zu sein? Ich hatte während meiner Predigtvorbereitung diesen abseitigen Gedanken und bin deswegen erschrocken. So etwas, dachte ich mir, kannst du einer Gemeinde doch nicht zumuten! Jeder verlangt doch von dir und von deiner Kirche Eindeutigkeit. Jedes »Ja, aber ...« oder »Nein, aber ...« ist zu vermeiden, weil es

zur Verunsicherung beiträgt. Wir wollen klare Fronten und klare Aussagen, kein pfingstliches Durcheinander. Die Kirche soll sich gefälligst ein Beispiel an der Schokoriegelindustrie nehmen!
Nun darf man allerdings nicht allzu hart über die Apostel urteilen. Zum Einen waren sie noch nicht so erwachsen wie wir und hatten eine geradezu kindliche Freude an der bunten Vielfalt menschlichen Lebens, also genau an allem, was uns heute Angst macht. Die weite Landschaft des Lebens soll nicht unberechenbar vielfältig sein, sondern überschaubar, wie ein Vorgarten. Außerdem wurden die Apostel durch ein schlechtes Vorbild auf diesem Irrweg noch geradezu bestätigt: Hatte nicht Jesus, dem sie gefolgt sind, immer wieder alle eindeutigen Vorschriften unterlaufen und sich standhaft dagegen gewehrt, in irgendwelche Systeme und Schablonen eingeordnet zu werden? Kein Zweifel, die allzu glatten Rechnungen über die Wahrheit, wie sie seine Zeitgenossen aufstellten, lehnte er ab. Er nahm sich ganz einfach die Freiheit, für wahr und richtig zu halten, was den Menschen dient. Deshalb hat er auch keine ordentliche Arbeit geleistet, sondern nur für Unruhe gesorgt. Er heilte – trotz Verbotes – am Sabbath, brachte anständige Familienväter dazu, seinetwegen Arbeit und Wohnung zu verlassen, lebte auf anderer Leute Kosten und besaß obendrein auch noch die Frechheit, »Sorget nicht!« zu predigen. Jesus war eben ein Störfaktor von Anfang an, Sand im Getriebe einer reibungslos funktionierenden Welt, Knüppel zwischen den Beinen all' derer, die auf jede Frage eine eindeutige Antwort wußten. Da ist es gar kein Wunder, daß der pfingstliche Geist, den er über seine Gemeinde ausgießt, auch nicht gerade zur allgemeinen Ordnung beiträgt. Zumindest der Gottesdienst damals in Jerusalem ist empfindlich gestört worden.
Nun läßt es sich allerdings nicht von der Hand weisen, daß diese Störung durchaus fruchtbar gewesen ist, hat sie doch im Nachhinein Generationen von Menschen zu denken gegeben, was man mit ziemlicher Sicherheit nicht sagen könnte, wenn alles seinen gewohnten und geregelten Gang genommen hätte. Ungestörte Gottesdienste oder, vielleicht sollte ich auch sagen: Gottesdienste, an denen sich keiner stört, gibt es schließlich zur Genüge. Übrigens: Wann sind Sie das letzte Mal produktiv gestört worden? Ich meine jetzt nicht so, daß Sie denken: Irgendetwas muß anders werden – das passiert ja öfter – sondern in dem Sinne, daß Sie das Gefühl haben: Irgendetwas verändert sich. Also bei mir ist das schon längere Zeit her. Hat auch nicht lange gedauert. Vielleicht kann ich deshalb nicht so viel anfangen mit der Rede, die Petrus den, wie es so schön heißt, »lieben Männern« in Jerusalem hält. Nachdem er jeglichen Verdacht auf Trunkenheit zerstreut hat – es ist ja erst die dritte Stunde am Tage – spricht er von den Werken, die der pfingstliche Geist vollbringen wird: »Eure Söhne und Töchter sollen weissagen, und eure Alten sollen Träume haben.«
Weissagen, mit prophetischer Gabe Worte aussprechen, die zu neuen Ufern führen; träumen können, auch noch im Alter – hat man Sie eigentlich

auch immer vor Träumern gewarnt? Vor Menschen, denen angeblich jeder Sinn für das Praktische fehlt, und mit denen es deshalb ein schlimmes Ende nehmen wird?
Wir sind so unheimlich praktisch. Trotzdem gerät uns die Welt immer mehr aus den Fugen. Eigentlich merkwürdig: Was die Träumer in Jahrtausenden nicht zuwege gebracht haben, schaffen nur wenige Generationen von Realisten. Unsere Welt wird immer langweiliger und immer kaputter. Das, was wir »das Machbare« nennen, hat uns in den Klauen und zerstört die bunte Vielfalt des Möglichen. Die pfingstlichen Träume der Apostel haben ihren Reiz verloren. Macher träumen anders.
Trotzdem, eine Hoffnung bleibt: die Hoffnung, daß der Geist genauso unberechenbar sein möge, wie sein Herr. Daß, wie schon so viele Male im Leben der unterschiedlichsten Menschen geschehen, ein neues pfingstliches Chaos hereinbrechen möge. Ein bunter Strauß von Träumen, in denen alt und jung, Mann und Frau, Nord und Süd, Ost und West einander in ihrer Vielfalt entdecken. Die Folgen sind nicht auszudenken. Alles würde unübersichtlicher, dauernd müßte man mit Störungen rechnen. Kurz gesagt: alles würde lebendiger.
Ich frage mich, ob wir das wohl überhaupt noch ertragen könnten, oder ob wir uns insgeheim nicht danach sehnen. So wie die Menschen damals in Jerusalem, die losgingen, um einen störungsfreien Gottesdienst zu erleben. Dann aber kamen sie nach Hause, und alles war verändert. Ein neuer Geist war bei ihnen eingezogen, ein Geist des bunten, chaotischen und liebenswerten Abenteuers Leben, der selbst in denen, die keine Zukunft mehr vor sich sahen, Träume erweckte.
Wer weiß, vielleicht schlummert ja auch in uns schon etwas von dieser heiligen Unberechenbarkeit. Lassen wir es darauf ankommen! An Pfingsten ist alles möglich!
Amen.

Trinitatis

Predigttext: Jesaja 6,1–13

Karl-Heinz Risto

Theologisch-homiletische Skizze

Ich möchte – auch – über den Menschen Jesaja nachdenken. Über den Mann und nicht über den Propheten.
Aber ich vermute, daß der eine nicht ohne den anderen ist.
Ich vermute, daß der Mann nicht unwichtig für den Propheten ist.
Die Erfahrungen des Mannes Jesaja, die Hoffnungen und Enttäuschungen, die sein Leben geprägt haben.
Das hat Auswirkungen auch auf das, was einer glaubt oder nicht, nicht mehr glaubt, erhofft oder fürchtet, von Gott oder Menschen.
Die Botschaft Jesajas ist einlinig, ohne Wenn und Aber.
Rigoroses Verhalten steht in der traditionellen männlichen Werteskala weit oben: Prinzipienstrenge.
Kompromißbereitschaft, Toleranz und Flexibilität – mithin Lebendigkeit – geraten in den Verdacht einer unernsten Haltung oder Labilität.
Die Lebendigkeit eines Menschen hängt aber weitgehend von der Weite seines Glaubens und seines Gottesbildes ab. Ist das Gottesbild hart, dann wird auch das Leben auf der Strecke bleiben. Das Evangelium zeigt einen Gott, den die Menschen wegen allen Abirrens und trotz allen Suchens verloren haben und der sie dennoch findet.

Vorschläge zur Liturgie

Lieder
EKG 97; EKG 111; EKG 277; EKG 126

Psalm
Jesaja 6,3; Psalm 19,2–7

Bittruf und Lobpreis
Laßt uns bitten um den Heiligen Geist,
der uns frei macht von Schuld und Angst,
der uns Kraft gibt zum Guten
und uns verbindet zu wahrer Gemeinschaft.
»Gott hat uns nicht gegeben den Geist der Furcht, sondern der Kraft und der Liebe und der Besonnenheit.«
(Agende I Die Sonn- und Feiertage, Kurhessen-Waldeck)

Eingangsgebet
Gott, du bist der Schöpfer des Himmels und der Erde.
Du bist unter uns gewesen in der Gestalt eines Menschen,
hast in deinem Sohn Jesus Christus unser Leben und Sterben geteilt.
Dein Geist wohnt in uns und hält uns lebendig wie das Schlagen unseres Herzens.
Laß deine Liebe, deine Freundlichkeit, dein Erbarmen einziehen in unser Leben.
Dein Reich komme.
(nach Agende I Die Sonn- und Feiertage, Kurhessen-Waldeck)

Lesung
Johannes 3,1–15

Gebet
Bewege uns, Gott, durch deinen Geist.
Dann lassen wir uns ansprechen durch neue Einsichten;
trauen Erfahrungen, die aus dem Rahmen fallen;
meinen nicht, es sei schon Glaube,
was wir für wahr und gut halten.
Bewege uns, Gott, durch deinen Geist.
Dann finden wir Zugang zu Menschen,
die uns gleichgültig waren;
fangen mit denen neu an, die wir abgestempelt hatten;
ertragen die anderen, die uns unbequem sind.
Bewege uns, Gott, durch deinen Geist,
dann finden wir Wege zu leben,
wo es ausweglos schien.
(Agende I Ergänzungen, Kurhessen-Waldeck)

Vorschläge zur Predigt

Jerusalem wird untergehen.
Die Stadt wird wüst, die Häuser werden menschenleer.
Jerusalem wird untergehen.
Warum?
Nicht nur einzelne sind schuld. Nicht nur der König, nicht nur die Politiker, nicht nur die Reichen sind schuld. Das ganze Volk ist schuld. Es wird dem Gericht nicht entgehen.
Deshalb wird Jerusalem untergehen. Weil das Volk undankbar und ungehorsam ist. Weil sich das Volk aller Fürsorge Gottes widersetzt.
Jesaja, der Sohn des Amoz, Bürger von Jerusalem, hat die Drohung gehört. Er hat sie von Gott selbst gehört: »Verstocke das Herz dieses Volks

und laß ihre Ohren taub sein und ihre Augen blind, daß sie nicht sehen mit ihren Augen noch hören mit ihren Ohren noch verstehen mit ihrem Herzen und sich nicht bekehren. Bis die Städte wüst werden, ohne Einwohner, und die Häuser ohne Menschen und das Feld ganz wüst daliegt.«
Und Jesaja, der Sohn des Amoz, Bürger von Jerusalem, ist erwählt, die Drohung auszusprechen: »Hört und versteht's nicht; sehet und merket's nicht!«
Jesaja ist der Prophet des Herrn der Heerscharen.
Ein Mann und sein Gott.
Männer, die den Untergang predigen, gab es viele.
Männer, die den Untergang planen, Männer, die den Untergang mit Worten und Taten vorbereiten.
Alle haben im höheren Auftrag gehandelt, zu höheren Zwecken. Haben es zumindest geglaubt. Viele fühlten sich dazu berufen, auserwählt vom Schicksal, von der Vorsehung, von Gott.

Nachdenken über Jesaja
Nachdenken über Jesaja.
Jesaja lebt in Jerusalem, aber er lebt nicht wie die Jerusalemer. Jesaja ist von seiner Herkunft ein Bürger, aber er handelt nicht bürgerlich. Jesaja redet klug wie ein Weiser, aber daß er sagt, was er sagt, ist alles andere als vorsichtig: »Darum wird mein Volk weggeführt werden unversehens, und seine Vornehmen müssen Hunger leiden und die lärmende Menge Durst« (5,13).
Wäre es nicht vorteilhafter, zu sagen: »Alles wird gut, alles wird nett ... Die Konjunktur steigt ... Die politische Lage entschärft sich ... Sie werden die Früchte ihrer Arbeit ernten ... Die Sterne stehen günstig ... Zuversicht ist angesagt ...?« So eine Art Silvester- und Neujahrspresse, die froh und heiter stimmt. Die es auch nicht unterläßt, frühere Verdienste zu würdigen.
Jesaja gehört nicht dazu.
Jesaja ist ein Spielverderber.
Einer, der selber nicht mehr mitspielt als Mitglied angesehener Kreise.
Einer, der das Leben in Jerusalem für sich ablehnt.
»Es stimmt nicht, was ihr sagt. Macht euch nichts vor, euer Leben ist nicht gut. Redet euch nicht darauf heraus, ihr wäret die Erben einer stolzen Tradition und deshalb auf jeden Fall auf dem richtigen Weg. Es ist so viel faul an dem, was ihr tut und sagt. Aber alle spielen mit und deshalb fällt es nicht auf. Ich sage: Statt Gerechtigkeit nur Schlechtigkeit; Rechtsbruch statt Rechtsspruch!« (5,7). Das Maß ist voll!
Jesaja ist ein Spielverderber – aber er ist auch ein Verlierer. Aus seiner Anklage klingt viel Wut und Enttäuschung.
Er muß es am eigenen Leib erfahren haben: leere Worte und falsche Versprechungen, fauler Zauber statt Zuverlässigkeit.

Und er hat nichts daran ändern können. Und so nennt er es wenigstens beim Namen, wütend und enttäuscht: Glaubt nicht, ich hätte nicht gemerkt, was hier gespielt wird.
»Weh denen, die ein Haus zum anderen bringen und einen Acker an den anderen rücken, bis kein Raum mehr da ist und sie allein das Land besitzen!
Weh denen, die das Unrecht herbeiziehen mit Stricken der Lüge und die Sünde mit Wagenseilen!
Weh denen, die Böses gut und Gutes böse nennen, die aus Finsternis Licht und aus Licht Finternis machen, die aus sauer süß und aus süß sauer machen!
Darum ist der Zorn des Herrn entbrannt über sein Volk und er reckt seine Hand wider sie unhd schlägt sie, daß die Berge beben und ihre Leichen sind wie Kehricht auf den Gassen. Und bei all dem läßt sein Zorn nicht ab, sondern seine Hand ist noch ausgereckt.« (5,8.18.20.25).

Nachdenken über Jesajas Zuhörer
Vielleicht wäre das ein Punkt, der die anderen anziehen könnte: daß einer die Spiele beim Namen nennt, die sie miteinander spielen.
Auch wenn sie selber dabei ganz gut im Rennen liegen, besser vielleicht als Jesaja, sie kennen das Risiko.
Sie haben selbst Angst vor dem Verlieren. Sie wissen insgeheim, wo ihr Spiel faul ist, selbst wenn sie sich nach außen hin an die Regeln halten. Obwohl sie scheinbar satte Gewinner sind, bleiben sie oft hungrig.
Jesaja wagt es, die Spiele beim Namen zu nennen. Vielleicht wäre das ein Punkt, der die anderen anziehen könnte. Und wäre das nicht ein verheißungsvoller Gedanke, daß diese Spiele ein Ende finden. Die Spiele, bei denen man so oft verliert, die einen in ein unbarmherziges Regelwerk zwingen.
Andererseits haben sie Angst, noch mehr zu verlieren. Also ist Jesaja auch gefährlich mit seinem beim-Namen-nennen. Kann danach noch weitergespielt werden?
Jesaja ist ein Spielverderber. Er spricht die an, die genau spüren, daß sie bei ihren Spielen zu oft und viel zu viel verlieren. Aber sie sehen keine Alternative. Deshalb bleibt alles beim alten.
Deshalb wird Jesaja ein zorniger und verzweifelter Spielverderber. Das, was da gespielt wird, muß ein für allemal aufhören: Jerusalem wird untergehen.
Der Prophet ruft nicht zur Umkehr, er kündigt nur noch das Gericht an.

Nachdenken über Jesajas Gott
Die Spiele sind mächtig mit ihren trügerischen Versprechungen und ihren genau festgelegten Regeln.
Jesaja schafft es nicht, die Spiele außer Kraft zu setzen oder die anderen zum Aufhören zu bewegen. Er kann sich nur vorstellen, daß ein sehr Mäch-

tiger, ein sehr Heiliger, ein Entschlossener und Unbestechlicher kommen muß, um die Spiele zu beenden. Gott wird es sein.
Gott, wie Jesaja ihn sieht – in der Vision sieht – ist der Herr der Heerscharen. Gott, wie Jesaja ihn sieht, ist ein mächtiger, zorniger, heiliger Richter, der mit Feuer die falschen Fassaden niederbrennt.
Jesajas Gott ist ein unerbittlicher Gott. Auf die Frage »Wie lange?« – wie lange Verstockung und Gericht dauern sollen, antwortet er: »Bis die Städte wüst werden, ohne Einwohner, und die Häuser ohne Menschen und das Feld ganz wüst daliegt.«
Jesajas Verzweiflung und sein Gefühl der Ohnmacht müssen groß gewesen sein. Genauso groß ist das Strafgericht, das er von Gott erwartet! Davon redet er, das kündigt er an.
Hofft Jesaja nicht dennoch auf Gott, der im Gericht sein Angesicht nur verbirgt? Ist das Unheil nicht doch vom Heil umschlungen? Kann die verdorbene Hauptstadt nicht geläutert werden?
»Ein Rest kehrt zurück – aber das ist für Jesaja auch nur Drohung: Nur ein Rest ... der Rest ist bloß das Überbleibsel aus der Katastrophe« (Werner H. Schmidt, Einführung in das Alte Testament, 1979, 216).
Jerusalem wird untergehen. Jesaja ist ein Spielverderber und ein Verzweifelter, der eine Untergangsvision heraufbeschwört, die den falschen Spielen ein für allemal ein Ende machen soll.
Vielleicht waren seine Zuhörer erschrocken.
Vielleicht spürten sie, daß manches bei ihnen faul ist. Vielleicht gab es Ahnungen, Wissen, Schuldgefühle.
Vielleicht gab es auch die Sehnsucht nach etwas anderem. Nach einer Zeit ohne falsche Spiele, ohne Angst, zu verlieren.
Wer wollte das nicht?
Doch das feurige Gericht? Der zornige Richter? Der erbarmungslose Blick, dem nichts entgeht?
Genutzt hat es ihnen nichts. Jerusalem mußte untergehen.
Wenn Jesaja dennoch von einer Errettung des Zion spricht und diese sogar mit einer messianischen Weissagung verknüpft, so ist vorausgesetzt, daß das endlich verheißene Jerusalem mit dem gegenwärtigen nicht mehr als den Namen gemeinsam hat.
Der Blick muß sich über Jerusalem – und über Jesaja hinaus richten.
Vielleicht steckt hinter Jesajas Untergangsdrohung der Wunsch nach Leben. Vielleicht merkt es es selbst kaum noch. Vielleicht mehr als den gerechten, heiligen, mächtigen Richter sucht er den barmherzigen Gott, den Vater. »Auch wenn nur der zehnte Teil darin bleibt, so wird er abermals verheert werden, doch wie bei einer Eiche und Linde, von denen beim Fällen noch ein Stumpf bleibt. Ein heiliger Same wird solcher Stumpf sein« (6,13).
Ein Stumpf wird bleiben – doch das ist eine andere Geschichte. Jesaja selber erzählt diese Geschichte nicht mehr. Erst Jesus erzählt, wie die Stimme des barmherzigen Vaters hörbar geworden ist.

Jesus hat in seinen Geschichten von diesem Vater erzählt. Von dem Vater, der glücklich seinem verlorenen Sohn entgegenläuft und ihm ein Willkommensfest ausrichtet. Von dem Vater, für den es entscheidend ist, daß sein Sohn vom Tod zum Leben kommt, daß der, der verloren war, wiedergefunden wird. Ein Vater, der seinen Sohn einlädt zum Feiern, der ihn wissen läßt, daß es entscheidend ist, vom Tod zum Leben zu kommen.
Jerusalem wird untergehen – aber ein Stumpf wird bleiben.

Kontext

.... männer haben's schwer, nehmen's leicht, außen hart und innen ganz weich / werden als kind schon auf mann geeicht / wann ist man ein mann // männer haben muskeln / männer sind furchtbar stark / männer können alles / männer kriegen'n herzinfarkt // männer sind einsame streiter / müssen durch jede wand, müssen immer weiter ...
(aus: Herbert Grönemeyer, Männer)

1. Sonntag nach Trinitatis

Predigttext: Johannes 5,39–47

Michael Schwekendiek

Theologisch-homiletische Skizze

Mindestens drei Gründe sprechen m.M. dagegen, über diesen Text am ersten Sonntag nach Trinitatis 1993 zu predigen:

1. Jesus setzt sich in dieser scharfen Rede mit den Juden auseinander (Vers 18!). Es hat aufgrund solcher Streitreden schon zu viele antisemitische Tendenzen auch und gerade in protestantischen Predigten gegeben.
2. Eine Predigt über diesen Text kann die Hörer schon deshalb überfordern, weil der Abschnitt (fürs einmalige Hören!) zu schwer, zu überladen und zu verwirrend ist. Außerdem setzt er (zu) viel voraus.
3. Der erste Sonntag nach Trinitatis 1993 ist Kirchentagssonntag. Und hier sollte tunlichst auch in unseren Gemeiden über die Kirchentagstexte oder die -losung gepredigt werden!

Falls Sie trotz allem an Johannes 5,39ff. festhalten: Die Juden (s.o., 1.) werden in den vorgesehenen Versen zwar als Gegner vorausgesetzt, aber es ist mit E. Schweizer (s. Band III/4, Exegesen) zu fragen, ob Johannes nicht viel allgemeiner »die Welt« meint, die »die Vorstellung des Nicht-Glaubens einschließt«. Adressaten der Rede Jesu sind also schlicht die Repräsentanten einer ungläubigen Welt. »Heute stehen uns andere (scil. als seinerzeit die Juden) ›Starke‹ gegenüber, die durchaus auch hart und scharf angegriffen werden müssen« (Schweizer ebd.). Gewiß – aber wer sind diese »Starken«?

Die kirchensteuerzahlenden »ungläubigen« Volkskirche-Christen, die eine Kirche wünschen, die so angepaßt ist, wie sie? Die Yuppies, Dinkies, Chauvis, Neu- und Altreichen? Oder die ständig irgendwelche Verse zitierenden eifrigen Bibelforscher?

Ein Schlüssel zum Verständnis des Gesamttextes liegt für mich in Vers 43: Es sind diejenigen, die in ihrem eigenen Namen kommen, gegen die Jesus sich wendet, die uns aber durchaus liegen, weil sie bequem sind, uns nach dem Munde reden und mitten drin stehen »im Geflecht menschlicher Bestätigung, gegenseitiger Anerkennung und Wertbestimmung« (Becker, Johannes-Kommentar zur Stelle). Und damit sind die Adressaten dieses Textes ohne Zweifel (auch) wir! Um das Hören und Predigen zu erleichtern, möchte ich mich auf die Verse 39–43 beschränken. Sie bieten genug »Zündstoff«. Soviel, daß es fast scheint, der Text stünde diametral entgegengesetzt zur Kirchentagslosung, die davon spricht, »einander anzunehmen«. Und doch muß es – selbst bei einer Predigt über Johannes 5,39ff. – darauf ankommen, auch diesen Aspekt christlicher Botschaft weiterzugeben.

Vorschläge zur Liturgie

Lieder

Kirchentagslieder empfehlen sich sicherlich gerade für diesen Gottesdienst. Vielleicht ist in manchen Gemeinden schon ein neues Liederheft

greifbar; geeignet wäre auch aus dem Liederheft zum Kirchentag 1983: »Kehret um!« (Nr. 610)
Außerdem auch der der Herkunft nach unbekannte folgende Kanon:

Erlöser der Welt, rette uns. Harmoniefolge: Dm C F /C⁷ Dm //

(Herkunft unbekannt)

Schließlich auch EKG 218, 106, 108.

Eingangsgebet
»Gott, unser Herr, Du willst, daß wir auf Deine Güte vertrauen; Deine Liebe bezeugen; Deine Zukunft erwarten. Wir aber entziehen uns oft Deinem Wort, das uns den Weg weist zu Dir und versagen uns Deinem Anspruch. Vergib uns unseren Eigenwillen. Öffne unsere Augen, daß wir Deinen Willen erkennen. Herr, hilf uns in Deiner großen Barmherzigkeit.«

Es würde sich anbieten, unmittelbar nach der Predigt die *offene Schuld* zu bekennen – etwa in der folgenden Form:
»Allmächtiger Gott, himmlischer Vater. Wir kommen vor Dein heiliges Angesicht und bekennen Dir unsere Schuld. Wir haben Deinem Wort nicht geglaubt und sind Deinen Geboten nicht gehorsam gewesen, vor den Mächten dieser Welt haben wir uns gefürchtet, und die Sorge um unser Leben haben wir über uns herrschen lassen. Wir haben unser Vertrauen nicht allein auf Dich gerichtet und Dir nicht für Deine täglichen Wohltaten gedankt. Unserem Nächsten sind wir Liebe schuldig geblieben und haben ihm nicht mit Deinen Gaben gedient. Darum bitten wir Dich: Erbarme Dich unser und vergib uns all' unsere Sünden um des unschuldigen und bitteren Leidens und Sterbens Deines lieben Sohnes willen. Amen.«
(Beide Gebete aus: Vorentwurf zur erneuerten Agende der Evangelisch-lutherischen Landeskirche Hannovers.)

Vorschläge zur Predigt

Möglicher Predigtanfang
(Auf der Suche nach den Schuldigen ...)
Müssen wir uns das sagen lassen? Einen solchen Text an einem solchen Sonntagmorgen? Der Text ist alt, sehr alt! Es ist die übliche Auseinander-

setzung Jesu mit den Juden. Pharisäer und Schriftgelehrte werden da gemeint sein. Aber wir? Soll selbst das »Suchen in der Schrift« schon verkehrt sein? Oder sind hier vielleicht endlich einmal jene angesprochen, die zusammenhanglos irgendwelche Verse aus der Bibel zitieren und meinen, damit alles beweisen zu können? – Und was heißt da: »Ihr wollt nicht zu mir kommen«?! Müssen wir uns das sagen lassen, die wir nun heute morgen hier sind? Andere schlafen aus, frühstücken, waschen ihr Auto und kommen – wenn überhaupt – nur zum Heiligen Abend zur Kirche, aber wir sind hier! – Und nicht im Ernst kann gemeint sein, daß wir »Gottes Liebe nicht haben« und nur Leute akzeptieren, die in ihrem »eigenen Namen« kommen, nur ihre Vorstellungen durchsetzen wollen, nach ihrem Geschmack leben und glauben wollen. Das können doch nicht im Ernst wir sein – oder?
Vor gut 20 Jahren gab es ein Aufsehen erregendes Theaterstück von Peter Handke: Publikumsbeschimpfung. Zwei Stunden lang saßen da junge Leute auf der Bühne und beschimpften das Publikum. Das hörte erst zu, teils verärgert, teils belustigt; dann gingen die einen – empört – und die anderen, die blieben, lachten und bezogen es einfach nicht auf sich. Ist dieser Text nicht fast so etwas wie eine Publikumsbeschimpfung, eine Gemeindebeschimpfung? Müssen wir uns das sagen lassen? Als ob die Kirchen nicht leer genug sind! Als ob die Menschen nicht schon genug verunsichert sind?

Zum weiteren Verlauf
(Wir bauen uns unsere Kirche ...)
Um wieviel schöner ist da die Losung des Evangelischen Kirchentages, der heute in München zu Ende geht:
»Nehmt einander an«.
Ist es nicht genau das, was wir brauchen? In einer immer unpersönlicher und kälter werdenden Welt – einander annehmen?
(An dieser Stelle würde ich Erfahrungen von früheren Kirchentagen einfließen lassen, vielleicht vom Feierabendmahl oder sogar direkt und unmittelbar aus diesen Tagen, falls in der Gemeinde der Kirchentag in irgendeiner Weise vor Ort gefeiert worden ist.
Als Ergänzung oder auch anstelle der Kirchentagserfahrungen könnte ich erzählen von einem einstmals beliebten Spiel in der Gemeinde, das sicherlich auch anderen bekannt ist:)
Die Konfirmanden hatten dauernd etwas an der Kirche auszusetzen: die Gottesdienste waren zu langweilig, die Bänke zu hart, die Lieder zu alt. Die Jugendlichen kamen nicht vor, die sogenannte »Dritte Welt« wurde vergessen, die Pastoren waren zu reich. Ihre Eltern waren nicht weniger kritisch: den einen war die Kirche viel zu politisch, den anderen war sie zu wenig »weltlich«; viele verzichteten ohnehin seit langem darauf, andere erinnerten sich vornehmlich an hohen Festtagen an ihre Kirche.

An einem gemeinsamen Abend hatten wir in kleinen Gruppen je ein Bild gemalt: »Wir bauen uns unsere Wunschkirche«. Es gab eine intensive Diskussion in den Gruppen und beeindruckende Bilder: angefangen bei modernen Kirchenbauten mit bequemen Sesseln, Videoprogramm (!), Rockbands statt Orgel und »Geldzurückgarantie« statt Kollekte, bis hin zu riesigen gemalten politischen Foren. Räume für alle Gruppen der Gemeinde (und darüber hinaus!) waren selbstverständlich und hier und da fand sich auch ein Kreis, der sich um eine überdimensionale Bibel scharrte.
Wie wünschen wir uns unsere Kirche? Vielleicht ganz ähnlich oder vielleicht so wie auf dem Kirchentag? Ein Fest der Gemeinde Jesu! Ein Fest der Kirche, ein Fest, wo es fast leicht fällt, einander anzunehmen! – Die Wünsche aber waren bloß gemalt, der Kirchentag geht heute zu Ende. Morgen ist Kirchenalltag.
(An dieser Stelle würde ich nun noch einmal den Predigttext verlesen – Vers 39–43 –, um die Schärfe dieses Textes zu betonen und einen deutlichen Akzent zu setzen.)
Das paßt nicht zu unseren Entwürfen, das paßt nicht zum Kirchentag und vielleicht noch nicht einmal zu diesem Sonntag. Und genau das müssen wir uns sagen lassen. Unsere Entwürfe werden hinterfragt. Wie leicht denken wir uns eine Kirche ausschließlich nach unserem Geschmack. Wie leicht leben wir im Geflecht gegenseitiger Anerkennung und Bestätigung. Wie leicht fallen uns *andere* ein, die da gemeint sein könnten. Aber ohne Zweifel: wir sind gemeint! Wir müssen uns etwas sagen lassen!

Möglicher Schluß
(Welche Richtung wählen wir?)
Es geht nicht um eine weitere Publikumsbeschimpfung. Aber Jesus will in diesem Streitgespräch verunsichern. Er will und muß in Frage stellen. Wer sich auf ihn einläßt, geht gewiß nicht den einfacheren Weg. Der Trampelpfad der Massen ist leichter zu bewältigen.
Welche Richtung für unsere Leben wählen wir? Mehr denn je ist das zu einer entscheidenden Frage für uns und unsere Kinder geworden. Und mehr denn je wird es tatsächlich darauf ankommen, einander anzunehmen, so wie Christus uns angenommen hat: vorbehaltlos, offen, liebevoll – nicht nur an Kirchentagen; und ganz gewiß auch nicht nur am Sonntagmorgen. Das müssen wir uns sagen lassen.

Mögliche Alternative
Wer genügend Mut hat, könnte auch direkt nach der hier vorgesehenen zweiten Lesung des Predigttextes abbrechen. Das unterstreicht die von Jesus bzw. Johannes so intendierte Schärfe dieses Abschnitts. Daran könnte sich ein Gespräch anschließen (im Gottesdienst oder auch danach) zur Frage: Was müssen wir uns sagen lassen? Oder: Welche Richtung wählen wir?

Kontexte

Es gibt unzählige Beispiele von Menschen, die ausschließlich ihren eigenen Weg gegangen und daran gescheitert sind; angefangen bei Lots Frau oder auch dem Volk Israel vor dem Exil über Ananias und Saphira (Apostelgeschichte 5) bis hin zu Adolf Hitler und letztlich auch zu Erich Honecker. Ich warne jedoch vor solchen Beispielen, weil sie den Trend verstärken, daß »andere« mit diesem Predigttext gemeint seien. Betroffenheit schwindet auf diese Weise!

»Begleitschreiben« zum Kirchenaustritt einer jungen Frau:
»Tag Kirche!
Ich bin mir der Konsequenzen meines Kirchenaustritts voll bewußt. Mit der Kirchensteuer hat mein Austritt nichts zu tun. Daß sie nun entfällt, ist ein schöner Nebeneffekt. Ich bin ausgetreten, weil ich nicht an einen Gott glauben kann, den ich fürchten soll und der mit den grausamsten Strafen Nichtgläubige bestraft. Außerdem ist es doch ein totaler Widerspruch, wenn es heißt: Gott ist die wahre Liebe und dann merzt er Menschen, Städte, Tiere auf brutale Weise aus ... Ich habe lange mit meinem Austritt gewartet und darüber nachgedacht. Die Kirche bedeutet mir wirklich nichts mehr.«

2. Sonntag nach Trinitatis

Predigttext: Matthäus 22,1–14

Johannes Seiß

Theologisch-homiletische Skizze

Wie in den mir erreichbaren Predigtmeditationen stößt die Matthäus-Version des Gleichnisses auch bei mir auf Abwehr. Die massiv allegorisierende Darstellung des Gleichnisses scheint letzte Urteile über die Geschichte Israels bis hin zur Zerstörung Jerusalems zu sprechen. Und die »neue Gerechtigkeit« kommt mir vor wie ein mich maßlos überfordernder Anspruch. Ich muß an ein unter quälenden religiösen Ängsten leidendes, schwer depressives Gemeindeglied denken. Was muß dieser Mensch aus dem Gleichnis nach Matthäus hören? Und so dick ist das Eis, über das ich und andere Leute gehen, schließlich auch nicht. Ich will doch nicht Angst machen!
Dabei ist aus den Lesungen des Sonntags (besonders Jesaja 55,1–3 und Epheser 2,17–22, aber auch Sprüche 9,1–6), aus Wochenspruch, Lied und Psalm als Thema die große, unbeschränkte und unbedingte Einladung Gottes herauszuhören. Ich weiß freilich auch, wie oberflächlich und billig Werbung, Reklame sein kann. Und dann hilft sie jenem oben genannten Predigthörer auch nicht.
Wie, wenn ich versuche, die Trauer um ausgeschlagene Einladungen und die Angst vor dem »Zu spät« ernst zu nehmen, sie zu befreien von dem geheimen Verbot, sie aus ihrem Versteck herauszulassen? Sie ist kein Wahn, sondern hat aktuelle Namen aus dem persönlichen Leben, dem nächsten Bekanntenkreis, der jüngsten Kirchengeschichte und Politik, der Sorge um die Umwelt. Hat Jesus, hat Matthäus sie nicht auch gekannt? In dieser Trauer und Angst klingt die große, unbedingte Einladung wie ein Wunder, staunenswert und kostbar.
So lese ich die Gleichniserzählung wie einen bösen Traum, der seine Bilder aus Erlebtem und Erfahrenem nimmt. Er hat keine Lösung in sich selber. Er spiegelt meine Angst vor dem Ende. Aber da ist einer, der mich aufweckt mit freundlichem Wort und zärtlicher Geste. Und ich bin froh, daß ich lebe. Offen liegt dieser Tag heute vor mir. Das Ende – kann ich dieser Stimme anvertrauen.
So ähnlich, denke ich, hat auch Matthäus die Kirche aus Juden und Heiden unterwegs gesehen, in Trauer und Angst gehalten von dem, der sagt: »Ich bin bei euch.« Als Prediger möchte ich nicht vergessen, daß ich mit meiner Predigt weder mich selbst noch andere aus ihrem »Traum« aufwecken kann. Ich kann nur sagen, ich glaube ihm, daß er es tut, »ubi et quando visum est deo«.

Vorschläge zur Liturgie

Begrüßung und Confiteor

Friede sei mit euch! Wir haben uns zu diesem Gottesdienst aufgemacht aus dem Gleichschritt, aus Enge und Zwanghaftigkeit unseres täglichen Lebens, um den Frieden Gottes zu suchen. Wir möchten stillhalten und

Gottes Angebot, seine Einladung zum Leben hören. Es gibt etwas Besseres und Schöneres, als was wir gewöhnlich am Leben finden und daraus machen. Wir wollen darauf hören, gemeinsam beten, singen und feiern, was Gott schenkt. Ob es uns gelingt, etwas davon zu spüren und mitzunehmen? Wir können es nicht und bleiben wie wir sind, wenn Gott selber es uns nicht zeigt und seinen Geist gibt, zu verstehen, zu singen und zu beten und zu feiern. Darum rufen wir: Herr, erbarme dich!
(Responsorium der Gemeinde)
Gott hat sich unser erbarmt in seinem Sohn, unserm Herrn Jesus Christus. Die Güte des Herrn ist's, daß wir nicht gar aus sind. Seine Barmherzigkeit hat noch kein Ende, sondern sie ist alle Morgen neu, und deine Treue ist groß. Du führst, Herr, meine Sache und erlöst mein Leben. – Das verleihe Gott uns allen.
Gemeinde: Amen

Eingangsgebet; das auch als *Kollektengebet* verwendet werden kann:
Gott.
Du bist uns nahe,
noch bevor wir zu dir kommen.
Du bist bei uns,
noch bevor wir uns aufmachen zu dir.
Siehe deine Gemeinde, die auf dich schaut:
Sieh unsere Sehnsucht nach Glück,
unseren Willen zum Guten
und unser Versagen.
Erbarme dich unserer Armut und Leere.
Fülle sie mit deinem Leben,
mit deinem Glück,
mit deiner Liebe.
Darum bitten wir durch Jesus Christus.
Gemeinde: Amen.
(Aus dem von der katholischen Bischofskonferenz herausgegebenen Meßbuch für die Bistümer des deutschen Sprachgebietes. Authentische Ausgabe für den liturgischen Gebrauch, Bd. II, Einsiedeln u.a. [2]1988, S. 314, Abdruck mit freundl. Genehmigung der ständigen Kommission für die Herausgabe der gemeinsamen liturgischen Bücher im deutschen Sprachgebiet.)

Fürbittengebet
O Gott, immer wieder verlieren wir dich aus den Augen und finden uns in einer gottverlassenen Welt. Aber du verlierst uns nicht. Du rufst uns und sagst: Ich bin da. Du tust uns eine Tür auf, dich und deine Liebe zu finden. Auf dein Wort bitten wir für unsere Gemeinde und die ganze Kirche auf Erden. Wir tragen deinen Namen und reden von dir, aber wir können uns so schlecht ändern und so wenig bewirken. Sprich mit uns und lehre uns,

nicht nur von dir, sondern zu dir zu reden und mit dir und mit deinen Möglichkeiten zu rechnen, bei uns selbst und bei anderen.
Wir bitten für die Menschen, die unter Gewalt, Krieg und Unrecht leiden. Anscheinend können wir alle es nicht lassen, Gemeinschaft, Frieden und Wohlstand zu zerstören, wenn wir sie suchen und verteidigen wollen. Laß uns nicht allein damit. Laß mitten darin die Einsicht wachsen, die Umkehr und die Liebe. Bei uns und bei den anderen. Hilf uns, für sie und uns die Hoffnung nicht aufzugeben.
Wir bitten dich für die Erde und ihre Geschöpfe. Es ist, als könne keine Einsicht die Zerstörung und Ausbeutung aufhalten. Unaufhaltsam nähern wir uns dem Ende. Keine Angst und keine Appelle helfen. Du aber hilf uns, wieder zu staunen über die Schönheit deiner Schöpfung, auch noch der leidenden und zerstörten, daß die Ehrfurcht wachse, die Freude und die Behutsamkeit. Vielleicht ist noch Hoffnung.
Wir bitten dich für die Menschen, die wir kennen, und doch oft nicht kennen, für die Menschen, die vielleicht noch auf uns warten oder es schon aufgegeben haben. Laß uns auf ihren Gesichtern das Geheimnis deiner Treue und Liebe entdecken und die Möglichkeiten ahnen, die du ihnen öffnen kannst. Gib, daß unsere Gedanken, Worte und Taten etwas von dem Vertrauen darauf, von der Zuversicht für sie verraten. Wir sprechen in der Stille ihre Namen aus vor dir ...
Erhöre uns, lieber Gott. Und am Ende, wenn alles fällt, und wir selber fallen, fang uns auf und laß uns wieder aufwachen in deinen Armen nach der Verheißung deines Sohnes, unseres Herrn Jesus Christus.

Liedvorschläge
Zum Eingang: EKG 125 »Fröhlich wir nun all fangen an ...« oder Vorentwurf 1988 zum Ev. Gesangbuch Nr. 169 »Du hast uns, Herr, gerufen ...«
Wochenlied: EKG 214 »Ich lobe dich von ganzer Seelen ...« oder EKG 245 »Kommt her zu mir, spricht Gottes Sohn«
Predigtlied: EKG 271 »Gott rufet noch«, Strophen 1–3,6,8. Vorentwurf Nr. 375 »Herr, du hast mich angerührt«. Vorentwurf Nr. 374 »Ich steh vor dir mit leeren Händen, Herr«.
Zum Abendmahl: EKG 160 »Kommt her, ihr seid geladen«. EKG 156 »Herr Jesu Christe, mein getreuer Hirte«. Vorentwurf Nr. 220 »Du hast zu deinem Abendmahl«. EKG 165 »Im Frieden dein«.

Vorschläge zur Predigt

Möglicher Predigtanfang
Manche Menschen freuen sich spontan über eine Einladung zur Hochzeit, zum Geburtstag oder einem Sommerfest. Es macht ihnen Spaß und fällt ihnen leicht, Kontakt mit anderen aufzunehmen und mit ihnen zu feiern.

Geht es Ihnen auch so, oder gehören Sie eher zu denen, die zögern, weil sie unsicher sind, wie sie denn in diese Gesellschaft hineinpassen und ob sie sich dort öffnen und geben können? Es hängt wohl von der Veranlagung ab, die jeder von uns mitbekommen hat, und von unserer jeweiligen Lebensgeschichte.
Jesus erzählt in seinem Gleichnis von Gottes großer Einladung zum Frieden, zu Freude und Glück in seinem Reich. Aber es geht ihm nicht darum, ob nun jemand von Haus aus leichter oder schwerer Zugang dazu findet, ob er ihr anfangs mit Begeisterung oder mit Zurückhaltung und Zweifeln begegnet. Es kommt ihm vielmehr darauf an, daß Gottes Einladung am Ende zum Ziel kommt. Matthäus hat das deutlich gemacht, indem er nicht von irgendeinem Fest sprach, sondern von der Hochzeit des Königssohns. Das war ein bekanntes Symbol für das Kommen des Messias, der endlich Gottes Frieden und Heil bringt. Jesus hat gesagt: Sie wird zum Ziel kommen. Gottes Friede, seine Freude, sein Glück und Heil kommen. Aber er hat bei dieser Einladung auch viel Bitteres, Schmerz und Trauer erlebt. Das spiegelt sich in dieser Gleichniserzählung. Und trotzdem steht er noch zu seiner Einladung. Darum haben wir allen Grund darum zu beten, daß sie auch an uns nicht verschwendet sei, daß sie auch bei uns zum Ziel komme.

Zum weiteren Verlauf

1. Zu Vers 1–10

Manchmal, wenn ich eine Einladung oder ein Angebot, eine Annäherung anderer Leute ausgeschlagen hatte, kam es über mich wie ein Alptraum: Wenn die nun endgültig auf mich verzichten? Wenn ich dann allein bin, wenn ich jemanden brauche? So etwas habe ich doch schon erlebt!
Matthäus denkt daran, was Menschen *in* Israel bis hin zur Zerstörung Jerusalems im Jahr 70 davon erlebt haben, nicht *die* Juden, nicht *das* Volk Israel, zu dem er sich mit vielen Christen selbst rechnet.
Woran denken wir? An einen Menschen, der uns immer wieder vergeblich suchte, und den der Tod nun unerreichbar für uns gemacht hat? An die wiederholten Chancen der Kirche seit 1945? Wie haben wir sie genutzt, kommt noch einmal eine? An die Natur, die trotz unserer Blindheit uns noch nicht im Stich gelassen hat? Wie lange noch? Hier darf nicht Angst gemacht, hier sollen wirkliche Ängste ausgesprochen werden.
Die Einladung Gottes klingt hinein in diese Angst und Trauer über vertane Chancen. Sie treiben uns Gott in die Arme. Es gibt noch Menschen, die auf uns warten, wenn auch vielleicht nicht mehr nur solche, bei denen es leicht fällt, Gemeinschaft zu suchen und anzunehmen. In Gemeinde und Kirche ist vieles versäumt worden, es hat Entfremdungen gegeben, aber wir können noch aufeinander zugehen. Was mit dem Fall der Ost-West-Spannung in Deutschland und in der Welt passiert ist, ist schlimm. Aber selbst in der Trauer darüber können wir einander vielleicht finden. Und wir brauchen nicht zu sagen: Auf Umweltschutz kommt es nicht mehr an, weil es eh zu

spät ist. Manche verstehen jetzt besser, wie kostbar die Treue Gottes zu seiner Schöpfung ist. Gottes Einladung ruft uns aus dem Alptraum, zeigt Schritte aus der Angst und Trauer.

2. Zu Vers 11–14
Matthäus fügt eine andere Gleichnisgeschichte aus seiner Tradition an. Bei einer Einladung kommt es nicht nur darauf an, daß man hingeht, sondern auch, daß man dann wirklich ganz da ist, offen für Gastgeber und Gäste, bereit mitzumachen beim Fest. Schrecklich, wenn Gäste bloß selbstzufrieden oder als Pflichtübung dasitzen. Matthäus hat »Krisengewinnler« vor Augen: eine heidenchristliche Mehrheit von Leuten in der Gemeinde, die nun hämisch auf das Schicksal des jüdischen Volkes sehen. Häme ist kein »hochzeitlich Gewand«. Ich muß an eine Predigtkritik denken, die ich als Vikar von einer Gruppe junger Leute bekam: »›Wir Christen‹ und ›als Christen‹ haben Sie heute mindestens 10 mal gesagt; als ob wir so was Besonderes wären!« – Wer selber die Angst und Trauer um versäumte Möglichkeiten kennt, hat keinen Grund, Grenzen aufzurichten, sondern vielmehr über sie hinweg auf die anderen Gäste zuzugehen. Auf die Juden, die Muslime, die Skeptiker und Unkirchlichen und Kritiker. Er hat keinen Grund zu sagen: »Sollen die doch erst einmal zu uns in die Kirche kommen. Sollen die im Osten doch erst einmal arbeiten wie wir, die Ausländer bei uns sich an unser Leben anpassen!« Das hochzeitliche Gewand ist nicht ein besonders perfektes Christentum, das uns von den anderen unterscheidet, sondern es soll uns zu Zeugen des Friedens, der Langmut und Freude des Gastgebers machen. Wer seine eigene Angst und Trauer eingestehen kann, dürfte dazu am besten geeignet sein.

Möglicher Schluß
Am Schluß möchte ich das in der theol.-homil. Skizze beschriebene Bild aufnehmen von der Einladung Gottes, mit der Jesus uns aufweckt aus dem Traum unserer Angst und den Weg in einen neuen Tag öffnet.

Kontexte
Aus einer Erzählung von Wolfdietrich Schnurre »Veitel und seine Gäste«:
»Niemand mochte ihn leiden. Er hatte ein spitzes, blasses Gesicht, war kleiner als wir, hatte schwarze Locken, lange Koteletten, dicke Brauen und Beine, die aussahen wie Häkelhaken, so dünn waren sie. Vater sagte, wir sollten uns schämen, daß wir nicht mit ihm spielten ... Heini sagte, das fehlte gerade noch, daß wir uns mit einem Itzig auf dem Buddelplatz zeigten.«
Auf dem Buddelplatz: »Willst *du* nicht vielleicht mit mir spielen? fragte er da auf einmal ... Nee, sagte ich und schüttelte heftig den Kopf. Warum nicht? fragte er und wurde plötzlich ganz weiß. Darum! sagte ich.«
Veitel wird krank, beide Beine sind gelähmt. Erdbeeren, die die Jungen Veitel bringen sollen, essen sie selber auf, damit er nicht »denkt, wir woll'n uns anschmiern bei ihm«.

Geburtstagseinladung Veitels an die Jungen. »Na hört mal, sagte Vater, freut ihr euch denn nicht? Doch, doch, sagte ich schnell. Ja, sehr, sagte Heini.« Später unter sich: »Das beste, sagte Manfred, man geht gar nicht hin. Bist du verrückt? sagte Heini, daß die noch denken, wir haben Schiß ... Schließlich einigten wir uns: Wir nahmen die Einladung an, doch nicht ohne (Zündplättchen-)Revolver ... Besser ist besser, sagte Heini; so biste auf alles gefaßt.«
Bei Veitels Geburtstag:
»Die anderen Kinder waren alle sehr fröhlich. Nur Heini und ich waren nicht fröhlich, und Manfred wohl auch nicht, aber das sah man nicht so, der aß bloß dauernd. Veitel dagegen war richtig aufgekratzt ... wir sollten doch nur zugreifen ... Dabei aß Veitel selbst fast gar nichts. Er rührte nur immer in seiner Tasse herum und schüttelte ein bißchen den Kopf und lächelte vor sich hin. Ich wäre sehr gern auch fröhlich gewesen, aber ich konnte tun, was ich wollte, es wurde nichts draus ... Ich mußte dauernd dran denken, wie Veitel auf dem Spielplatz damals von mir weggegangen war mit diesen kleinen, komisch trippelnden Schritten ... Veitel merkte, daß ich was hatte, und auch daß Heini was hatte, begriff er sehr schnell; er sah uns ein par mal an und lachte, und nicht viel hätte gefehlt, und ich wäre weggerannt.«
Sackhüpfen im Garten: »Heini gewann drei mal, weil er so lange Beine hatte, und einmal gewann ich auch selber, und alle klatschten, und Veitels Vater kam angerannt ... und steckte jedem von uns eine Papierblume an ... Manfred stand erst abseits, aber dann machte er auch mit, und schließlich wollte er gar nicht mehr aufhören ...«
Lampionzug: »... Dann setzte sich unser Zug in Bewegung. Wir liefen erst einmal im Garten herum. Als die ersten dann wieder am Haus vorbeikamen, da sah ich Veitel. Er saß in einem Lehnstuhl auf der Veranda. Seine Augen waren sehr groß. Er hatte eine Decke um die Beine und eine Baskenmütze auf, man hatte den Eindruck, er wollte verreisen ... Ich war ziemlich weit hinten im Zug, ich hatte Angst, einer könnte meinen Lampion kaputtmachen. Als aber die Spitze des Zuges dann in den Kiesweg einbog, der auf die Straße rausführte, da rannte ich vor und hielt das Gartentor auf. Es sah wunderbar aus, die Lampions so heranschweben zu sehen ... und auf Veitel und seine Eltern fiel dabei immer ein anderes Licht: mal ein blaues, mal ein grünes, mal ein rotes, mal ein gelbes. Jetzt sangen alle Kinder das Laternenlied. Ich wartete, bis sie heran waren, dann drängte ich mich zwischen sie und sang mit.«
(W. Schnurre, Als Vaters Bart noch rot war. © 1958 by Arche Verlag AG, Raabe + Vitali, Zürich)

Bericht aus einer Depression
Über Predigten: »Die Oberflächlichkeit des Gesagten stieß mich ab ... all die Worte kindlicher Zuversicht und gläubiger Heiterkeit. Ich fühlte mich ausgeschlossen aus dem Kreis der Angesprochenen ... für die Verzweifelten und Zerschlagenen blieb nichts übrig ... Ein Pfarrer, der mir eine Gerichtspredigt hätte halten wollen, hätte vielleicht meine Lebensgeister dadurch geweckt, daß es mir in den Fingern gezuckt hätte, ihm die Augen auszukratzen ...« Oder: ... »ich hätte seine Stimme schon gar nicht ertragen und wäre leise nach draußen gegangen.«
Die Kehrseite der Depression: intensiveres Leben?
»Manchmal meine ich, daß ich meine Tage nicht nur tiefer auskosten muß, weil sie besonders gezählt sind, sondern daß ich es auch kann. Daß sie manchmal wirklich reicher sind, daß die Blumen für mich bunter blühen, die Vögel lieblicher singen, das Meer tiefer rauscht ... Im Grunde glaube ich, daß die Anlage zur Depression die

Kehrseite ist zu einer Anlage zu intensivem Leben überhaupt. Man kann eben nicht nur alles Schöne und Warme und Gute dicht an sich heranlassen und vom Dunklen und Kalten und Bösen weiten Abstand bewahren. Entweder kommt beides an den Menschen heran oder keines von beidem.«

Noch einmal zur Predigt für Depressive
»Am leichtesten drangen jene Themen der Verkündigung zu mir vor, die von Hoffnung, Trost und Verheißung sprachen – die ausgingen von den ›Leiden dieser Zeit‹ ... Mir fiel auf, daß Texte, die menschliches Leid enthielten, wessen Leid auch immer, sich mir besonders leicht erschlossen ...«
(Ingrid Weber-Gast, Weil du nicht geflohen bist vor meiner Angst, Matthias-Grünewald-Verlag, Mainz 1992)

3. Sonntag nach Trinitatis

Predigttext: Lukas 15,1–3.11b–32

Matthias Lau

Theologisch-homiletische Skizze

Orte der Kindheit erscheinen nach Jahren fremd, neu, anders.
Ähnlich die alten Geschichten. Fatal, zu sagen: Ich war schon dort, kenn' ich schon. Dann bliebe die Geschichte vom Verlorenen Sohn für mich ein religiöser Aufguß des Struwwelpeter: Siehst du, so geht's, wenn Kinder tun, was sie wollen!
Die Chance, dem zu entgehen, heißt einzutreten in diese Geschichte, nicht Zuschauer zu bleiben, der einen alten Film zum werweißwievieltenmale sieht, heißt zu sehen: das ist *meine* Geschichte, das Leben selbst, mein Leben, unser Leben vor Gott und den Menschen.
Warm und farbig wird so das Gleichnis – freilich um den Preis, daß es sich dagegen sperrt, zur Parole oder Regel gepreßt zu werden.
Exegese in klassischer Weise kann die Begegnung mit dem Text kaum zu einem lebensvollen Ereignis werden lassen, aber sie kann vorbereiten und korrigieren.
Darum hier kurz ihre für mich wichtigsten Ergebnisse:
Nicht das Fortgehen des Sohnes ist an sich schon schuldhaft. Unter den sozialen Gegebenheiten zur Zeit Jesu (nur der Erstgeborene hatte Anspruch auf Haus und Grundbesitz) geschah es häufig, daß jüngere Söhne eine neue Existenz im Ausland suchten.
Tragende Figur im Gleichnis ist der geduldig liebende Vater, nicht der Sohn.
Leitmotiv ist im lukanischen Kontext das Paradigma vom Verlieren und Wiederfinden.

Ohne dieses Wissen beiseitezuschieben, sollte sich der Prediger nun auf das Gleichnis einlassen, um es lebendig werden zu lassen. Dabei mag eine Fülle von Einsichten und Assoziationen aufkommen.
Aber in welcher Weise auch immer – es wird sichtbar werden: Hier ereignet sich das Drama des Menschen vor Gott, seine Entfremdung und Verlorenheit. Denn beide Söhne entfremden sich vom Vater. Der Jüngere verschleudert seine Freiheit, seine Gaben, wird in Fremdheit und Verzweiflung gerissen. Der Ältere hingegen verkeilt sich in starren Ordnungen, degradiert Liebe zum Lohn, begibt sich der Freude des Daseins.
Allzu oberflächlich wäre es nun allerdings, Analogien von beiden Söhnen auf verschiedene Menschen und Gruppierungen zu ziehen. Ich sehe: *Beide* sind in mir, *beide* beschreiben den Menschen in der Entfremdung.

Für den Duktus der Predigt sind je nach Prägung des Predigers und der Gemeinde verschiedene Wege und Schwerpunkte möglich:
1. Dem begabten Erzähler ist das Nach- oder besser Miterzählen der Parabel unbedingt zu empfehlen, möglicherweise unter fiktiver Fortführung der Handlung (reizvoll: das Miteinander von Vater und Söhnen nach dem Fest). Nicht nur Spielerei ist das Erzählen aus der Perspektive einer der drei handelnden Personen.

2. Thema könnte auch die Spannung zwischen Tradition und Neuem im Miteinander der Gemeinde oder zwischen den Generationen sein. Frage: An welchem Punkt des Gleichnisses ist unsere Gemeinde angekommen? Sind wir noch im Aufbruch, sind wir in eine Sackgasse geraten, streiten wir um die Eintrittskarten zum großen Fest ...?
3. Zu sprechen wäre auch über die Freiheit des Menschen, in Dingen des Glaubens, der Schöpfungsverantwortung, des Miteinanders – und über den Mißbrauch dieser Freiheit.

Wie auch immer – wichtig bleibt in Anlehnung an die Parabel selbst, daß sich die Gedanken der Auslegung nicht im Beliebigen verlieren oder in kalten Regeln gefrieren.

Vorschläge zur Liturgie

Liedvorschläge
Mir ist Erbarmung widerfahren EKG 277
Nun lob, mein Seel, den Herren EKG 188
O gläubig Herz, gebenedei EKG 226
Sollt ich meinem Gott nicht singen EKG 232
Ich habe nun den Grund gefunden EKG 269

Kollektengebet
Barmherziger Gott, der du unser Anfang bist: Geh du uns zur Seite auf unseren Wegen und Irrwegen, damit du unser Ziel bleibst und wir dich finden – durch Jesus Christus, unseren Bruder, deinen Sohn, der mit dir und dem Heiligen Geiste lebt und wirkt von Ewigkeit zu Ewigkeit.

Fürbittengebet
Gott, barmherziger Vater: Von dir kommen wir, zu dir führt unser Weg.
So soll es sein.
Aber wir vergessen auf dem Wege oft Anfang und Ziel. Wie gehen irre und laufen im Kreis.
Wir verspielen unsere Freiheit und fesseln uns selbst.
Wir bitten dich: Vergiß uns nicht. Gib uns nicht auf.
Wir bitten dich für alle, die sich verrannt haben: Zeige ihnen den Weg.
Für alle, die alleingelassen sind: Sende ihnen Begleiter.
Für alle, die am Boden liegen: Richte sie auf.
Für alle, die Wege verbauen: Wehre ihnen.
Für alle, die Wege bauen: Schenke ihnen Kraft.
Barmherziger Gott, komm du zu uns. Komme bald, ehe wir verloren sind.
Nimm uns bei der Hand und bring uns nach Haus,
denn wir haben sonst keine Bleibe.

Lege um uns den Mantel deiner Barmherzigkeit, denn wir sind nackt und müßten erfrieren.
Laß uns dabeisein, wenn dein Fest beginnt. Amen.

Vorschlag zur Predigt

Möglicher Predigtanfang
Was ist schwerer: Losgehen oder Loslassen?
Das ist zu abstrakt? Nun: Wenn die Kinder aus dem Haus gehen, ihre eigenen Wege suchen – dann heißt es loslassen für die Eltern, losgehen für die Jungen. Na, solche Geschichten kennen Sie doch, nicht wahr? Wie war das noch mit Ihren Kindern, oder gar mit Ihnen selbst, wie geht es euch Jüngeren, die ihr möglicherweise gerade »auf dem Absprung« seid?
Theoretisch weiß es ja jeder: Kinder müssen ihre eigenen Wege finden – aber wenn es soweit ist: Die Eltern möchten natürlich das beste für ihre Kinder, möchten raten, behüten, mitgehen, möglichst die Wege vorgeben. Das gerade wollen die Jungen in der Regel nicht, denn eben die Freiheit eigener Wege ist ja das Reizvolle.
Weil ich das weiß, habe ich großes Verständnis für den jüngeren Sohn in unserem Gleichnis. Der kann doch gar nicht anders, wenn er was vom Leben haben will. Das Haus und die Ländereien seines Vaters wird ohnehin der Ältere erben, so wie es seit alters Brauch ist. Wenn er also nicht als Knecht seines Bruders versauern will, muß er sein Glück in der Fremde suchen. Daran hat offenbar auch der Vater nichts auszusetzen. Er gibt das Erbteil und läßt ihn ziehen.
Erstaunlich, wie vertrauensselig der Vater ist – oder sollten wir nicht besser sagen: leichtsinnig!? Er müßte doch wissen, welche Gefahren in der Freiheit liegen ...
Nun, es wird Zeit, daß wir etwas tiefer schauen! Denn Jesus wollte ja nicht nur eine Vater-Sohn-Geschichte erzählen, wie es sie tausendfach in dieser Welt gibt. Die Geschichte ist nur ein Spiegel. Was wirklich geschieht, erfahren wir, wenn wir begreifen, wer da zu sehen ist: Wir! Ich!
Ich sehe: *Unsere* Wege und Irrwege sind in dieser Geschichte, *unsere* guten Hoffnungen und *unser* Scheitern, *unsere* Ratlosigkeit und Verlorenheit ...

Weiterer Gedankengang
Die letzten Stichworte bedürfen nun einer erfahrungsbezogenen Beschreibung. Zu reden ist nicht nur von der Freiheit des Menschen ansich, sondern wie sie sich zeigt in meinem persönlichen Lebenskreis, meiner Biografie, meiner Glaubensgeschichte.
Zu fragen ist auch nach dem Weg der Menschheit, nach dem Umgang mit geschenkter Freiheit, mit geschenkten Gütern in unseren Tagen, 1993. Über alltägliches Beklagen von Elend und Ungerechtigkeit, Umweltzer-

störung und Verschwendung hinaus sollte bewußt werden, wie unsere Freiheit zugleich großartig und verhängnisvoll ist.
Wir haben ja keine Wahl – weder als einzelner Mensch, noch die Menschheit selbst – diese Freiheit anzunehmen oder nicht. Wir sind mit Freiheit beschenkt, wir sind zur Freiheit verurteilt. Auch im Gleichnis haben ja beide Söhne ihre Freiheit, beide gehen je ihren Weg, und beide Wege führen in Verlorenheit.
Der Prediger/die Predigerin wird sich, um nicht ins reine Philosophieren abzutreiben, Lebens- und Glaubensgeschichten vor Augen führen müssen, wo sich dieses Muster zeigt: wo Menschen sich in ihren Entscheidungen immer mehr verstricken, scheinbar zwangsläufig immer weiter hineingerissen werden in verzweifelte Ausweglosigkeit.
Und hier lehrt das Gleichnis, wie alles Moralisieren fehl am Platze ist. Welche Konkretionen wir auch immer wählen – wir würden uns am Sinn des Gleichnisses versündigen, wenn wir die Gelegenheit nutzten, über Lebenswege zu urteilen.
Um keinen Preis darf hier die alte Ideologie transportiert werden, der Mensch könne gut sein, richtig handeln, wenn er nur wolle, wo er dies versäume, sei er böse und für die Folgen allein verantwortlich. Es ist ja gerade nicht die Geschichte vom Struwwelpeter. Vielmehr geht es in diesem Gleichnis um den verstrickten, auf allen Wegen verlassenen und verlorenen Menschen, dem alle Gaben, alles Wollen und Hoffen nicht aus seiner Entfremdung heraushelfen.
So ist es eben weder für den Einzelnen noch für die Menschheit insgesamt damit getan, an der nächsten Gabelung einfach den richtigen Weg zu wählen. Mit diesem Irrglauben scheitern politische Konzepte ebenso wie kluge Lebensberatung. Wir können unsere Wege korrigieren, ja, erlösen können wir uns nicht.
Am tiefsten Punkt der Krise versagt, was wir erworben und mitgebracht haben. Was nützt es, das Ruder herumzureißen, wenn einer kein Boot mehr hat.
Nicht, was an diesem Punkt noch übrig ist vom Erbe, bringt die Wende.
Nicht das Erbe rettet, sondern der es gegeben hat. Wenn sich meine Reise, wenn der Menschenweg sich in der Sackgasse verliert, dann kann nur dies aus der Verlorenheit helfen: sich zu erinnern, einander zu vergewissern, daß wir mitsamt unseren verkorksten Wegen, mit unserer verspielten Freiheit umfangen sind. Daß es ein Zuhause gibt, das nicht davon abhängt, wohin wir in der Fremde geraten sind.
Es geht nicht darum, alles zurückzudrehen, alles ungelebt, ungeschehen zu machen. Das Gleichnis läuft auch nicht gleichsam rückwärts zum Ausgangspunkt zurück. Der jüngere Sohn bringt ja alles mit, seinen Weg, sein Versagen. Es ist Heimkehr, ja, aber nicht einfach Rückkehr. Der Weg war kein Kreis, eher eine Spirale.

Dies ist die tiefe Botschaft des Gleichnisses: Daß unsere Wege von Anfang und Ziel umschlossen sind, welche Verschlingungen auch dazwischen liegen, daß sich mein Leben, daß sich die Menschheitsgeschichte in aller Bedrohung und Gefährdung nicht sinn- und ziellos im Meer der Zufälligkeiten und Kausalketten verliert.
Barmherzigkeit gibt uns die Freiheit, Barmherzigkeit fängt uns auf.

Möglicher Schluß
Wenn ich dies erfaßt habe: Jesus erzählt *meine* Geschichte! – Dann sehe ich mich stehen: bang, mit leeren Händen. Dann sehe ich mich stehen: Grollend, verbittert, weil all meine Mühen nicht mit einem großen Fest belohnt werden.
Dann bin ich reif für das Wunder. Dann muß ich die offenen Arme spüren, den Kuß empfangen. Ich weiß nicht, wie. Heute nicht. Ich glaube, das findet sich – nein, ich glaube, das findet *mich.*
Ob mir Gott Menschen geben wird, die mir seine Barmherzigkeit bringen,
die ihm ihre offenen Arme leihen,
ob er mir Herz und Sinnen anrühren wird,
ob es morgen sein wird oder am Ende meiner Tage, am Ende aller Tage –
ich werde seine Barmherzigkeit sehen und greifen.
Dann bin ich zu Haus.
Und dann, nach dieser irren Fahrt, will ich feiern – im neuen Kleid. Amen.

Kontexte

Der Aufbruch
Ich befahl mein Pferd aus dem Stall zu holen. Der Diener verstand mich nicht. Ich ging selbst in den Stall, sattelte mein Pferd und bestieg es. In der Ferne hörte ich eine Trompete blasen, ich fragte ihn, was das bedeute. Er wußte nichts und hatte nichts gehört. Beim Tore hielt er mich auf und fragte: »Wohin reitest du, Herr?« – »Ich weiß es nicht«, sagte ich, »nur weg von hier, nur weg von hier. Immerfort weg von hier, nur so kann ich mein Ziel erreichen.« – »Du kennst also dein Ziel?«, fragte er. »Ja«, antwortete ich, »ich sagte es doch: ›Weg-von-hier‹, das ist mein Ziel.« – »Du hast keinen Eßvorrat mit«, sagte er. »Ich brauche keinen«, sagte ich, »die Reise ist so lang, daß ich verhungern muß, wenn ich auf dem Weg nichts bekomme. Kein Eßvorrat kann mich retten. Es ist ja zum Glück eine wahrhaft ungeheure Reise.«
(aus: Franz Kafka, Sämtliche Erzählungen. S. Fischer Verlag GmbH, Frankfurt a. Main 1978)

Heimkehr
Ich bin zurückgekehrt, ich habe den Flur durchschritten und blicke mich um. Es ist meines Vaters alter Hof. Die Pfütze in der Mitte. Altes, unbrauchbares Gerät, ineinanderverfahren, verstellt den Weg zur Bodentreppe. Die Katze lauert auf dem Geländer. Ein zerrissenes Tuch, einmal im Spiel um eine Stange gewunden, hebt sich im Wind. Ich bin angekommen. Wer wird mich empfangen? Wer wartet hinter der Tür der Küche? Rauch kommt aus dem Schornstein, der Kaffee zum Abendessen wird gekocht. Ist dir heimlich, fühlst du dich zu Hause? Ich weiß es nicht, ich bin sehr unsicher. Meines Vaters Haus ist es, aber kalt steht Stück neben Stück, als wäre jedes

mit seinen eigenen Angelegenheiten beschäftigt, die ich teils vergessen habe, teils niemals kannte. Was kann ich ihnen nützen, was bin ich ihnen und sei ich auch des Vaters, des alten Landwirts Sohn. Und ich wage nicht, an der Küchentür zu klopfen, nur von der Ferne horche ich, nur von der Ferne horche ich stehend, nicht so, daß ich als Horcher überrascht werden könnte. Und weil ich von der Ferne horche, erhorche ich nichts, nur einen leichten Uhrenschlag höre ich oder glaube ihn vielleicht nur zu hören, herüber aus den Kindertagen. Was sonst in der Küche geschieht, ist das Geheimnis der dort Sitzenden, das sie vor mir wahren. Je länger man vor der Tür zögert, desto fremder wird man. Wie wäre es, wenn jetzt jemand die Tür öffnete und mich etwas fragte. Wäre ich dann nicht selbst wie einer, der sein Geheimnis wahren will.
(Franz Kafka, s.o.)

Wie soll ich mich nennen?

Einmal war ich ein Baum und gebunden,
dann entschlüpft ich als Vogel und war frei,
in einem Graben gefesselt gefunden,
entließ mich berstend ein schmutziges Ei.

Wie halt ich mich? Ich habe vergessen,
woher ich komme und wohin ich geh,
ich bin von vielen Leibern besessen,
ein harter Dorn und ein flüchtendes Reh.

Freund bin ich heute den Ahornzweigen,
morgen vergehe ich mich an dem Stamm …
Wann begann die Schuld ihren Reigen,
mit dem ich von Samen zu Samen schwamm?

Aber in mir singt noch ein Beginnen
– oder ein Enden – und wehrt meiner Flucht,
ich will dem Pfeil dieser Schuld entrinnen,
der mich in Sandkorn und Wildente sucht.

Vielleicht kann ich mich einmal erkennen,
eine Taube einen rollenden Stein …
Ein Wort nur fehlt! Wie soll ich mich nennen,
ohne in anderer Sprache zu sein.

(Ingeborg Bachmann, © R. Piper & Co. Verlag, München 1992)

Die Welt ist weit und die Wege von Land zu Land,
und der Orte sind viele, ich habe alle gekannt,
ich habe von allen Türmen Städte gesehen,
die Menschen, die kommen werden und die schon gehen.
Weit waren die Felder von Sonne und Schnee,
zwischen Schienen und Straßen, zwischen Berg und See.
Und der Mund der Welt war weit und voll Stimmen an meinem Ohr
und schrieb, noch des Nachts, die Gesänge der Vielfalt vor.
Den Wein aus fünf Bechern trank ich in einem Zuge aus,
mein nasses Haar trocknen vier Winde in ihrem wechselnden Haus.

Die Fahrt ist zu Ende,
doch ich bin mit nichts zu Ende gekommen,
jeder Ort hat mir ein Stück von meinem Lieben genommen,
jedes Licht hat mir ein Aug verbrannt,
in jedem Schatten zerriß ich mein Gewand.

Die Fahrt ist zu Ende.
Noch bin ich mit jeder Ferne verkettet,
doch kein Vogel hat mich über die Grenzen gerettet,
kein Wasser, das in die Mündung zieht,
treibt mein Gesicht, das nach unten sieht,
treibt meinen Schlaf, der nicht wandern will ...
Ich weiß die Welt näher und still.

Hinter der Welt wird ein Baum stehen
mit Blättern aus Wolken und einer Krone aus Blau.
In seine Rinde aus rotem Sonnenband
schneidet der Wind unser Herz und kühlt es mit Tau.

Hinter der Welt wird ein Baum stehen,
eine Frucht in den Wipfeln, mit einer Schale aus Gold.
Laßt uns hinübersehen,
wenn sie im Herbst der Zeit
in Gottes Hände rollt!

(Ingeborg Bachmann, s.o.)

Umwege

Ein Mensch
hatte zwei Söhne
die sich verloren und Wege
und Umwege machten
Der Mensch
lädt beide zum Fest
das Ende der Umwege
zu feiern
Er hatte sie nie verloren.

(Kurt Wolff: Ein Maulbeerbaum für die Übersicht. Erzählungen und Kurzgeschichten; Texte über Gott und die Welt. Neukirchener Verlag des Erziehungsvereins GmbH, 1980)

Zu meiner geheimen Freude habe ich hier, wie auf einem alten Altarbild, das Gleichnis hingemalt, das unser Herr Jesus Christus erzählt hat. Verstreutem und Vermengtem einer zweifachen Eingebung folgend, habe ich keines Gottes Triumph über mich darzutun versucht – und auch keinen eigenen. Falls jedoch der Leser etliche Frömmigkeit von mir verlangen sollte, er fände sie vielleicht in meinem Gemälde selbst, in dessen einem Winkel ich mich – gleich der Figur des Stifters eines Altarbildes – auf die Knie niedergelassen habe, ein Seitenstück zum verlorenen Sohn, lächelnd und tränenüberströmt wie er.
(Gide, André, Ges. Werke in 12 Bänden. Bd. VII (Erzählende Werke 1. Bd.) © der dtsch. Ausgabe: Deutsche Verlags-Anstalt GmbH, Stuttgart 1991)

4. Sonntag nach Trinitatis

Predigttext: 1. Mose 50,15–21

Wolfgang Lück

Theologisch-homiletische Skizze

Beim ersten Lesen fällt mir auf, wie überaus menschlich, ja fast bubenhaft die Brüder geschildert werden. Einerseits sinkt ihnen das Herz in die Hose, als sie plötzlich auf sich allein gestellt sind, andererseits versuchen sie aber immer noch, sich trickreich aus der Affäre zu ziehen. Fast möchte ich meinen, das Augenzwinkern des Erzählers sehen zu können. Irgendwie ist das auch berechtigt. Die Sache geht gut aus. Am Ende steht ein Happyend: »... und redete freundlich mit ihnen.« Dieses Gefühl, daß alles Herumtricksen doch letztlich so durchsichtig ist, möchte ich gern vermittelt wissen. Mir gefällt dieser weisheitliche, die Dinge durchsichtig machende Grundzug der Josefsgeschichte. Frühere Meditatoren machten mich darauf zusätzlich aufmerksam. Peter Schicketanz (PTH 70. Jg. 1981) erinnert an die Redewendung »Wer weiß, was Gott noch mit dir vorhat«. Aus dem wissenden Augenzwinkern wird so ein wirklicher Trost. Alberto Soggin (PTh 76. Jg. 1987 S. 307) sieht in Josefs Antwort an seine Brüder eine Rede über das Thema »Der Mensch denkt und Gott lenkt«. Das kann Trost und Warnung zugleich sein. Für die, die unter schlimmen Verhältnissen leiden, ist das Wort tröstlich. Für die, die meinen, sie könnten die Dinge schon für sich zurechtbiegen, ist es eine Warnung. Solche Überlegungen sind gewiß für die einzelnen mit ihren Schicksalen immer von einer gewissen Aktualität. Doch gibt die Weltgeschichte auch je neu Anlaß, die politische Dimension dieser Geschichte zu bedenken. Frank Crüsemann macht darauf zu recht in seiner Exegese aufmerksam (III/4). Wie sehr sich aller menschlichen Voraussicht zum Trotz Verhältnisse ändern können, hat nachhaltig der Wandel in Osteuropa vor Augen geführt. Wo die Menschen in der Gemeinde auf gegenwärtige Entwicklungen, deren Bilder des Schreckens ihnen über den Bildschirm ins Haus gesendet werden, mit Besorgnis und Angst blicken, kann man hier auf ein gegenwartsnahes Beispiel von Entwicklungen verweisen, die so nicht erwartet wurden. Als Trost dürfte auch Thomas Mann die Josefsgeschichte verstanden haben, als er daraus in politisch schrecklicher Zeit (während des Zweiten Weltkriegs) einen mehrteiligen Roman machte. Er reflektiert gerade zu unserer Textstelle Recht und Begrenzung von politischer Macht. Gegenwärtig wird in vielen Zusammenhängen Recht und Begrenzung von wirtschaftlicher Macht diskutiert. »Wirtschaftsethik« hat eine gewisse Konjunktur. Crüsemanns Hinweis auf den Zusammenhang von Herrschaft und lebenserhaltender Vorratspolitik ist hier bedenkenswert.

Vom Charakter des Sonntags her erfährt der Text noch einmal eine andere Beleuchtung. Hier wird der Text verstanden als ein Verzicht auf Vergeltung, als Absage an die Gepflogenheit für das Böse immer Sündenböcke zu suchen. Evangelium ist Lukas 6,36–42 mit dem Aufruf »richtet nicht« und dem Bildwort vom Balken im eigenen Auge. Die alte Epistel verweist auf den Richterstuhl Gottes als die einzige Richtinstanz für Christen (Römer 14,10–13). 1. Petrus 3,8–15a mahnt: »Vergeltet nicht Böses mit Bösem.« Johannes 8,17–21: »Wer unter euch ohne Sünde ist, der werfe den ersten Stein.« Und noch einmal »Vergeltet niemand Böses mit Bösem« in Römer

12,17–21. Die Psalmlesung spricht aus der Situation dessen, der zu leiden hat: »Meine Seele dürstet nach Gott ...« (Psalm 42,2–12). Interessant ist, daß Thomas Mann ausdrücklich den Verzicht auf eine einseitige Schuldzuweisung ausspricht, indem er Josef sich zum Balken im eigenen Auge bekennen läßt.

Vorschläge zur Liturgie

Eingangswort

Ich schlage Psalm 107,1–9 (Danket dem Herrn; denn er ist freundlich ...) vor. Hier wird ein Loblied für Gottes heilvolles Handeln in der Geschichte angestimmt, das ja auch einen Teil der Predigt ausmacht.

Sündenbekenntnis

Laß uns nicht auf eigene Faust / dahinleben, Gott,
und dulde nicht, / daß wir in die Irre gehn.
Sondern Macht übe / dein Geist über uns
und bringe uns auf den Weg, / der zum Frieden führt.
(aus: Huub Oosterhuis, Ganz nah ist dein Wort, Verlag Herder Wien 1972, S. 41)

Gnadenwort

Nicht als Orkan oder Flut, / nicht wie die Axt an der Wurzel,
nicht als Geschoß hat das Wort / Gottes die Herzen berührt.
Sondern als Schimmer der Sonne, / grünendes Reis in der Kälte,
durstigem Boden entsprungen, / so ist das Königreich Gottes.
Wort, das die Stille nicht bricht, / Stimme des Knechts in der Welt
Name aus Ohnmacht und Spott, / Fremdling verschwiegener Herkunft.
Nicht im vergessenen Grab / oder im Tempel der Träume,
sondern in unserer Mitte lebt er im Schatten der Hoffnung.
Hier im sterbenden Dasein / können wir glauben an ihn,
werden wir Menschen aus Gott, / Liebe auf Leben und Tod.
(aus: Huub Oosterhuis, s.o.)

Kollektengebet

Dein Name hat unter uns / Geschichte gemacht, / wir dürfen wissen, wer du bist, / wir durften Jesus, deinen Sohn, empfangen. / Wir bitten dich, / daß dieser Name uns begleite, / daß dein Wort durchdringe / in unser Dasein, / daß dein Sohn wachse in unserer Mitte: / ein Mensch des Friedens / bis in Ewigkeit.
(aus: Huub Oosterhuis, s.o.)

Fürbitten

Laßt uns beten / für alle Menschen aller Lebensalter,
für alle, die jung oder alt / zueinander gehören
oder mitsammen durchs Leben gehen.

Laßt uns beten / um Sorge und Achtung füreinander,
daß wir nicht voneinander getrennt werden,
daß wir eines Sinnes versuchen, / glücklich zu sein.
Laßt uns beten / für alle Kinder,
für sie, die in unserer Mitte / klein und wehrlos sind:
Um eine glückliche Jugend, / daß ihnen nichts Böses zustoße.
Laßt uns beten / für alle, die in der Kraft ihres Lebens stehen,
daß sie fruchtbar werden mögen, / daß sie nicht sich selbst suchen,
sondern das Wohl der anderen.
Laßt uns beten / für alle, die sich nicht zurechtfinden können;
für alle an ihrer Arbeit oder ihrem Stand
Unerfüllten oder Gescheiterten,
daß sie ihre Hoffnung auf die Zukunft setzen,
daß sie den Glauben bewahren an Gott, / unseren Vater,
der nicht will, daß wir verlorengehn.
Laßt uns beten / für alle betagten Menschen,
daß ihr Herz jung bleibe.
Um Weisheit und Offenheit / bitten wir für sie,
daß sie nicht neidisch seien und rechthaberisch,
sondern ihren Kindern Raum zur Entfaltung lassen.
Wir bitten auch für jene, / die sich abmühen mit Krankheit,
und für alle Furchtsamen / und denen bang ist vor dem Tod.
Licht und Glauben, den Geist der Hingabe,
Ruhe und Friede erbitten wir für sie.
Laßt uns beten für uns selbst,
daß wir, jung oder alt, durch Gottes Gnade
neue Menschen werden mögen / immer von neuem;
daß wir Zwietracht und Mißtrauen / aus unserer Mitte verbannen;
daß Gott der Herr uns beieinander bewahre / als Vater und Sohn,
als Mutter und Tochter,
als eine einzige Familie, ein einziges Volk,
darum bitten wir.
(aus: Huub Oosterhuis, s.o.)

Lesungen
Als Lesungen schlage ich vor: Römer 12,17–21 für die Epistel und Lukas 6,36–42 für das Evangelium. Wo nur eine Lesung vorgesehen ist, sollte Lukas 6 genommen werden. Man kann dann in der Predigt auf den »Balken im eigenen Auge« Bezug nehmen.

Lieder
EKG 346,1–4; 105,1+2+8+13; 198,1+2+5+6; 473,6

Vorschläge zur Predigt

(Mich reizt es, viel von dem Predigttext in der Gestaltung zu Wort kommen zu lassen, die ihm Thomas Mann gegeben hat. Die Sprache Manns gibt für mein Gefühl sehr gut wieder, was an listig-weisheitlichem Stil in der Erzählung steckt. Ich schlage deshalb vor, Thomas Mann ruhig ausführlich zu zitieren.)

Anfang

Liebe Gemeinde, ich weiß nicht, wann und wie Sie der Bibel in Ihrem Leben zuerst begegnet sind. Viele lernen wahrscheinlich die Geschichten in einem größeren Erzählzusammenhang erst im Kindergarten oder in der Grundschule kennen. Natürlich eignen sich nicht alle Geschichten in gleicher Weise als Erzählstoff für kleine Kinder. Religionspädagogen haben da entsprechende Vorschläge. Zu den ersten Geschichten, die empfohlen werden, gehören die Josefsgeschichten. Ich kann mir vorstellen, daß diese Erzählung für Kinder einen gewissen Reiz hat. Bei allem menschlichen Tun und Machen wird doch so schön deutlich, wie Gott immer wieder seine Hand im Spiel hat. Und am Schluß geht die ganze Sache auch noch gut aus. Insofern handelt es sich einfach um eine »schöne« Geschichte. Das hat auch Thomas Mann gefunden, der aus den 20 Kapiteln im ersten Mosebuch einen mehrteiligen Roman gemacht hat. Seine letzten Sätze:

»So sprach er – gemeint ist Josef – zu ihnen und sie lachten und weinten zusammen, und alle streckten die Hände nach ihm, der unter ihnen stand, und rührten ihn an, und er streichelte sie auch. Und so endigt die schöne Geschichte und Gotteserfindung von Joseph und seinen Brüdern.«

Zum weiteren Verlauf

Hier kann man einflechten, daß auch die biblische Geschichte eine Dichtung und damit auch eine »Gotteserfindung« ist, was aber nichts von ihrem Wert nimmt. Die Geschichte ist nicht nur »schön«, sondern auch »wahr«, weil in ihr Lebens- und Glaubenserfahrungen »verdichtet« sind.
Damit der Predigttext auch in seinen Andeutungen wirklich verstanden werden kann, sollte an dieser Stelle eine kurze Nacherzählung der in 1. Mose 30–50 erzählten Ereignisse gebracht werden.
Etwa so:
Ein Vater hatte zwölf Söhne. Sie waren untereinander Halbbrüder. Nur jeweils zwei oder drei hatten die gleiche Mutter. Wie es so oft geht, so kommt es hier: Dem Vater sind die Kinder nicht alle gleich lieb. Und er benimmt sich auch ganz unpädagogisch, indem er aus seiner Vorliebe kein Hehl macht. Josef, den zweitjüngsten, kleidet er besonders schön ein. Wir können uns die Eifersucht der anderen vorstellen. Die wird noch dadurch gesteigert, wie sich der Junge verhält. Er hat Träume, z.B. diesen: Seine Brüder und er waren auf dem Feld und banden Ährengarben. Als sie die Gar-

ben hingestellt hatten, kamen die Garben der Brüder und verneigten sich vor seiner Garbe. Als Josef diesen Traum seinen Brüdern erzählt, hat er vollends verspielt. »Du willst wohl unser aller König sein?« fragen sie ihn voll Ärger. So kommt es, wie es kommen mußte: Sie versuchen ihn loszuwerden. Sie kennen die berühmte Szene: Josef wird in eine Grube geworfen. Als eine Karawane vorbeikommt, lassen die Brüder von ihren Mordplänen ab und verkaufen Josef in die Sklaverei. Dem Vater wird ein Unfall mittels Ziegenblut vorgetäuscht. Doch wo Gott – so der Erzähler – seine Hand im Spiel hat, da kommt es anders als gedacht. Josef bringt es in Ägypten zu etwas. Erst hat er wieder Pech. Die Frau seines Herrn Potiphar bringt ihn ins Gefängnis. Dort aber macht er wertvolle Bekanntschaften. Seine Traumdeutungen machen ihn schließlich zum Regierungschef und Wirtschaftsboß. Wirtschaftliche Not treibt eines Tages die Brüder in seine Arme. Es kommt wie geträumt, sie verneigen sich vor ihm. Josef nimmt keine Rache. Sie und der Vater bekommen bei ihm in Ägypten als Wirtschaftsflüchtlinge Asyl gewährt. Doch als der Vater stirbt und in Kanaan begraben ist, scheint wieder alles offen.

An dieser Stelle sollte der Predigttext 1. Mose 50,15–21 gelesen werden. Man kann noch ein wenig bei dem Text verweilen und kommentieren, wie sich die Brüder jetzt wohl fühlen, wie sie Angst vor der Rache Josefs haben mögen. Thomas Mann bringt die Stimmung gut zum Ausdruck:

»Ganz offenkundig: Sie fürchten sich. Verlassen fühlen sie sich, beklemmend verlassen. Der Vater ist fort, der Hundertjährige dieser Siebzigjährigen. Bis jetzt noch war er zugegen gewesen, wenn auch in Wickelgestalt – nun ist er vermauert, und plötzlich entsinkt ihnen das Herz. Und plötzlich ist ihnen, als sei er ihr Schirm und Schutz gewesen, nur er, und habe gestanden, wo nun nichts und niemand mehr steht, zwischen ihnen und der Vergeltung.«

Aber noch scheinen sie nicht aufgeben zu wollen. Es fällt ihnen noch eine Notlösung ein. Die Bibel läßt offen, ob es sich um eine solche handelt oder nicht. Thomas Mann spitzt hier unnachahmlich zu. Ich würde diese Passage vorlesen.

»Sie hielten sich murmelnd beisammen im sinkenden Abend. Der Mond zog auf, die ewigen Bilder traten hervor, bergkühle Feuchte stieg aus dem Grunde zwischen den Hütten von Jaakobs Ehrengefolge. Da riefen sie den Zwölften heran, Benjamin, das Rahelskind. ›Benjamin‹, sagten sie mit lahmen Lippen, ›paß auf, es ist dies. Wir haben eine Botschaft des Versammelten an Jehosiph, deinen Bruder, und dir steht es am besten an, sie zu überbringen. Denn kurz vor seinem Tode, in seinen letzten Tagen, als jener nicht da war, befahl uns der Vater und sprach: ›Wenn ich tot bin, sollt ihr eurem Bruder Joseph sagen von mir: Vergib doch deinen Brüdern die Missetat und ihre Sünde, daß sie so übel an dir getan haben. Denn zwischen euch und ihm will ich sein wie im Leben so auch im Tode und lege es dir als Vermächtnis auf und als letzte Weisung, daß du ihnen nichts Übles tust und dich der Rache entschlägst für alte Dinge, auch wenn ich scheinbar nicht da bin. Laß sie ihre Schafe scheren, sie aber laß ungeschoren!‹ ›Ist das denn wahr?‹ fragte Benjamin. ›Ich war nicht dabei, als er's sagte.‹ ›Bei nichts bist du dabei gewesen‹, antworteten sie, ›darum rede nicht!

So ein Kleinchen muß nicht überall dabei gewesen sein. Aber verweigern wirst du's ja nicht, deinem Bruder, Gnaden Joseph, den letzten Wunsch und Willen des Vaters zu überbringen. Gehe gleich zu ihm! Wir aber folgen dir nach und warten auf deinen Bescheid.«

Hier sollte ein Kommentar kommen, der ausdrückt, wie schwer es allgemein fällt, einzugestehen, daß man sich verrannt hat, wie man dazu neigt, die Wahrheit zu beschönigen, zur Rettung des Gesichts auch sehr fadenscheinige Darstellungen noch heranzieht. Die Josefsbrüder stehen da überhaupt nicht allein.

Ich würde dann fortfahren:

Ein persönlicher Spiegel wird uns da vorgehalten, doch die Geschichte meint nicht nur dich und mich als einzelne Menschen mit unseren Schwächen. Sie ist auch eine politische Geschichte. »Du willst wohl unser König werden?« Diese Frage war nicht nur ein Sprachspiel. Darum ging es tatsächlich lange Zeit in Israel: Kann und darf es Herrschaft von Menschen über Menschen in Gestalt eines gottähnlichen Königs geben? Das ist auch eine Frage, die uns in der Kirche immer wieder beschäftigt: Wieviel Macht darf einer über den anderen ausüben? Darf es in einer Gemeinschaft von Brüdern und Schwestern das geben, daß einer über anderen steht? Josefs Antwort auf die Furcht der Brüder »Stehe ich an Gottes Statt« ist hier zu bedenken. Auch hier ist die Erzählung Thomas Manns wieder sehr eindringlich:

»Aber Brüder, ihr alten Brüder!« antwortete er und beugte sich zu ihnen mit gebreiteten Armen. »Was sagt ihr da auf? Als ob ihr euch fürchtet, ganz so redet ihr und wollt, daß ich euch vergebe! Bin ich denn wie Gott? Drunten, heißt es, bin ich wie Pharao, und der ist zwar Gott genannt, ist aber bloß ein arm, lieb Ding. Geht ihr mich um Vergebung an, so scheint's, daß ihr die ganze Geschichte nicht recht verstanden habt, in der wir sind. Und nun soll ich Pharaos Macht, nur weil sie mein ist, brauchen, um mich zu rächen an euch für drei Tage Brunnenzucht, und wieder böse machen, was Gott gut gemacht? Daß ich nicht lache! Denn ein Mann, der die Macht braucht, nur weil er sie hat, gegen Recht und Verstand, der ist zum Lachen. Ist er's aber heute noch nicht, so soll er's in Zukunft sein, und wir halten's mit dieser.

Man kann an dieser Stelle zu bedenken geben, daß Herrschaft im Sinne einer Versorgung mit Gütern gerechtfertigt wird. (Josef: Ein großes Volk zu erhalten) Die Wirtschaftswissenschaft definiert: »Wirtschaft ist dazu da, die Menschen mit knappen Gütern zu versorgen.« Wirtschaftsmacht hat ihre Berechtigung, nicht aber solche Machtausübung wie sie Thomas Mann während der Arbeit an seinem Roman in Deutschland beobachten konnte.

Ein letzter Gedanke steckt in der Geschichte, der tröstlich ist im Blick auf individuell Erlebtes, aber auch im Blick auf das Geschick von Völkern und Gesellschaften. »Ihr gedachtet es böse mit mir zu machen, aber Gott gedachte es gut zu machen.« Oder wie es Thomas Mann sagt: »Man kann sehr wohl in einer Geschichte sein, ohne sie zu verstehen.« Hier kann man an Redewendungen erinnern wie: Der Mensch denkt, doch Gott lenkt; wer weiß, was der liebe Gott noch alles mit dir und mir vorhat.

Warnen sollte man davor, die Schuld immer bei anderen zu suchen. Über den biblischen Text an dieser Stelle hinausgehend, läßt Thomas Mann Josef auch den Balken im eigenen Auge entdecken und sagen: »Unter seinem Schutz mußt' ich euch zum Bösen reizen in schreiender Unreife, und Gott hat's freilich zum Guten gefügt, daß ich viel Volks ernährte und so noch etwas zur Reife kam. Aber wenn es um Verzeihung geht unter uns Menschen, so bin ich's, der euch darum bitten muß, denn ihr mußtet die Bösen spielen, damit alles so käme.«

Schlußsätze könnten sein:
Eine »schöne« Geschichte und »Gotteserfindung«: Ja, aber voll von Lebenserfahrung, eine hilfreiche Geschichte, die uns unser eigenes Handeln und die Geschichte, in der wir leben, durchsichtig machen kann. Ob Kinder das alles so verstehen, weiß ich nicht, aber man sollte sich das von Kindesbeinen an erzählen lassen.

(Zitate aus: Thomas Mann, Joseph und seine Brüder, Fischer-Bücherei Frankfurt 1967)

Mitarbeiterinnen und Mitarbeiter

Dr. Corinna Dahlgrün, Hamburg; Pfarrer Klaus Eulenberger, Hamburg; Pfarrerin Hildegard Heimbrock-Stratmann, Aßlar-Werdorf; Pfarrerin Barbara Heller, Kassel; Pfarrer Dr. Wolfgang Herrmann, Holzappel; Pfarrer Klaus Johanning, Schwerte-Villigst; Pfarrer Hans-Jürgen Kant, Röcken; Pfarrerin Simone Kant, Röcken; Pfarrerin Dr. Hildegard Kirsch-Schäfer, Bonn; Pfarrer Heinz-Dieter Knigge, Göttingen-Geismar; Pfarrer Dieter Krabbe, Nürnberg; Pfarrer Matthias Lau, Dobra; Pfarrer Helmut Liersch, Groß-Elbe; Pfarrer Dr. Wolfgang Lück, Darmstadt; Pfarrer Martin Ost, Unteraltenbernheim; Pfarrerin Sabine Ost, Unteraltenbernheim; Pfarrer Michael Popke, Berlin; Hauptpastor Dr. Klaus Reblin, Hamburg; Pfarrer Karl-Heinz Risto, Kassel; Pfarrer Christian Schad, Speyer; Pfarrer Dr. Günter Scholz, Neu-Wulmstorf; Wiss. Ass. Harald Schroeter, Bonn; Pfarrer Michael Schwekendiek, Rotenburg/Wümme; Dekan Johannes Seiß, Michelau/Ofr.; Präses Hartmut Wenzel, Nürnberg; Pfarrer Dietrich Zeilinger, Neckargemünd.

›Die Kunst, Gott zu feiern‹

Rainer Volp

Liturgik

Die Kunst, Gott zu feiern

Band 1: Einführung und Geschichte
702 Seiten mit zahlreichen Abbildungen.
Geb. [3-579-00225-2]

Band 2: Theorien und Gestaltung
Ca. 704 Seiten mit zahlreichen Abbildungen.
Geb. [3-579-00229-5]

Mit diesem zweibändigen Werk legt Rainer Volp die schon längst fällige Geschichte, Theologie, Methodologie und Bildungstheorie des christlichen Gottesdienstes im Zusammenhang vor. Es ist die erste umfassende, von einer Person erarbeitete Liturgik seit Georg Rietschels Lehrbuch der Liturgik (1900/1909).

Das Hand- und Sachbuch bietet nicht nur die neuesten Erkenntnisse historischer Forschungen, sondern ist zugleich die Frucht jahrzehntelanger praktischer Aus- und Fortbildungsarbeit zum Gottesdienst: Gebet und Predigt, Sakramente und Segenshandlungen, Musik und Architektur, Bilder und Gegenstände sind nur einige Elemente des von Volp theoretisch zusammenhängend aufgearbeiteten Ereignisses »Gottesdienst«.

Gütersloher
Verlagshaus
Gerd Mohn